D1705493

neukirchener
theologie

Ulrike Link-Wieczorek (Hg.)

Verstrickt in Schuld, gefangen von Scham?

Neue Perspektiven auf Sünde, Erlösung und Versöhnung

Neukirchener Theologie

Dieses Buch wurde auf FSC-zertifiziertem Papier gedruckt. FSC (Forest Stewardship Council) ist eine nichtstaatliche, gemeinnützige Organisation, die sich für eine ökologische und sozialverantwortliche Nutzung der Wälder unserer Erde einsetzt.

Bibliografische Information der Deutschen Nationalbibliothek

Die Deutsche Nationalbibliothek verzeichnet diese Publikation in der Deutschen Nationalbibliografie; detaillierte bibliografische Daten sind im Internet über http://dnb.d-nb.de abrufbar.

Umschlaggestaltung: Andreas Sonnhüter, Niederkrüchten, unter Verwendung eines Fotos von Frau Prof. Link-Wieczorek: Skulptur (Teirésias) von Wilfried Koch, 1998, aufgestellt vor der orthodoxen Akademie in Kolympari auf Kreta
Lektorat: Ekkehard Starke
DTP: Andrea Siebert
Gesamtherstellung: Hubert & Co., Göttingen
Printed in Germany
ISBN 978-3-7887-2942-4 (Print)
ISBN 978-3-7887-2943-1 (E-Book-PDF)
www.neukirchener-verlage.de

Inhalt

Ulrike Link-Wieczorek

Leben mit Schuld und Mitschuld

Sünde, Schuld, Scham und Versöhnung[1]
Einleitung

1 Ambivalenzen und Entwicklungen und die Beiträge dieses Bandes

Das Phänomen der Schuld ist in unserer heutigen Gesellschaft ein höchst ambivalentes. In Bezug auf Gott scheint es keine Rolle mehr zu spielen, und gesellschaftlich redet man vom Absterben des persönlichen Schuldgefühls, von einem »Unschuldswahn« bzw. von üblich gewordenen, leicht zu habenden »Entschuldigungsmechanismen«.[2] Andererseits erleben wir immer wieder spektakuläre öffentlich-mediale Tribunale der Beschuldigung, die zumeist mit einem öffentlichen Schuldbekenntnis und einem Rücktritt vom öffentlichen Amt enden: Außenminister zu Guttenberg, Bischöfin Käßmann, Bundespräsident Wulff. Hat sich das individuell-persönliche Schuldgefühl in das kollektive Beschuldigungsritual einer öffentlichen Person verschoben? Ist persönliche Schuld nur noch relevant als repräsentative öffentliche Schuld, als Schuld, die dem Ansehen und somit der Durchsetzungskraft einer Institution schadet? Und/oder ist sie nur noch relevant, wenn dem Täter oder der Täterin eine Wiederholung der Tat zugetraut werden kann oder gar muss und sie somit eine Bedrohung darstellt für die Gesellschaft? Es scheint also, dass die Schuldfrage vor allem in ihren sozialen Dimensionen als plausibel empfunden wird.
Erleben wir vor allem als Deutsche auf diese Weise die Nachwehen der großen Schuldkrise des 20. Jahrhunderts, die Nachwehen des Nationalsozialismus einschließlich der Shoah? Jüngere sozialwissenschaftliche Untersuchungen zeigen, dass Schuldeinsicht unter Tätern und Täterinnen, also Menschen, die in Diensten des nationalsozialistischen Staates standen, auch nach Jahrzehnten nicht zustande gekommen sei. Weder

1 Diesem Beitrag liegt die Überarbeitung meines Aufsatzes: Im Fadenkreuz von Schuld und Scham: Vorüberlegungen zur Wiedergewinnung eines christlichen Sündenverständnisses, in: *Julia Enxing*, Schuld. Theologische Erkundigungen eines unbequemen Phänomens, Mainz 2015, 186–210, zugrunde.
2 *Herbert Vorgrimler*, Neues Theologisches Wörterbuch, Art. Schuld, Darmstadt 2000, 562–563, 562; s. auch *Jürgen Werbick*, Soteriologie, Düsseldorf 1990, 12–52: Die Krise der Soteriologie, hier bes. 35–36 zu Nietzsche; sowie *Eberhard Schockenhoff*, Schuldeingeständnis ohne Hoffnung auf Vergebung? Zu einer neuen Form öffentlicher Rituale, in: *Notger Slenczka* (Hg.), Was sind legitime außenpolitische Interessen? Unverfügbare Voraussetzungen des säkularen Staates. Umgang mit Schuld in der Öffentlichkeit, Leipzig 2013, 207–218.

Reue noch Scham spielen, so heißt es, eine Rolle.[3] Allenfalls sehen die meisten Täter und Täterinnen sich als Opfer, Opfer einer teuflischen Verblendung, Opfer eines Verrats. Ein Leben mit der Schuld gibt es nur sehr selten. Jedenfalls nicht im individuell-persönlichen Sinn.
Zunächst war es der Unschuldswahn der historisch Beteiligten, die sich – möglicherweise auch zu Recht – in der einfachen Dichotomie von Tätern und Opfern nicht recht aufgehoben fühlten –, dann aber war es die Generation der Nachfahren, die die Rede von der Schuld nicht mehr hören wollte, weil sie nicht persönlich haftbar gemacht werden wollte für die Taten ihrer Väter und Mütter. Sie wollte aber wohl auch nicht hineingezogen werden in ein Mitleben der Zerrissenheit des Lebens der Vorgeneration, denn auch in den Familien der Opfer der Schoah erlebten die Jungen das Schweigen der Alten über deren entwürdigende Erfahrungen. Die Generation der deutschsprachigen Schriftsteller, die diese Thematik verarbeitet hat und deren Werke wir in der Schule gelesen haben, ist jetzt an ihr Lebensende gekommen: Siegfried Lenz, Max Frisch, Friedrich Dürrenmatt. Letzterer hat kurz nach dem 2. Weltkrieg in einer Rede über Theaterprobleme gesagt: In der Wurstelei unseres Jahrhunderts gibt es keinen Schuldigen und auch keine Verantwortlichen mehr. »Alle können nichts dafür und haben es nicht gewollt. Wir sind zu kollektiv schuldig, zu kollektiv gebettet in die Sünde unserer Väter und Vorväter. Wir sind nur noch Kindeskinder, das ist unser Pech, nicht unsere Schuld.«[4]

Die Wurstelei unseres Jahrhunderts – d.h. gerade die Erfahrung komplexer Zusammenhänge von historischer Schuld – hat offenbar vor allem die Rede von der individuell-persönlichen Schuld in Misskredit gebracht. Immer wieder erleben wir spektakuläre gesellschaftliche Schuld-Verstrickungen, nach dem Ende der Apartheit in Südafrika, nach dem Fall der Mauer in Berlin, nach der Öffnung der Stasi-Akten, nach dem Zerfall des Ostblocks. Die individuelle Schuld erscheint bis zum Verschwinden verstrickt in die kollektive. Die Frage nach der Schuld scheint untrennbar von der Frage nach den Möglichkeiten des einzelnen Menschen, sich gegen die politischen Systeme zu wehren.

Und doch: So recht zufrieden scheint man damit ja offensichtlich nicht zu sein, entlädt sich doch die offen bleibende Frage nach der Schuld immer wieder neu in öffentlichen medialen Schuldtribunalen, und man

3 Vgl. *Katharina von Kellenbach*, The Mark of Cain: Guilt and Denial in the Post-War Lives of Nazi Perpetrators, Oxford 2013; *Björn Krondorfer*, Männlichkeit und Selbstmitleid. Religiöse Rhetorik in Selbstzeugnissen von NS-Tätern, in: *Maja Figge / Konstanze Hanitzsch / Nadine Teuber* (Hg.), Scham und Schuld. Geschlechter(sub)-texte der Shoah, Bielefeld 2010, 195–222; *Sabine Grenz*, »Davon haben wir nichts gewusst«? Artikulationen von Scham und Schuld in Tagebuchaufzeichnungen ›deutscher‹ Frauen am Ende des Zweiten Weltkrieges, in: *Figge* u.a. (Hg.), Scham und Schuld, 99–120.
4 *Schockenhoff*, Schuldeingeständnis, 209.

ist durchaus versucht, ihnen die Funktion eines Sündenbockmechanismus' zuzuschreiben, wie sie der Literaturwissenschaftler und Kulturanthropologe René Girard meinte sehen zu können.[5] Ein Sündenbock ohne versöhnende Intention und Wirkung jedoch, in völliger Abwesenheit einer Dynamik von Vergebung.

Dies mag genügen als kurze Skizze der aktuellen Relevanz des Themas dieses Bandes. In den hier gesammelten Beiträgen, die auf die Jahrestagung der Gesellschaft für Evangelische Theologie vom 16.–18. Februar 2015 in Berlin zurückgehen, werden die Möglichkeiten der Wirklichkeitswahrnehmung und -gestaltung eruiert und diskutiert, wie sie sich in der theologischen Schatztruhe bieten. Zunächst einmal findet sich darin das Begriffspaar »Schuld und Sünde«. Wie hilfreich ist diese Sprache angesichts der skizzierten Erfahrungen? Kann das Begriffspaar Schuld und Sünde, das alltagssprachlich eigentlich als Synonym-Paar, als weißer Schimmel gehört wird, seine Komplexität erfassen? Die meisten der folgenden Beiträge werden uns direkt oder indirekt in diese Frage hineinziehen. Welche Perspektive bringt die jüdisch-christliche Rede von Schuld und Sünde in unsere Lebenserfahrung? Schwerpunktmäßig beschäftigt sich dieser Band mit dem Phänomen der Scham und seiner theologischen Interpretation. Mindestens soll damit die Rede von der Sünde erfahrungsnäher werden. Denn Scham ist in unserer theologischen Schatztruhe eng mit der Sünde verbunden – wird sie doch gerade in der Sündenfallgeschichte erwähnt, wo sich Adam plötzlich seiner Nacktheit schämt, nachdem er von dem berühmten Apfel gegessen hatte. Scham, sich schämen, sich verbergen, verhüllen, verstecken – kann uns das Nachdenken über dieses Phänomen helfen, besser zu verstehen, was mit Sünde gemeint sein kann? Diese Frage steht im Zentrum dieses Bandes.

Zur Einführung soll jetzt der Zusammenhang von Schuld, Scham, Sünde und Versöhnung skizziert werden.

2 Unter der Macht der Sünde: verstrickt in Schuld

Schaut man nun in die theologiegeschichtlichen Entwicklungen der Rede von der Schuld, so kann man sehen, dass sich diese Entwicklungen unserer allerjüngsten Vergangenheit einbetten in einen längeren Prozess der kritischen Reflexion über die persönliche Schuld, die sich vor allem mit der reformatorischen Theologie verbindet: Entsteht sie doch in der Gegenwehr eines spätmittelalterlichen kirchlichen Umgangs mit der persönlichen Schuld, die diese als »Einschüchterungswaffe« (Schockenhoff)

5 Vgl. dazu *Józef Niewiadomski*, Hetzjagden der Gegenwart und die Frage nach dem Kreuz. René Girards und Raymund Schwagers Impulse zu einer gegenwartsbezogenen Soteriologie, in: ÖR 64/, 2015, 165–183.

gegenüber dem einzelnen Gläubigen benutzt und in dieser Weise auch das altehrwürdige kirchliche Institut des Bußrituals in Misskredit bringt. Vor allem schließlich mit der Aufklärung beginnt man sich in der evangelischen Theologie gegenüber dem drohenden moralischen Zeigefinger der Kirchen zu wehren. Bis heute ist es ein protestantischer Identitätsmarker, in der Sündenlehre auf die »Macht der Sünde«, auf die Erbsünde bzw. auf die strukturelle Sünde zu setzen. Die persönliche Schuld der Menschen wird eingebettet gesehen in das Gesamtschicksal der Menschheit, seit dem Sündenfall getrennt von Gott leben zu müssen, in der Entzweiung, wie Dietrich Bonhoeffer es ausdrückte. Die Botschaft des Evangeliums sieht den Menschen in dieser Situation gleichzeitig hineingestellt in eine große Rückholbewegung Gottes, in der die Angst vor dem Sünde-strafenden Gott hinfällig bzw. geradezu als kirchliche Propaganda entlarvt wird. Stattdessen lernen die Evangelischen, mit dem *begleitenden* Gott zu leben, der mitgeht in der Gebrochenheit des Lebens und dessen vornehmliche Funktion es zu sein scheint, Trost zu spenden. Angst vor dem Jüngsten Gericht gibt es nicht mehr. Die Vergebung Gottes steht außer Frage. Und obwohl sich in der katholischen Theologie das Thema der individuell-persönlichen Schuld zweifellos länger gehalten hat, so ist doch auch hier letztlich eine ähnliche Entwicklung zu beobachten. Seit dem Zweiten Vatikanischen Konzil wird auch hier, vermittelt über die lateinamerikanische Befreiungstheologie, die strukturelle Sünde mehr und mehr Thema, und das Beicht- und Bußinstitut überholt sich selbst durch faktische Nicht-Inanspruchnahme durch die Gläubigen. Auch hier wird die Auseinandersetzung mit persönlicher Schuld nicht mehr durch Angst vor einem strafenden Gott gepusht.

Man kann sagen, dass durch diese komplexe theologische Perspektivenverschiebung das Leben mit der Schuld in um so größerem Maße auf die Menschen zurückgeworfen worden ist. Denn was auch immer an Kollektivierung im Schuldverständnis zu beobachten ist – dass Schuld ein Phänomen menschlichen Zusammenlebens ist und somit eine nicht wegzudenkende Realität des Lebens, das wird wohl kaum bestritten. Und es stellt sich die Frage, ob die eben beschriebene Sprachlosigkeit zum Thema persönliche Schuld dem Menschen eigentlich gut tut. Manche Zeitbeobachtenden meinen sogar, dass die eingangs erwähnten medialen Schuldtribunale, die sich ja vielleicht nicht zufällig alter Elemente des Bußrituals bedienen, eine Art von Ersatzmechanismus in der Situation der Hilflosigkeit im Leben mit der Schuld darstellen: Sie werden als eine Art von kollektivem Sündenbockmechanismus interpretiert, der von Zeit zu Zeit hochgekocht wird, um dann – ganz und gar *ohne* eine wirkliche Schuldverarbeitung und insofern ganz anders als der alttestamentliche Ritus – wieder eine Weile in Ruhe leben zu können. (Schockenhoff)

Welche Perspektiven bietet nun die Theologie in dieser Situation?

3 Auf dem Weg in eine Theologie jenseits des Beschuldigungsdilemmas

Ich bin nicht gekommen, das Kind mit dem Bade auszuschütten: Ist die Einsicht in die Verflochtenheit von Schuldverhältnissen nicht eine sehr hilfreiche, um das Leben in seiner Gebrochenheit wahrzunehmen? Sollen wir wirklich wieder zurück in die alleinige Betonung der individuellen Schuld und damit in ihre Moralisierung? War die exklusive Täter/innen-Orientierung im abendländischen Sündenbegriff nicht wirklich ein Fehler? Ist nicht etwas dran am Vorwurf an die Kirchen seit der Aufklärung, sie stellten das Verhältnis von Gott und Mensch in ein Beschuldigungsdilemma hinein? Von der Wiege bis zur Bahre habe sich der Mensch schuldig vor Gott zu fühlen? Ist es nicht doch etwas Gutes, dass dies nicht zuletzt durch die interkonfessionelle Einigung in der Rechtfertigungslehre überwunden ist, wenn die Kirchen gemeinsam betonen, dass Vergebung nicht durch gute Werke, sondern durch Gottes Gnade allein erfolge? Ist es nicht etwas Gutes, dass Christen und Christinnen sich nicht mehr bemüßigt fühlen müssen, bei Gott Leistungsnachweise zu sammeln, und dass sie entsprechend befreit sein dürfen von einem übertriebenen Schuldkomplex?

Ich denke, all dies muss man mit einem klaren Ja beantworten.

Aber das ist nur die halbe Weisheit. Denn bisher habe ich nur von der Schuld gegenüber Gott gesprochen, und vor allem von den Möglichkeiten, von Gott Vergebung zu erlangen. Noch für unsere jungen Studierenden im ersten Semester ist, jedenfalls wenn sie christlich sozialisiert sind, das neue Leben in Christus kaum durch die Auferweckung, sondern allein durch das Kreuz bestimmt. Im Kreuz Christi hat Gott mit der Sünde abgerechnet – die mittelalterliche Satisfaktionslehre hat im frommen Protestantismus absolut überlebt, und zwar in einer ziemlich unterkomplexen Form. Statt sie als eine symbolische Verdichtung von Gottes Versöhnung *und* Menschenversöhnung zu verstehen, wird sie ganz und gar auf den Dual Gott und Mensch reduziert, so dass die zwischenmenschlichen Schuldgeschichten ganz und gar aufgesogen werden von einer generellen Schuld-Beziehung zwischen Gott und Menschheit. Der Inhalt des Evangeliums und des christlichen Credos meint es aber doch wohl eher umgekehrt: dass zwischenmenschliche Schuldhaftigkeit von Gottes Vergebung umfasst wird und ihr also nicht absolut kategorial entgegensteht. Wie wollen wir die Schuldgeschichte zwischen Gott und Mensch mit der zwischenmenschlichen Schuldverstrickung in Verbindung bringen. Und ebenso: Wie wollen wir die Versöhnung Gottes in Verbindung bringen mit den Versöhnungsbemühungen der Menschen? Überlegungen über die Versöhnungsbotschaft im Neuen Testament stellt Moises Mayordomo an.[6] Der Zusammenhang von Gott-Mensch und

6 Vgl. den Beitrag von *Moises Mayordomo* in diesem Band.

Mensch-Mensch wird auch von Michael Beintker angesprochen, wenn er unter dem Thema »Scham, Schuld, Trauer und die christliche Hoffnung auf ihre Überwindung« den ganzen Bogen des Lebens unter der Macht der Sünde aufschlägt, aber auch von Julia Enxing im prozesstheologischen Nachdenken über die Sünde als meta-personale Verstrickung.[7] Und auch die Beiträge zum Thema Schuldbearbeitung in politischen Versöhnungsprozessen von der NS-Zeit über die Zeit der Wende in Europa bis zum Genozid in Ruanda behandeln die Frage nach dem Verhältnis von Gottes Versöhnung und Menschen-Versöhnung mindestens implizit.

Gott vergibt den Schuldigen – das heißt empirisch in unserer Alltagserfahrung: Dass überhaupt ein Leben mit Schuld unter den Menschen möglich ist, liegt in der Erfahrung des Geschenks von Befreiung aus den Fesseln der Schuldhaftigkeit, wie sie Menschen mindestens ab und zu zukommt.

Schuld taucht zwischenmenschlich auf und ist hier nicht einfach reparierbar. Sie ist darum nicht einfach ein Fehler. Die Nicht-Reparierbarkeit und die unbedingte Zwischenmenschlichkeit macht uns Angst, schuldig zu werden.[8] Ein Leben mit Schuld, unreparierbar, scheint ein schreckliches Leben zu sein. Möglicherweise ist das der Grund dafür, dass die Erfahrung der Schuldhaftigkeit des einzelnen Menschen ausgewandert ist aus dem theologischen und auch aus dem gesellschaftlichen Diskurs. Sie ist ausgewandert in die Psychologie – nicht reparieren, sondern therapieren soll man sie. Und doch wissen wir eigentlich um sie und fürchten uns, dass sie doch um die Ecke kommen könnte. Wir wissen darum, dass wir persönlich schuldig werden, das wissen wir doch auch in der Perspektive der Verstrickung. Wir wissen um Formen persönlicher Schuld außer der verursachenden schädigenden Tat im Verbrechen, Betrug oder Verrat, von persönlicher Schuld als Trägheit oder Gleichgültigkeit, als Mutlosigkeit und auch als Angst, sich zu widersetzen, als Scheitern in der Verantwortung, das nicht mehr rückgängig gemacht werden kann. Insofern wissen wir, dass sich Schuld und Mitschuld, Tat und MittäterInnenschaft nicht wirklich voneinander trennen lassen. Und sie lassen sich auch nicht abwälzen auf Politiker oder andere Menschen in repräsentativen Ämtern.

Es gibt also mitten im Wissen um die Verstrickung des menschlichen Lebens in Schuldzusammenhänge die Erfahrung von persönlicher Schuld – und eben das meint die christliche Wirklichkeitsperspektive, wenn sie von Sünde spricht. Sünde erfasst von daher Opfer und Täter, insofern Leidende und Schädigende miteinander verstrickt sind und Menschen

7 Vgl. die Beiträge von *Michael Beintker* und *Julia Enxing* in diesem Band.
8 Vgl. *Eberhard Schockenhoff*, Schuldeingeständnis, 212.

nicht wie Billardkugeln, durch rein mechanische, kausative Bewegungen in Bewegung gesetzt, miteinander leben. Das ist eine unverzichtbare Einsicht der Neuzeit. In dieser Verstricktheit leben alle ihr Leben nicht vollständig authentisch – wir leben im Zwiespalt, sagt Dietrich Bonhoeffer,[9] in der Entfremdung und in der Zweideutigkeit des Lebens, meint Paul Tillich.[10] In der Gottesferne eines verkehrten Gottesverhältnisses, sagt die reformatorische Theologie und meint damit das Leben in Sünde schlechthin.[11] Authentisches Leben wäre ein Leben in der Ganzheit des Schalom, wie es sich in der Schöpfung vor dem Fall in einer ungetrübten Gottesbeziehung leben ließe. Liebe unter den Menschen wäre reine Liebe ohne Missbrauch, Missverständnis, Ausbeutung. Die mythologisierende Geschichte vom Sündenfall meint genau dies: dass wir nicht authentisch leben können. Wenn man so will, ist das eine quasi-ontologische Entschuldigung auch der Täter, denn auch sie leben in der Zerbrochenheit der Entzweiung, in der Sünde.

Was nun heißt das für die Schuld? Zunächst einmal gehört sie im christlichen Unheilsrealismus unvermeidbar zum Leben dazu. Aber sie ist eben nicht einfach zu ontologisieren. So jedenfalls kann man verstehen, was der katholische Theologe Jürgen Werbick rät: Wir sollten aufhören, nach einem Schuldigen zu suchen für die Erfahrung der Gebrochenheit der Welt.[12] Das führt uns nur in sinnlose Abstraktionen, sagt er. Denn entweder müssen wir sagen, dass Gott die Welt selbst so zerbrechlich gemacht habe – ach je – warum denn nur? Oder es ist generell der Mensch schuld daran, dass das Leben ein Leben unter der Macht der Sünde ist. Dann kommt er – wie lange Zeit in christlicher Tradition – vornehmlich als Verursachungs-Täter gegen Gott in den Blick, verstärkt durch kirchliche Beschuldigungsstrategien, und die konkreten Opfer konkreter Sünde verschwinden tragischerweise in dieser generalisierenden Beschuldigung. Lasst uns die Frage, warum die Welt so zerbrechlich ist, wie sie ist, einklammern, rät Werbick. Lasst uns stattdessen ihre Chance auf Heilwerden ins Auge fassen – das ist die Botschaft des Evangeliums. Lasst uns denken, dass Gott mit der Welt in all ihrer Gebrochenheit noch unterwegs ist. Mit dem Hinweis auf die in *Geburtswehen* seufzende Schöpfung will sich Werbick allein auf Gottes Versöhnungsinitiative richten, die schöpferisch unableitbar und »jenseits des

9 *Dietrich Bonhoeffer*, Schöpfung und Fall, hg. von *Martin Rüter / Ilse Tödt*, Dietrich-Bonhoeffer-Werke Bd. 3, München 1989, 127 und passim.
10 *Paul Tillich*, Systematische Theologie Bd. II, Stuttgart/Frankfurt 1966, ^{7}1981, 52ff., und Systematische Theologie Bd. III, Stuttgart/Frankfurt 1966, ^{3}1981, 202ff.
11 Vgl. *Christine Axt-Piscalar*, Art. Sünde VII, in: TRE 32, 400–436, hier 428 und passim.
12 Vgl. zum Folgenden: *Jürgen Werbick*, Den Glauben verantworten. Eine Fundamentaltheologie, Freiburg u.a. 2000, 569–581.

Beschuldigungsdilemmas« gewiss sei.[13] Denselben Rat haben wir ja bekanntlich auch von Karl Barth gehört.

Dieser Rat ist um so wichtiger, wenn wir berücksichtigen, dass Schuld auch in der Gebrochenheit des Lebens, in der noch seufzenden Schöpfung, in der Verstrickung oder in der Entzweiung, dass Schuld auch da immer persönlich und immer konkret gedacht werden muss. Sie hat immer einen spezifischen lebensgeschichtlichen und lebensweltlichen Zusammenhang. Aber – und auch darüber wird in diesem Band reflektiert – sie hat nicht nur ein kausalverursachendes Gesicht, sondern vor allem ein verantwortungsbewusstes: Nicht nur die Verursachung eines Übels zieht Schuld nach sich, sondern auch das Scheitern in der Verantwortungsübernahme für bereits vorfindbare Schuldzusammenhänge. Im Bewusstsein, dass wir alle in der Gebrochenheit des Lebens leben, ist Schuld je konkret wahrzunehmen, zu entdecken und aufzudecken – um des gemeinsamen Lebens, und nicht zuletzt um der konkreten Opfer und der konkreten Täter willen. Das Leben in der Situation der Sünde vollzieht sich in Schuld und Verletztheit, im Tätersein und Opfersein sowie in der Verstrickung der Mittäterschaft und im Scheitern von Verantwortung.

In diesem Sinne redet die klassische theologische Sprache davon, dass alle Menschen Sünderinnen und Sünder seien. Mit gutem Grund wird im 20. Jahrhundert die Unterscheidung in »Schuld der Täter« und »Leiden der Opfer« üblich. Das sind die beiden Seiten des Lebens unter der Macht der Sünde. Zwar bleibt also die Einsicht in die Sündenverstricktheit aller, aber eine konkrete Differenzierung wird notwendig, damit die je konkreten Opfer der Sünde nicht untergehen in einer erbärmlichen Gleichmacherei. Verletzlich sind beide, Opfer wie Täter, aber je auf verschiedene Weise. Die Hoffnung auf Versöhnung setzt alle Hoffnung da hinein, dass Gott für dieses komplizierte Kuddelmuddel eine wirkmächtige Antwort hat.

4 Scham: Erwartungen in eine neue Aufmerksamkeit

Sünde als Verstrickung von Opfern und Tätern: Wie gerufen kommt da nun in den jüngsten zwei Jahrzehnten eine neue Besinnung auf ein Phänomen, das irgendwie anders – wiewohl auch mit der Erfahrung von Schuldzusammenhängen verbunden – auf die Gebrochenheit des Lebens verweist: das Phänomen der Scham. Es ist psychologisch, philosophisch,

13 *Werbick*, Den Glauben verantworten, 570.

soziologisch und neurobiologisch neu zum Thema geworden, wie einführend Stephan Marks zeigt.[14]

Dieser Band soll also einige Aspekte dieser neuen Aufmerksamkeit auf das Phänomen der Scham herausstellen und dazu anregen, in neuer Weise über einen Sündenbegriff nachdenken zu können, in dem die Verstricktheit und durchaus auch die Tragik des Lebens unter der Macht der Sünde berücksichtigt wird. Theologisch wird hier gern auf Dietrich Bonhoeffer zurückgegriffen. Dass Adam und Eva sich nach dem Fall ihrer Nacktheit schämten, so Bonhoeffer in seiner Genesisauslegung, das bedeutet, dass sie eine neue Art von Grenze spürten, die die Folge ist vom Leben in der Entzweiung.[15] Nicht mehr in Einheit mit Gott zu leben heißt, nichtauthentisch, unwahr, in stetiger Verletzbarkeit zu leben. Scham zeigt Verletzbarkeit an und drängt dazu, gerade dies zu verbergen und sich zu verkriechen. Aber das Schamgefühl kann – sichtbar werdend oder vorausgesetzt beim Anderen – auch gleichzeitig vor Verletzung schützen, indem es an Menschen appelliert, nicht weiterzugehen, Halt zu machen vor dem Bloßstellen. Denn in der Tat hat die Emotion der Scham ja eine erstaunlich breite inter-soziale Dimension. Sie entsteht, weil man sich von anderen betrachtet und bloßgestellt fühlt (tatsächlich oder in der Vorstellung), sie kann als Schuldscham – als »sündengetriebene Scham« sagt Christina-Maria Bammel unter Bezug auf Karl Barth[16] –, sie kann aber auch als Opfer-Scham, als Scham über Schwäche und Versagen auftreten. Und sie kann offenbar auch übertragend, stellvertretend gefühlt werden, was im Jugendslang heute als »Fremdschämen« bezeichnet wird. Sie kann Mittel der Verletzung sein, wenn sie durch öffentliche Beschämung hervorgerufen wird, aber sie kann auch Schutz vor Verletzung von Intimität sein, wenn sie beim Anderen vorausgesetzt und im kommunikativen Handeln berücksichtigt wird. Menschen ohne

14 Aus der Fülle nur der jüngsten Titel seien genannt: *Stephan Marks*, Scham – die tabuisierte Emotion, Ostfildern ^{4}2013; *Michael Heidgen*, Inszenierungen eines Affekts: Scham und ihre Konstruktion in der Literatur der Moderne, Göttingen 2013; *Joachim Küchenhoff* (Hg.), Scham. (Freiburger literaturpsychologische Gespräche 32), Würzburg 2013; *Ulrich Greiner*, Schamverlust: Vom Wandel der Gefühlskultur, Reinbek 2014; *Léon Wurmser*, Scham und der böse Blick: Verstehen der negativen therapeutischen Reaktion, Stuttgart ^{2}2014; *Konrad Schüttauf / Ernst Konrad Specht / Gebriela Wachenhausen*, Das Drama der Scham. Ursprung und Entfaltung eines Gefühls, Göttingen 2003; *Werner Strodmeyer*, Scham und Erlösung: Das relational-soteriologische Verständnis eines universalen Gefühls in pastoraltherapeutischer Hinsicht, Paderborn u.a. 2013; *Alfred Schäfer / Christiane Thompson* (Hg.), Scham, Paderborn u.a. 2009; *Daniela Haas*, Das Phänomen Scham: Impulse für einen lebensförderlichen Umgang mit Scham im Kontext von Schule und Unterricht (Religionspädagogik innovativ 4), Stuttgart 2013; für eine gründliche theologische Rezeption schon vor zehn Jahren vgl.: *Bammel*, Aufgetane Augen.

15 Vgl. dazu auch den Beitrag von *Ruth Poser* in diesem Band zur Thematisierung der Scham in der Hebräischen Bibel.

16 Vgl. *Bammel*, Aufgetane Augen, 210ff.; bes. 239.

Schamsensibilität wären unmenschlich. Scham und ihre gegenseitige Berücksichtigung wäre insofern ein wesentliches Mittel des Überlebens in der Verstrickung. Könnte das eine Weisheit sogenannter Schamkulturen sein, die wir möglicherweise auch in unserem gesellschaftlichen, zwischenmenschlichen Umgang wieder lernen müssen?

Diese Beobachtungen zeigen die in der Forschung herausgearbeitete Doppelstruktur der Scham: Einerseits fungiert sie als begleitende Emotion des Schuldbewusstseins, das von einer Dynamik des Verbergens geprägt ist, weil sie den Verlust von Anerkennung fürchtet. Das wäre die negative Scham, die in der theologischen Rezeption als »sündengetriebene Scham« auftauchen kann. Christina-Maria Bammel verdeutlicht das in ihrer Scham-Spurensuche bei Karl Barth. Auf der anderen Seite stellt das Schamgefühl einen Schutzwall dar, hinter dem die eigene Identität in ihrer Zerbrechlichkeit geborgen wird. Schamsensibilität in diesem Sinne fungiert auch als Warnung vor der Verletzung anderer und wäre insofern Bedingung von Liebesfähigkeit. Scham in diesem zweiten Sinn wird prohibitive oder auch protektive Scham genannt.[17]

Mit dem Wort Scham als dem Abstraktum von »sich Schämen« wird also ein Erlebnisbereich des Menschen bezeichnet, der Verletzlichkeit markiert, der sich im Verborgenen abspielt und der doch eminent sozial ist. Sowohl in der negativen wie in der prohibitiven Scham geht es um Grenzen, um Grenzen der Distanz von Anderen. Es geht aber auch um Erkenntnis und Akzeptanz dieser Grenzen als Weise der Zuwendung von Menschen zueinander, möglicherweise sogar um ein sich-Öffnen, um ein Sichtbarmachen der Grenzen, um ein Empfangen von Zuwendung.

Eine prägnante Bestimmung dessen, was mit dem Phänomenkomplex »Scham« angesprochen wird, findet sich im RGG-Artikel von Dorothea Baudy aus religionswissenschaftlicher Sicht: »Das Schamempfinden gehört zur menschlichen Grundausstattung. Es ist ein soziales Gefühl, das sich beim Gewahrwerden eines Defizits einstellt, an dem andere Anstoß nehmen könnten. Anders als das Schuldgefühl setzt es kein konkretes Vergehen voraus. Scham ist daher nicht nur eine Begleiterscheinung von Verhalten, das sozialer Ächtung unterliegt, etwa der Verletzung sexueller Tabus, Unehrlichkeit, Feigheit oder Treulosigkeit, sondern auch eine Reaktion auf Befindlichkeiten, für die das Individuum keine Verantwortung trägt.«[18]

17 Vgl. dazu *Käthe Meyer-Drawe*, Am Ursprung des Selbstbewusstseins: Scham, in: *Schäfer/Thompson* (Hg.), Scham, 37–49; hier 43–49; *Eduard Zwierlein*, Zur Anthropologie der Scham bei Max Scheler, in: *Michaela Bauks / Martin F. Meyer* (Hg.), Zur Kulturgeschichte der Scham, Hamburg 2011, 157–176, hier 161.
18 *Dorothea Baudy*, Scham, I. Religionswissenschaftlich, in: RGG Bd. 7, Tübingen [4]2001, 861–862, hier 861.

Auch in dieser Umschreibung klingt die Polarität von Schuld und Scham an, aber sie wird gleichsam zurückgenommen in einen vornormativen Bereich, in dem es gleichwohl um »soziale Ächtung« und Verantwortung dafür geht, aber eben auch um »Befindlichkeiten, für die das Individuum keine Verantwortung trägt.«[19]

Diese Definition weist auf eine weitere Ambivalenz des Phänomens der Scham hin, die meines Erachtens für den christlichen Sündenbegriff von höchster Relevanz ist. Es gehört geradezu zur Grundentdeckung des neuen Schamdiskurses, dass Scham nicht nur Täter_innen, sondern auch Opfer betrifft, und beides sogar kollektiv. »Fremdschämen« ist ein neues Modewort geworden.[20] In beiden Aspekten spielt das Schuldigwerden allenfalls eine Rolle im Hintergrund. Nicht die schuldhafte Tat als solche verursacht den Täter_innen Scham, sondern die vorgestellte oder tatsächliche Missachtung durch die Anderen – die mangelnde Anerkennung. Es ist die Einsicht in diesen Zusammenhang, die in der Reform des Strafrechts in den 1990er Jahren zum Konzept des Täter-Opfer-Ausgleichs führte, in dessen Zentrum die Konfrontation der Täter_innen mit den Opfern stand.[21] Sie sollen die Gelegenheit bekommen, die konkreten Grenzverletzungen zu erahnen. Und nun gehört es wohl zu der eminent sozialen Grundstruktur des Phänomens der Scham, dass sich das Konzept des Täter-Opfer-Ausgleichs offenbar auch »vererben« lässt bis ins dritte und vierte Glied: Was anderes geschieht in den Begegnungsprogrammen nach historischen Konflikten, wenn die Kinder der Kriegsgeneration sich gegenseitig die Geschichte ihrer Grenzverletzungen erahnen lassen, der Auswirkungen der Schuldgeschichten der Mütter und Väter? Die komplexe menschliche Identität lässt hier in besonders dichten Momenten Fremdschämen und Eigenschämen ununterscheidbar werden. Wie die Frage der Schuld hier – gewissermaßen eingewickelt – vorkommt, werden wir überlegen. In der Achtung der Schamgrenzen jedenfalls geht es zunächst um die behutsame Wahrnehmung und Achtung von Zonen der Verwundung.

Nicht nur eine neue Sensibilität für die Verstricktheit in der Gebrochenheit des Lebens soll durch diesen Band erzeugt werden, sondern auch ein neues Gefühl für das zentrale Symbol unseres christlichen Glaubens: den leidenden Christus. Niemand anders als Christus steht hier als der, der die »Scham der Welt« auf sich genommen hat. Die repräsentative Struktur dieses Symbols ist wohl nicht nur eine christliche Idee. Ruth Poser hat eine beachtete Dissertation über das Ezechielbuch als Traumalitera-

19 Vgl. dazu auch *Wilfried Härle*, Dogmatik, Berlin / New York 1995, 486.
20 Vgl. dazu den Beitrag von *Christina-Maria Bammel* in diesem Band.
21 Vgl. *Joachim Zehner*, Das Forum der Vergebung in der Kirche. Studien zum Verhältnis von Sündenvergebung und Recht, Gütersloh 1998, 64–75.

tur geschrieben.[22] Man kann es auch lesen als eine Ermöglichung, sich rückhaltslos der Schuld- und Opfer-Scham zu stellen und sie in Gottes Versöhnungswillen zu überwinden. Diese Intention findet sie auch in anderen biblischen Bearbeitungen des Themas Scham.[23] Die Passionsgeschichte jedenfalls verschweigt Jesu Demütigung nicht, und auch die christliche Frömmigkeitstradition hat das nicht getan. Die jungen christlichen Gemeinden haben den *Fremdschämen auslösenden Jesus* – oh Haupt voll Blut und Wunden – vor ihrem inneren Auge, wenn sie sich gegenseitig auffordern: Schämt euch Jesu, des Stigmatisierten, *nicht*! (Mk 8,38; 1 Petr 4,16) Eben *nicht*! Versteckt ihn nicht in falscher Scham. Hier ist – bei aller Wahrnehmung von Scham – ihre heilsame Überwindung im Blick – vielleicht ihre Zähmung und Umwandlung in einen Ort des vertrauensvollen sich-Öffnens in der Liebe Gottes.[24] Nicht zuletzt darum geht es in diesem Band.

Die Beiträge

Die Einführung in das Phänomenfeld der Scham startet mit dem Beitrag von *Theo Sundermeier*, der über die religions- und missionswissenschaftliche Differenzierung von Schuld- und Schamkulturen informiert und seine diesbezüglichen Erfahrungen aus dem südlichen Afrika reflektiert.[25] *Stephan Marks*, der Schamspezialist schlechthin, gibt schließlich einen Überblick über das Phänomen der Scham, wobei er sich in dem Beitrag für diesen Band auf die Schule als paradigmatisches Erfahrungsfeld konzentriert.[26] Marks lässt uns nicht nur staunen über das breite Phänomenfeld der Scham, sondern er macht auch aufmerksam auf erfahrbare Mechanismen der Scham-Vermeidung und -Verschleierung, die vor allem im pädagogischen Umfeld, aber durchaus nicht nur da, erkannt werden wollen. Er zeigt weiterhin, das Scham nicht nur die Schuldigen, nicht nur die Täter erfasst, sondern gerade auch die Opfer, die

22 *Ruth Poser*, Das Ezechielbuch als Trauma-Literatur, Leiden 2012.

23 Vgl. den Beitrag von *Ruth Poser* in diesem Band.

24 Vgl. auch meine Überlegungen zu einer schamorientierten Theologie der Versöhnung in: Im Fadenkreuz (s. Anm. 1), 202–207.

25 *Theo Sundermeier*, Scham und Schuld. Religionsgeschichtlich-interkulturelle Perspektiven, 23–31 in diesem Band. Vgl. dazu *Ruth Benedict*, The Chrysanthemum and the Sword. Patterns of Japanese Culture (1946); Chrysantheme und Schwert. Formen der japanischen Kultur, Frankfurt a.M. 2006. Zur Konzeptions- und Wirkungsgeschichte vgl. *Clemens Albrecht*, Anthropologie der Verschiedenheit, Anthropologie der Gemeinsamkeit. Zur Wirkungsgeschichte der Unterscheidung von Scham- und Schuldkulturen, in: *Michaela Bauks / Martin F. Meyer* (Hg.), Zur Kulturgeschichte der Scham, Hamburg 2011, 177–193.

26 *Stephan Marks*, Scham – Hüterin der Menschenwürde. Jugendpädagogische Beobachtungen zur Scham-Entwicklung, 33–42 in diesem Band; vgl. vor allem *Ders.*, Scham – die tabuisierte Emotion, Düsseldorf ^{4}2013 sowie Die Würde des Menschen oder Der blinde Fleck in unserer Gesellschaft, Gütersloh 2010.

schuldlos Leidenden. Einige seiner Einsichten werden weitergeführt von *Dagmar Zobel* in ihrem Beitrag über das Thema »Scham in der Seelsorge«.[27] Sie macht vor allem mit der Bemerkung nachdenklich, dass Seelsorgerinnen und Seelsorger es heute nicht nur mit Schuld und Vergebung zu tun haben, sondern in verstärktem Maße mit »massiven Selbstwertproblematiken«, die theologisch anders zu verorten sind als der Umgang mit der Schuld. Weniger für den bundesdeutschen Alltag als für die weltpolitische Gewaltgeschichte mag der Völkermord in Ruanda stehen. Unter Rückgriff auf die Arbeiten von Stephan Marks nimmt die katholische Theologin *Katharina Peetz* die gegenwärtige Erinnerungsarbeit in Ruanda zum Beispiel, um den Zusammenhang von Scham und Schuld in diesem von struktureller Gewalt gezeichneten Kontext aufzuzeigen.[28] Sie beschreibt dabei, wie unterschiedlich die Gestalt der Scham bei Opfern und Tätern ist. *Christina-Maria Bammel,* Verfasserin einer umfänglichen Monographie zur Theologie der Scham, beschäftigt sich in diesem Band mit einem hochaktuellen Teilaspekt des Themas: mit dem sogenannten »Fremdschämen«, dass uns in der mediatisierten Jugendkultur begegnet und durchaus nicht, wie man denken könnte, von sozialsolidarischen Intentionen gesteuert ist.[29]
Eine theologische Grundlagen-Reflexion über den Zusammenhang von Sünde, Schuld und Scham bietet in der Perspektive der Systematischen Theologie *Michael Beintker*.[30] Er stellt die gesellschaftliche Erfahrung von Schuld und Schuldabwehr ins Zentrum seiner Überlegungen und zeigt, wie erst die Perspektive des Glaubens, die aus dem Horizont der Vergebung herkommt und – in eschatologischer Hinsicht – in ihn hinführt, zu wirklicher Wahrnehmung von sündhaft gestörtem Gottesverhältnis und ihrer konkreten Auswirkung in Schuld zwischen Menschen führt. Der Horizont der Vergebung ist dann auch der einzige Schutz vor Scham. Die katholische Theologin *Julia Enxing* ergänzt diesen dogmatischen Überblick durch eine spezifisch prozesstheologische Perspektive der amerikanischen Methodistin Marjorie Suchocki.[31] Die meta-personale Reichweite von Sünde und Schuld werden hier besonders betont: Ihr »Radius« ist nicht auf jenen Personenkreis beschränkt, der direkt »Täter« bzw. »Täterin« oder »Opfer« im Geschehen ist. Der Beitrag fragt, was diese Einsicht in die Wirklichkeit von Sünde und Schuld

27 *Dagmar Zobel*, Scham in der Seelsorge, 43–57 in diesem Band.
28 *Katharina Peetz*, Scham und Schuld in den Berichten von Opfern und Täter_innen des ruandischen Genozids.
29 *Christina-Maria Bammel*, Überdosis Fremdscham? Theologisch-ethische Anfragen an Phänomene der gemeinschaftlich empfundenen oder stellvertretenden Scham, 77–91 in diesem Band; vgl. auch *Dies.*, Aufgetane Augen – Aufgedecktes Angesicht. Theologische Studien zur Scham im interdisziplinären Gespräch, Gütersloh 2005.
30 *Michael Beintker*, Unter der Macht der Sünde: Scham, Schuld, Trauer und die christliche Hoffnung auf ihre Überwindung, 93–109 in diesem Band.
31 *Julia Enxing*, Schuld und Sünde in Marjorie Suchockis Werk *The Fall to Violence,* 111–125 in diesem Band.

theologisch bedeutet. *Dominik Gautier* ergänzt diese theologischen Analysen mit einem Beitrag über die christologischen Aspekte der Scham. Auch er bezieht sich zunächst auf Stephan Marks, um dann mit Karl Barth über das Spezifikum des christlichen Credos, die Zurückweisung von Scham, aber auch die heilsame Beschämung im Blick auf Jesus Christus zu reflektieren.[32] Als kontextuell-theologisches Beispiel dient ihm schließlich James Cones kreuzestheologische Interpretation der »Lynching Trees« im US-Amerika der 30er Jahre, an denen schwarze Menschen öffentlich ermordet und zur Schau gestellt wurden. Diese höchst unterschiedlichen systematisch-theologischen Beiträge finden einen exegetischen Bezug in den Beiträgen von Ruth Poser und Moises Mayordomo. Die Hebräische Bibel bietet, wie *Ruth Poser* darlegt, ein sehr feinfühliges differenziertes Spektrum für das Phänomen der Scham, aber auch für die schamtherapeutischen Grenzen der Vergebung allein, die weit weniger ausrichten kann als die aufbauende Kraft der Gottes- und Menschengemeinschaft.[33] *Moises Mayordomo* zeigt am Beispiel der fünften Vater-Unser-Bitte, wie sehr im Matthäusevangelium Gottes Vergebung im Kontext der konkreten zwischenmenschlichen Vergebung gesehen wird.[34]

Durch Workshops, Exkursionen und eine Podiumsdiskussion wurde während der Berliner Tagung das Thema Schuld und Scham in spezifischen versöhnungspolitischen Kontexten reflektiert. Daraus sind Kurzbeiträge erwachsen, die diesem Tagungsband seine Würze geben: Landesbischof *Markus Dröge* berichtet von ostdeutschen Verstörungen, die durch Versöhnungsinitiativen verursacht wurden, die als von Unbeteiligten aufoktruiert empfunden worden sind.[35] Bischof *Marcin Hintz* von der Evangelisch-Augsburgischen Kirche in Polen gibt einen auch biographisch gewürzten Einblick in die versöhnungspolitische Geschichte der evangelischen Kirche in Polen.[36] Wie sehr es dabei um Schuldverständnis und Schamsensibilität geht, zeigt er nicht zuletzt in den Bemerkungen zur deutsch-polnischen Geschichte. *Sándor Fazakas,* selbst aus Ungarn stammend, berichtet aus einer Arbeitsgruppe, in der die Aufarbeitung der jüngeren Vergangenheit verschiedener ost-mittel-europäischer Kontexte reflektiert wurde.[37] Im Zusammenhang mit kollektiven

32 *Dominik Gautier*, »Als Beschämte stehen wir da«. Christologische Überlegungen zur Scham – mit Karl Barth und James H. Cone, 127–136 in diesem Band.

33 *Ruth Poser*, Scham in der Hebräischen Bibel, 137–154 in diesem Band.

34 *Moises Mayordomo*, Zwischenmenschliche Vergebung in der Perspektive des Matthäusevangeliums, 155–173 in diesem Band.

35 *Markus Dröge*, Unterwegs zur Versöhnung. Grußwort und Gedanken zum Thema, 175–178 in diesem Band.

36 *Marcin Hintz*, Die evangelische Kirche in Polen im Dienst der Versöhnung, 179–188 in diesem Band.

37 *Sándor Fazakas*, Schuld und Scham in gesellschaftlichen Transformationsprozessen Mittel-Osteuropas. Bericht aus der Arbeitsgruppe, 189–192 in diesem Band.

Erfahrungen von Schuld und Versagen wird hier das Phänomen von Scham als Ausdruck massiver Selbstentwertung thematisiert. Über die in den Generationen unterschiedliche Erfahrungsweise von Schuld und Scham bezüglich der deutschen Geschichte denkt *Elisabeth Raiser* in ihrem Beitrag über ihre Arbeit in Aktion Sühnezeichen Friedensdienste nach.[38] Schließlich berichtet *Ulrike Bundschuh* von der Kurzexkursion zum Berliner Dokumentationszentrum über Zwangsarbeit während der NS-Zeit.[39]
Der Band schließt mit der Publikation der Predigt von *Werner Schwartz* zu Röm 3,9–20: Die Schuld aller vor Gott.[40]

Für Hilfe bei der Finanzierung der Berliner Tagung 2015 ist zahlreichen evangelischen Landeskirchen sowie der Bundesstiftung für Aufarbeitung der SED-Diktatur, für die Mitarbeit bei der Redaktion dieses Bandes Frau stud. theol. Carina Böttcher, Oldenburg, sowie für unermüdliche Hilfe bei der Organisation an allen Ecken und Enden Frau Waltraud Scholz vom Institut für Evangelische Theologie der Universität Oldenburg zu danken.

38 *Elisabeth Raiser*, Schuld und Scham in gesellschaftlichen Versöhnungsprozessen. Gedanken zu Aktion Sühnezeichen Friedensdienste, 193–196 in diesem Band.
39 *Ulrike Bundschuh*, Zwangsarbeit – Schuld und Scham. Eine Führung durch das Dokumentationszentrum NS-Zwangsarbeit in Berlin-Niederschönweide, 197–201 in diesem Band.
40 *Werner Schwartz*, Die Schuld aller vor Gott. Andacht zu Römer 3,9–20, 203–207 in diesem Band.

Theo Sundermeier

Scham und Schuld

Religionsgeschichtlich-interkulturelle Perspektiven

Einleitung

Zur Einführung in das Thema gebe ich einige Beispiele aus dem Umfeld des Problems.

(1) Studenten des Theologischen Seminars in Umpumulo/Südafrika machten mich seinerzeit (1970) auf folgende Situation aufmerksam: »Deine Tochter«, sagten sie (sie war drei oder vier Jahre alt), »hat gestern den Wasserhahn hier vor dem Fenster des Vorlesungssaals aufgedreht und konnte ihn nicht wieder schließen. Das Wasser lief und lief. Sie fing an zu schreien, bis jemand kam und ihr half. Das ist der Unterschied zwischen euch Weißen und uns: Ein afrikanisches Kind hätte sich umgesehen um zu gucken, ob es unbeobachtet ist, und hätte sich schnell aus dem Staube gemacht.«
Im Blick auf unser Thema ist die Reaktion meiner Tochter eindeutig: Sie hatte Angst und fühlte sich schuldig. Wie dagegen das Verhalten des afrikanischen Kindes zu beurteilen ist, lassen wir zunächst noch offen.

(2) Eine Synode einer lutherischen Kirche in der Zentralafrikanischen Republik: Der Bischof hat ein 14-jähriges Kind missbraucht und geschwängert. Die Missionare (vor allem die amerikanischen) sind empört und erwarten von der Synode, dass sie den Bischof abwählt. Obwohl der Bischof nicht besonders beliebt ist, wird er mit einer großen Mehrheit wiedergewählt und in seinem Amt bestätigt, berichtet mir von der Synode der Missionar Markus Roser, ein ehemaliger Doktorand.

(3) Ein in der Literatur gelegentlich berichtetes Beispiel aus Japan: Der alte Vater der Familie hat sich etwas zu Schulden kommen lassen. Eine Strafe ist zu erwarten. Der älteste Sohn aber steht auf und sagt, er habe die Tat begangen. Doch dann bekennt sich der zweite Sohn als der Schuldige. Das wird von dessen Frau zurückgewiesen: Sie habe die Tat begangen. Sie, die Schwiegertochter, nimmt die Schuld auf sich und begeht Selbstmord.[1]

1 Ein ähnliches Beispiel findet sich bei *Ruth Benedict*, Chrysantheme und Schwert. Formen der japanischen Kultur, Frankfurt a.M. [4]2014, 109.

(4) Ein letztes Beispiel: Ein ökumenischer Mitarbeiter aus Japan, der jahrelang in Württemberg gearbeitet hat, kommt zurück nach Japan. Sein Sohn, der in Deutschland zur Schule gegangen war, wird dort in eine Klasse eingegliedert. Er kommt mit dem dortigen Schulsystem nicht zurecht und wird Totalverweigerer: Er geht nicht mehr zur Schule. Nun kommen regelmäßig Klassenkameraden und bringen ihm nicht nur den Lernstoff, sondern erarbeiten ihn auch mit ihm. Nach einem Jahr (wenn ich mich recht erinnere) geht der Junge wieder zur Schule und in dieselbe Klasse. Man kann im japanischen Schulsystem nicht sitzenbleiben. Der Junge machte mit der Klasse erfolgreich sein Abitur. Er studiert heute Theologie.

Was haben diese verschiedenen Beispiele miteinander zu tun? Zeigen sie ein Grundmuster, das uns weiterhilft, fremde Kulturen und eben auch die Frage nach Scham und Schuld zu verstehen?

1. Schamkultur

Es war die Kulturanthropologin Ruth Benedict, die nach dem Zweiten Weltkrieg die Begegnung amerikanischer Soldaten und Politiker mit der japanischen Mentalität und Gesellschaft analysierte. Sie wollte die permanenten Missverständnisse und das daraus folgende Fehlverhalten der Amerikaner verstehen, verdeutlichen und zu einem besseren menschlichen und politischen Umgang miteinander beitragen, indem sie beide Kulturen miteinander verglich. Diese Ausgangslage ihrer Forschung, so wird später gern kritisiert, macht ihre Analyse nur begrenzt aussagekräftig. Das ist zwar richtig; dennoch hat Benedict Richtiges gesehen und zum Verstehen fremder Kulturen gerade durch den etwas einseitigen Vergleich wichtige Perspektiven eröffnet. Sie unterscheidet zwischen einer Scham- und einer Schuldkultur.[2]

Zur Schamkultur Japans gehört nach ihren Erkenntnissen ein starkes Zusammengehörigkeitsgefühl der Familie, die den Rang der einzelnen Familienmitglieder und ihre Verpflichtungen den anderen gegenüber festlegt, aber auch die Verpflichtungen gegenüber dem Staat und vor allem – im Kriegsfall – gegenüber dem Kaiser. Diese Verpflichtungen sind zwar eine Last, aber mit ihnen trägt man seine Schuld ab: Der Mutter für ihre »unbeirrbare Hingabe«, dem Arbeitgeber für den regelmäßigen Lohn, dem Kaiser als Zeichen der unermesslichen Dankbarkeit für die Wohltaten, die das Land von ihm empfangen hat. Der Wohlstand des Landes ist dafür der Beweis.[3] Diese Verpflichtung beruht auf Gegenseitigkeit, sie ist ein Empfangen und ein Geben in Form des Respektes und der

2 *Benedict*, Chrysantheme, 196f.
3 Ebd., 93 u.a.

kindlichen Ehrfurcht. Diese Tugenden sind stärker als andere, so sehr man diese auch schätzen mag. Man darf nicht zulassen, dass der Name der Familie beschmutzt wird, denn mit dem Namen steht die familiäre Vergangenheit auf dem Spiel und das Verhältnis zu den Vorfahren. Für das Verhalten heute heißt das, dafür zu sorgen, dass die Eltern nicht ihr Gesicht verlieren. In der Schule trägt man z.B. dazu bei, dass niemand in der Klasse sich als Versager schämen muss. In Japan kann man demgemäß auch nicht sitzenbleiben. Erst nach dem Abschluss der Schule ist der Einzelne auf sich selbst gestellt. Das Weiterkommen ist seine Sache. Beschämt er jetzt die Eltern (die unendlich viel Geld und Kraft in Nachhilfestunden investierten), ist der Selbstmord der ehrenhafteste Ausweg, den Namen der Familie rein zu halten.

Der europäische Gegenbegriff zu Scham ist die Ehre. Man steht unter der Verpflichtung, die Ehre der Familie zu bewahren. Der japanische Begriff, der mit »Ehre« im Deutschen übersetzt wird, »giri«, umschließt aber mehr: Er betrifft die Anstandsregeln, zielt auf Selbstbeherrschung, meint die Selbstachtung und die Umsicht, wie mit der Selbstachtung umzugehen ist.[4] Er schließt die Beachtung der hierarchischen Konventionen ebenso ein wie Aufrichtigkeit.[5] Wie bei der Zen-Meditation muss man mit Leib, Seele und Geist bei der Sache sein.
Ein Aspekt der Schamkultur wird von Ruth Benedict nur beiläufig erwähnt, ist aber in den von mir erlebten afrikanischen Kulturen von großem Gewicht. »Solange ein Fehlverhalten nicht ›in die Welt gelangt‹«, schreibt sie, brauche man sich keine Gedanken zu machen: »Von Schamgefühl bestimmte Kulturen sehen keine Beichte vor, nicht einmal gegenüber den Göttern. Sie haben Zeremonien, die Glück bringen sollen, nicht Sühne und Buße.«[6]

Mit diesen Interpretationen R. Benedicts werden die anfangs genannten Beispiele interpretierbar und verstehbar. Als erste Zwischensumme kann genannt werden:
1. Anders als in der abendländischen Kulturgeschichte[7] spielt in den Schamkulturen die geschlechtliche Seite in der Bestimmung von Scham keine Rolle.
2. In den Schamgesellschaften geht es immer um die Gruppe. Der Einzelne entwickelt einen hohen Grad der Sensibilität im Blick auf den Anderen, die Gruppe und die ihn umgebende Kultur. Der Einzelne sieht sich nicht im Mittelpunkt seines Denkens und Verhaltens, sondern den Anderen, seine Bezugsgruppe, die Umgebung. Höchstes Ziel ist es, in

4 Ebd., 195.
5 Ebd., 135.188f.
6 Ebd., 196.
7 Vgl. *Michaela Bauks / Martin F. Meyer* (Hg.), Zur Kulturgeschichte der Scham, Hamburg 2011.

Harmonie mit den Anderen zu leben. Harmonie ist ein anderes Wort für Frieden und beschreibt diesen umfassend. Schamröte steigt dem ins Gesicht, der die Harmonie stört.

Was ist im Gegensatz dazu unter Schuldkultur zu verstehen? Ich greife im Folgenden auf Studien der interkulturellen Kommunikationsforschung zurück, die den eher phänomenologisch arbeitenden kulturanthropologischen Ansatz Benedicts fortschreibt und auf internationaler Ebene ausweitet.
Geert und Gert Jan Hofstede (Vater und Sohn) stützen sich dabei auf die die Ergebnisse von 117 000 Befragungen, die IBM (!) auf allen Kontinenten durchgeführt hat.[8] Statt von Scham und Schuld zu reden, werden die soziologisch klarer definierten Begriffe »Kollektivismus« und »Individualismus« gebraucht.

»Individualismus beschreibt Gesellschaften, in denen die Bindungen zwischen den Individuen locker sind; man erwartet von jedem, dass er für sich selbst und für seine unmittelbare Familie sorgt. Sein Gegenstück, der Kollektivismus, beschreibt Gesellschaften, in denen der Mensch von Geburt an in starke, geschlossene Wir-Gruppen integriert ist, die ihn ein Leben lang schützen und dafür bedingungslose Loyalität verlangen.«[9]

Da der Begriff »Kollektivismus« zu sehr Assoziationen zum östlichen Marxismus hervorruft und vor allem auch offen lässt, worin er begründet ist und seinen »Sitz im Leben« nicht benennt, spreche ich an dieser Stelle von einem *ethnischen Kollektivismus*. Er hat sein »Zuhause«, seine soziale Wirklichkeit in den Kleingesellschaften, den »small scale societies«. Diese wiederum haben ihr Zentrum in der Familie, genauer in der Großfamilie. »Man is family«, heißt es in Afrika. Es gibt den Einzelnen nur, weil es die Gemeinschaft gibt (sumus ergo sum). Hier lernt der Mensch von frühster Jugend an, auf den Anderen zu hören und mit der Gemeinschaft konform zu leben. Wie die Kernfamilie zur Großfamilie gehört, so findet diese ihr Zuhause und Sicherheit im Stamm, der auch Millionen Menschen umfassen kann. Dieses Gefühl der Zusammengehörigkeit und die damit verbundene Solidarität kann auch auf den modernen Staat übertragen werden.[10] Die »In-Gruppe« gibt dem Einzelnen Sicherheit und Geborgenheit, verlangt von ihm aber auch Pflichten – sie

8 *Geert Hofstede / Gert Jan Hofstede*, Lokales Denken, globales Handeln. Interkulturelle Zusammenarbeit und globales Management, München [5]2011.
9 Ebd., 97.
10 Dies ist einer der Gründe, warum die moderne Parteiendemokratie, die sich an Klassen orientiert, so schlecht in Staaten, die von ethnischem Kollektivismus bestimmt werden, funktioniert.
Wird das Gefühl der Zusammengehörigkeit auf den Staat übertragen spielt der Rassismus oft eine entscheidende Rolle. Internationale Wettkämpfe (Olympiade, WM) bewirken nur kurzfristig solche emotionale Zusammengehörigkeit, wie sie in Ethnien vorgegeben ist, wie das Beispiel der Olympiade in Südafrika zeigt.

verlangt von ihm, extrinsisch bestimmt zu bleiben. Da diese Gruppen hierarchisch gegliedert sind, ist Gehorsam eine zentrale Tugend. »Harmonie und Einigkeit in der Gesellschaft sind angestrebte Endziele.«[11]

Ein Missionar besprach in Indonesien das Gleichnis von den zwei Söhnen (Mt 21,28–31) in der Gemeinde. Der erste Sohn sagt, dass er bereit ist, im Weinberg zu arbeiten, tut es aber nicht. Der zweite weigert sich zunächst, geht aber später in den Weinberg. Auf die Frage, wer der gehorsame Sohn war, antwortet die Bibel und würden wir antworten: Der zweite Sohn. Die Gemeindeglieder aber insistierten: der erste Sohn, denn er hat dem Vater nicht widersprochen. Er hat dafür gesorgt, dass der Vater zufrieden war.[12] (Ob später herausgekommen wäre, dass er die Arbeit nicht getan hat, steht nicht zur Debatte. Vielleicht hätte der Vater es nicht gemerkt.) Der zweite Sohn aber hat dem Vater durch seinen direkten, unhöflichen Widerspruch die Schamesröte ins Gesicht getrieben.

Ein koreanischer ökumenischer Mitarbeiter zeigte seinem Vater, der zu Besuch nach Deutschland gekommen war, Italien. Als sie in Rom waren – es war Samstag –, sagte der Vater: Ein Pfarrer muss sonntags in seiner Kirche sein! Der Sohn ließ Rom Rom sein und fuhr die ganze Nacht durch bis in seine Gemeinde in der Nähe von Heidelberg, damit er am Sonntagmorgen in seiner Kirche sein konnte, wo er nicht zu predigen hatte. Ich fragte ihn, als er mir davon erzählte, wie er sich denn gefühlt habe, so nach Hause zu fahren und alle Besichtigungspläne über den Haufen zu werfen: »Ich fühlte mich wohl, weil mein Vater sich wohl fühlte.«

Wir bringen unsern Kindern früh im Spiel bei, sich gegen andere durchzusetzen und Konkurrenten auszuschalten: Mensch ärgere dich nicht, Malefiz. Kleine Kinder weinen, wenn sie es spielen müssen und ihre Figur rausgeworfen wird oder sie andere rauswerfen müssen. Wie sieht solch ein Spiel in einer kollektivistischen Stammesgesellschaft aus? Ich hatte Studenten des Theologischen College in Umpumulo/Natal bei einer Hauseinladung das Spiel Malefiz gezeigt und sie spielen lassen. Da ich von anderen Gruppen abgelenkt wurde, wandte ich mich erst nach einiger Zeit wieder den Spielern zu. Sie hatten die Spielregeln unter der Hand verändert: Wenn einer auf einen weißen Klotz kam, legte er ihn so ins Abseits, dass er niemanden mehr behinderte. Den anderen rauszuwerfen, auch das gab es nicht mehr. Sieger war nicht derjenige, der als erster

11 *Hofstede/Hofstede*, Lokales Denken, 142. Wie stark dieses Gefühl der Zusammengehörigkeit, der »Konnektivität«, wie sie *Jan Assmann* nennt, auch in der frühen ägyptischen Gesellschaft ist, die ebensowenig ein jenseitiges Gericht kennt wie der ethnische Kollektivismus, sondern unter dem Gesetz der »Maat«, der Kraft der weisheitlichen Tugenden steht, s. *Assmann*, Altägyptische Weisheit, in: *Helmut Schwier* (Hg.), Zwischen Torheit und Weisheit, Heidelberg, 2011, 221–235.
12 Vgl. *Hofstede/Hofstede*, Lokales Denken, 112.

einen oder alle vier Klötze ins Ziel gebracht hatte, sondern das Spiel endete erst, als der letzte alle vier Klötze (die man inzwischen Kühe nannte) ins Ziel, in den »Kraal«, gebracht hatte.[13]

In der stark hierarchisch gegliederten Kleingesellschaft herrscht einerseits eine große »Machtdistanz«, wie die Hofstedes es nennen, was dazu führt, dass man die ungleiche Verteilung der Macht akzeptiert und die Macht bei denen anerkennt, die die Position dazu innehaben (Häuptling, König u.a.). Andererseits gilt in der untergeordneten Gruppe das Gleichheitsgesetz: Kein Einzelner darf sich wirtschaftlich hervortun, es sei denn die Familie hat ihn dafür bestimmt, indem sie z.B. die Mittel dafür zusammengelegt hat, dass der Auserkorene in Übersee studieren kann. Kommt er zurück, wird selbstverständlich erwartet, dass er sein zukünftiges Einkommen nicht für sich allein behält. Geldakkumulation ist hier nicht möglich, der wirtschaftliche Fortschritt des Einzelnen wird unterbunden. Entwicklungsprojekte scheitern oft daran, dass dieses Sozialverhalten nicht beachtet wird: M. Roser, Dozent in Bangui (Zentralafrikanische Republik), hatte seinem Angestellten moderne Gartenarbeit und bessere Methoden der Düngung und Pflanzung auf seinem Feld gezeigt. Das Resultat war eine ungewöhnlich gute Ernte. Doch im nächsten Jahr ließ er den Garten unbearbeitet liegen. Nach dem Grund gefragt, sagte er, man habe ihn der Hexerei verdächtigt. Das Gleichheitsprinzip wird in der Gemeinschaft mit allen Mitteln durchgesetzt.

Wie geht man mit einer bösen Tat um? Solange sie nicht bekannt wird, geschieht nichts, auch wenn alle wissen, wer der Schuldige ist. Dagegen ist derjenige, der die Sache bekannt macht, der Schuldige: Er hat den Frieden der Gemeinschaft zerstört und das Gleichgewicht der Beziehungen aus dem Lot gebracht. Sollte aber die Tat, evtl. selbst nach Monaten oder Jahren, durch Gerüchte oder aus anderen Gründen bekannt werden,[14] wird die Gemeinschaft aktiv, um das Böse aus ihrer Mitte auszurotten. Hat z.B. ein Dieb eine Ziege gestohlen, wird er nicht dazu verurteilt, allein den Schaden zu ersetzen, sondern auch die Schmerzen, die der Geschädigte durch den Verlust erlitten hat. Selbstverständlich muss der Täter auch die von ihm verursachte Unruhe der Gemeinschaft besänftigen. Die Strafe kann dann gut und gerne das Siebenfache des ursprünglichen Wertes des geraubten Gutes betragen (vgl. 1. Mose 4,24). Ist der Fall abgehandelt, wird später niemand mehr darüber sprechen; der Beschuldigte trägt keinen Makel, jedenfalls solange er die Tat nicht wiederholt.

13 Ausführlicher dazu *Theo Sundermeier*, Nur gemeinsam können wir leben. Das Menschenbild schwarzafrikanischer Religionen, Gütersloh 1988, 206ff.

14 Das kann auf Grund von unerklärlicher Krankheit, von wiederholten Unglücksfällen in der Familie, bösen Träumen, die das Gewissen wachrufen, oder Ereignissen der Fall sein, die der Gemeinschaft zugestehen, die Sache öffentlich zu machen.

Wenn in Namibia und anderswo in einer Kirche im südlichen Afrika eine unverheiratete Frau ein Kind bekam, unterzog sie sich unwidersprochen der Kirchenzucht. Den Mann würde sie nie öffentlich bloßstellen. Darum mussten sich auch nie die Männer der Kirchenzucht unterziehen, es sei denn, sie wurden als die Schuldigen bekannt, was meistens nur bei Amtsträgern der Fall war. Nie würde später über den »Sündenfall« gemunkelt werden. Er war beendigt, vergeben und kein Hindernis selbst für spätere hohe Kirchenämter. Den Missionaren wurde Mangel an Vergebungsbereitschaft vorgehalten, wenn sie darüber noch tuschelten und dem ehemaligen »Sünder« die Qualifikation für ein Amt absprachen.

»Machtdistanz« ist ein Kennzeichen des ethnischen Kollektivismus, der sich in Gehorsam, Respekt vor den Oberen und Unterwürfigkeit ausdrückt.[15] Die durch die Machtdistanz bedingte Abhängigkeit gilt jedoch ebenso für die Mächtigen, denn auch sie sind abhängig, indem sie die von ihnen Abhängigen entsprechend ihrem Wohlstand versorgen. Aber sie sind auch den Ahnen gegenüber verpflichtet. Es ist die Ahnenverehrung, die die Gesellschaften der Schamkulturen stabilisiert: Schamkulturen haben eine ausgeprägte Ahnenverehrung – oder eine reiche Bestattungskultur, wo der Ahnenglaube an Einfluss verloren hat oder nicht mehr erkennbar zur Religion gehört wie beim Zoroasmus.

2. Schuldkultur

Da wir in einer individualistischen Kultur aufgewachsen sind, genügt es, die Unterschiede zur kollektivistischen Kultur zu benennen, ohne sie näher zu erläutern.[16]
Individuen verstehen sich als autonome Personen, die eine eigene Meinung haben und deren Eigeninteresse Vorrang vor dem der Gemeinschaft hat. Man will bewusst anders sein als die Gruppe. Die Privatsphäre ist ein hohes Gut, gegen eine Gruppendominanz setzt man sich zur Wehr. Leistung und Wettstreit stimulieren und werden nicht unterdrückt, doch auch Fairness wird geschätzt. Ein demokratisches Lebensgefühl verringert die Machtdistanz und wird in Familie und Schule eingeübt. Selbstverwirklichung ist ein hohes Ziel, ein höheres noch als Harmonie und Einigkeit der Gesellschaft. Das Streben nach Glück (des Einzelnen!) hat in den USA selbst Verfassungsrang. Vor dem Gesetz sind alle gleich, es darf keine unterschiedlichen Rechte und Gesetze für die verschiedenen Gruppen geben. Die Menschenrechte werden hoch geschätzt (weniger dagegen in ethnisch-kollektivistischen Kulturen).
Individualistische Kulturen sind Schuldkulturen. Sie haben in den sekundären, d.h. den gestifteten Universalreligionen wie Christentum,

15 *Hofstede/Hofstede*, Lokales Denken, 49–93.
16 Vgl. ebd., 142.

Islam und Buddhismus – dort vor allem im Mönchtum angesiedelt – ihr religiöses Fundament, während in den Volksreligionen der ethnische Kollektivismus vorherrscht.[17]

Wie ist das Verhältnis der beiden Kulturen zu bestimmen? Übergänge und Überschneidungen sind unmittelbar zu erkennen. Die Schamkulturen sind ursprünglich mit der sie stabilisierenden Ahnenverehrung verbunden und bilden die Grundlage gesellschaftlichen Verhaltens. Die sekundären Religionen betonen den Glauben, die Ethik und Schuld des Einzelnen. Sie bieten Rituale der Vergebung und Strafminderung an. Auch wenn die Ethik dieser Religionen den Nächsten in das ethische Verhalten einbezieht, wie etwa das Doppelgebot der Liebe im Christentum oder das Gebet des Mitleids im Buddhismus – die Individualisierung besitzt Vorrang: Jeder steht allein vor Gott und wird sich als Einzelner vor dem ewigen Richter verantworten müssen. Der Einzelne entscheidet sich für oder gegen die Religion, selbst wenn er in sie hineingeboren wird.
Die Universalreligionen müssen sich im Zuge ihrer Ausbreitung den lokalen Religionen stellen und sich inkulturieren, wenn sie akzeptiert und einheimisch werden wollen. Dabei nehmen sie Elemente der vorgegebenen ethnischen Religionen auf und bekommen dadurch ein neues, lokal geprägtes Gesicht.
Der gleiche Prozess lässt sich bei der durch die moderne Weltwirtschaft vorangetriebenen Begegnung der beiden unterschiedlichen Kulturen beobachten. Ökonomische Folgen ergeben sind vielfach aus interkultureller Diskommunikation. Ähnliche negative Erfahrungen ergeben sich im Umgang mit Migranten in Schule und Gesellschaft.[18]

Die Gesellschaften reagieren auf die Begegnung und Überlappung beider Kulturen unterschiedlich. Die japanische Gesellschaft übernimmt z.B. nur partiell Aspekte der individualistischen Kultur. In Nordamerika und in den nordischen Ländern Europas und in Mitteleuropa ist dagegen die individualistische Schuldkultur dominant. Doch die Schamkultur ist auch dort nicht ausgestorben. Sie hält sich in den traditionellen Familienstrukturen. Hier internalisieren die Kinder sie unbewusst von Geburt an.

17 Sie findet in der demokratisch gesinnten Oberschicht des klassischen Griechenland ihre Vorläufer. Eine prägnante Gegenüberstellung des Verhaltens in der Schuld- bzw. Schamkultur findet sich bei *Hofstede und Hofstede*, Lokales Denken, 142 und *Gerhard Maletzke*, Interkulturelle Kommunikation. Die Interaktion zwischen Menschen verschiedener Kulturen, Opladen 1996, 86ff.

18 Es ist nicht zufällig, dass die Forschung an diesem Problem sowohl durch die Wirtschaft als auch in der Pädagogik intensiv vorangetrieben wird. Vgl. *Hofstede/ Hofstede*, Lokales Denken; *Astrid Erll / Marion Gymnich*, Interkulturelle Kompetenzen, Stuttgart 2013; *Maletzke*, Kommunikation; *Liv Larsson*, Wut, Schuld und Scham. Drei Seiten der gleichen Medaille, Paderborn 2012.

Im Spiel, in der frühkindlichen Erziehung und in der Schule wird sie den Kindern ab-erzogen.

Beim Problem der Ehrenmorde wird das Problem der Begegnung von Scham- und Schulkultur eklatant. Ehre ist der Gegenbegriff zu Scham.[19] Wird der Name der Familie, d.i. ihre Ehre beschmutzt, ist die ganze Familie verpflichtet, sie wieder zu reinigen. Zu dieser Tat ist das Familienoberhaupt verpflichtet. Bei einem Fehlverhalten der Tochter wird er z.B. die Aufgabe an den ältesten Sohn delegieren, der sie wiederum nach unten weiter delegiert. Durchgeführt wird sie schließlich durch den jüngsten Sohn. Seine mögliche Schuldunmündigkeit ist dafür nicht der Hauptgrund, sondern seine größte Machtdistanz. Seine Stellung wird durch den Mord in der Familie aufgewertet. Er hat keine Schuld auf sich geladen, er hat die Ehre der Familie wieder hergestellt.[20]
Die Religion der Jesiden ist eine der ältesten lebenden Religionen. Sie hat zwar einen Begriff für Schuld, doch ist er nur von geringer Bedeutung. Sie denkt nicht dualistisch, kennt nicht die Vorstellung eines Teufels. Sie ist eine reine Schamkultur, sagte mir Dr. Taiga aus Essen, der zu dieser Religion und Kultur gehört.[21]
Der Gefängnispfarrer eines Zürcher Gefängnisses berichtete unlängst von einem kurdischen Gefangenen, der seine Frau nach 10-jähriger Ehe getötet hatte. Er habe nach der europäischen Kultur leben wollen, sagte er, sie hielt jedoch an den alten Traditionen fest. Zehn Jahre habe er die Querelen und Streitigkeiten ertragen. Dann habe er Schluss gemacht. Und warum habe er sich nicht scheiden lassen? Dann hätten beide in ihrer streng endogam strukturierten Gesellschaft und Religion ihr Gesicht verloren und vor Scham nicht länger leben können. Als Mensch in der modernen Gesellschaft nahm er die Strafe auf sich. Hierfür muss er sich nicht schämen.

19 Das Handbuch Religionsgeschichtlicher Grundbegriffe, 1988ff., hat weder einen Artikel zu Scham noch zu Ehre. – Das in der Oberschicht geübte Duellieren im 18. Jh. ist noch von dem gleichen religionsgeschichtlichen Muster geprägt. Der Tod im Duell stand nicht unter Mordanklage.

20 Vgl. dazu auch das oben angeführte Beispiel aus Japan, wo die Schwiegertochter, welche die größte Machtdistanz zum Familienoberhaupt hat und somit das schwächste Glied in der Hierarchie ist, die Schuld auf sich nimmt und das Gesicht der Familie, ihre Ehre und Würde durch den Selbstmord wiederherstellt. Ein japanischer Doktorand, den ich nach der Bedeutung dieses Beispiels heute fragte, antwortete: Das gilt auch heute.

21 Davon berichtete auf einer Tagung im Oktober 2014 in Wuppertal der jesidische Psychotherapeut *Dr. Taiga*, der mich auch auf die Bedeutung der Monographie von *Geert* und *Gert Jan Hofstede* für unser Thema aufmerksam gemacht hat.

Stephan Marks

Scham – Hüterin der Menschenwürde

Jugendpädagogische Beobachtungen zur Scham-Entwicklung[1]

1 Scham und »schwarze Pädagogik«

Schamgefühle können in jeder Begegnung, in jeder Arbeit mit Menschen akut werden. Scham ist konstruktiv, wenn sie Lernen, Entwicklung initiiert; etwa wenn ein Mensch sich schämt, weil er schuldig geworden oder an einer Aufgabe gescheitert ist – und in der Konsequenz moralisch wächst oder sich vor der nächsten Aufgabe besser vorbereitet, sich mehr anstrengt. In diesem Beitrag werde ich vorwiegend Beispiele aus der Schule vorstellen, weil Kindheit und Jugend in Bezug auf die Scham-Entwicklung von besonderer Bedeutung sind.

Gerade weil Scham so schmerzhaft ist und oft »lebenslänglich« wie ein Stachel im Fleisch steckt, vermag sie Menschen zu Veränderung »anzustacheln«. Scham bleibt z.B. zurück, wenn ein junger Mensch Unrecht begangen hat; sie ist Anstoß für Selbstreflexion, Reue, Umkehr und Veränderung. Moralität entwickelt sich wesentlich aus solchen Erfahrungen; der Arzt und Pädagoge Janusz Korczak ist sogar überzeugt, dass ein Kind, das nie gelogen oder gestohlen hat, sich nicht zu einem moralischen Menschen entwickeln kann. Oser und Spychiger[2] sprechen von Identitätsnarben, ohne die Menschen nicht die geworden wären, die sie im Laufe ihres weiteren Lebens geworden sind.

Insofern hat Scham im Grunde konstruktive Funktionen; diese können sich jedoch erst in einem entsprechenden Kontext entfalten: in einem Umfeld, in einem »Raum der Würde«, wie ich dies nenne. In einem Raum, in dem Schamgefühle »sein« dürfen und in dem deren Entwicklungsimpulse konstruktiv begleitet und gefördert werden.

Ein solches Umfeld ist beispielsweise für Schüler/-innen in Deutschland oft nicht gegeben. Dies ist vor allem bedingt durch unsere lange Tradition einer »schwarzen Pädagogik«[3], die wesentlich darin besteht, Fehler

1 Dieser Aufsatz, in dem der Vortragsstil beibehalten wurde, enthält Überlegungen, die schon an anderer Stelle veröffentlicht wurde. Vgl. z.B. meine Monographien; Scham – die tabuisierte Emotion, Ostfildern 2007, 4. Aufl. 2015, und Die Würde des Menschen oder Der blinde Fleck in unserer Gesellschaft, Gütersloh 2010, sowie den Aufsatz: Scham im Kontext der Schule, in: Soziale Passagen 5/1 (2013) 37–49.

2 Vgl. *Fritz Oser / Maria Spychiger,* Lernen ist schmerzhaft. Zur Theorie des Negativen Wissens und zur Praxis der Fehlerkultur, Weinheim 2005.

3 *Katharina Rutschky* (Hg.), Schwarze Pädagogik. Quellen zur Naturgeschichte der bürgerlichen Erziehung, Berlin 1977.

von Schülern zu ahnden, indem die Betreffenden zusätzlich noch beschämt werden: geschlagen, gedemütigt, bloßgestellt, zum Gespött gemacht, verachtet, schikaniert oder ausgegrenzt.
Diese Pädagogik beruht auf der Annahme, die konstruktiven Entwicklungspotentiale der Scham könnten dadurch verstärkt werden, dass einem betreffenden Schüler noch mehr Scham zugefügt wird – eine Vorstellung, die in verschiedenen Ausprägungen und Abstufungen bis in die Gegenwart noch recht verbreitet ist (etwa im Umgang mit Arbeitslosen oder Strafgefangenen). Diese Annahme kann sich unter Umständen jedoch als falsch erweisen, indem durch Beschämungen leicht ein kontraproduktives »Zuviel« an Schamgefühlen entstehen kann.
Scham ist, so Micha Hilgers, »zunächst kein pathologisches Gefühl, sondern gegenteilig ein wichtiger Regulationsmechanismus (...). Erst ihre überwältigende Qualität – wenn Schamaffekte das Ich überschwemmen – führt zu destruktiven Entwicklungen.«[4] Vermutlich ist die Tatsache, dass Scham hierzulande vorwiegend negativ besetzt ist, ein Indiz dafür, dass die Mehrzahl der Deutschen vorwiegend die negativen, traumatischen Ausprägungen von Scham erfahren hat.

2 Gesunde und traumatische Scham

Es ist jedoch wichtig, zwischen einem gesunden Maß und einem traumatischen Übermaß an Scham zu unterscheiden (dazu gleich mehr) sowie zwischen Scham und Beschämung zu differenzieren: Scham einerseits ist eine eigene »Leistung« des sich-Schämenden, die es anzuerkennen und zu würdigen sowie in Pädagogik, Seelsorge, Beratung oder Psychotherapie zu begleiten gilt; etwa wenn ein Mensch sich im Nachhinein schämt, weil er in einer gegebenen Situation zu viel von sich preisgegeben hat.
Beschämung andererseits bedeutet, dass einem Menschen durch das Umfeld Schamgefühle zugefügt werden, z.B. indem er lächerlich gemacht, verhöhnt, zum Gespött gemacht, angeprangert, gemobbt, ausgegrenzt etc. wird. Dies kann durch Personen geschehen (etwa durch abfällige Worte, entwertende Gesten, verächtliche Blicke etc.), aber auch durch Strukturen. In Anlehnung an Johan Galtung[5] unterscheide ich zwischen *personalen* und *strukturellen* Beschämungen; etwa wenn eine Hochschulabsolventin aus Litauen in Deutschland als Putzfrau arbeiten muss, weil ihr dortiges Examen von den deutschen Behörden nicht anerkannt wird.

Erlebt eine Person ein überwältigendes »Zuviel« an Schamgefühlen, dann können sich die konstruktiven Entwicklungsimpulse der Scham

4 *Micha Hilgers*, Scham. Gesichter eines Affekts, Göttingen 1997, 11.
5 Vgl. *Johan Galtung*, Strukturelle Gewalt, Reinbek 1975.

nicht entfalten. In diesem Fall wird das Ich von Schamaffekten überwältigt und gerät in einen Zustand existenzieller Angst. Dadurch werden andere, primitivere Gehirnregionen aktiviert; die höheren Gehirnfunktionen werden durch das sogenannte »Reptilienhirn« in den Hintergrund gedrängt. Das ganze Verhalten ist nur noch darauf reduziert, von der Angstquelle – der Scham-auslösenden Person oder Situation – wegzukommen: durch Angreifen, Verteidigen oder Verstecken (der Wunsch, »im Boden zu versinken«).
Vernünftiges Denken ist dabei nicht möglich. Ich erinnere mich an eine Situation als Schüler, in der ich nach vorne gerufen wurde. Aufgrund einer ungeschickten Antwort lachten die Mitschüler – und danach ging gar nichts mehr. Die Physik-Formel, die ich fünf Minuten zuvor noch im Kopf hatte, war mir in diesem Moment nicht verfügbar. Scham macht das, was umgangssprachlich als »dumm« bezeichnet wird.
Solange solche Erfahrungen nicht zu häufig, also in einem noch erträglichen Maße gemacht werden, können sie einen betroffenen Schüler im günstigen Falle zu vermehrten Lernanstrengungen anspornen. Es gibt jedoch Kinder oder Jugendliche, die bereits mit massiven Schamgefühlen in die Schule kommen, etwa wenn sie zu Hause missbraucht oder auf dem Schulweg gemobbt wurden. Sie stehen in Gefahr, dauerhaft zu viel Scham zu erfahren, die sie nicht mehr konstruktiv verarbeiten können. In diesem Sinne unterscheidet die psychologische Scham-Forschung zwischen einem gesunden Maß (»gesunde Scham«) und einem traumatischen Übermaß an Schamerfahrungen (»traumatische Scham«).

Letzteres kann dazu führen, dass Schamgefühle abgewehrt werden, weil das Ich sie nicht mehr integrieren und konstruktiv verarbeiten kann; Scham wird dann ersetzt durch eine andere Verhaltensweise oder Emotion. Beispielsweise konnten wir in einer kleinen Studie über den Sportunterricht beobachten, wie ein Schüler aus der Scham in die Gewalt sozusagen »springt«: Er hatte beim Fußball einen schlechten Pass gespielt und war von seinen Mitschülern ausgelacht worden – einige Momente danach trat er einem Mitschüler brutal gegen das Schienbein.
Wenn diese Situation von der Lehrkraft bemerkt, thematisiert und aufgearbeitet würde, könnte sie Ausgangspunkt für wichtige Lernschritte sein, für alle Schüler.
Häufig werden solche Lernchancen jedoch vergeben: Weil die Situation vom Lehrenden – bedingt z.B. durch die Größe der Klasse – nicht bemerkt wurde. Oder weil der Lehrkraft das Thema Scham und ihre Bedeutung nicht bewusst ist (es ist bis heute nur selten ein Thema in der Aus- und Weiterbildung von Sportpädagogen[6]). Oder indem der Schüler, ganz in der Tradition der schwarzen Pädagogik, vielleicht sogar noch zusätzlich beschämt wird. Die Mechanismen zur Abwehr können sehr

6 Vgl. *Gabriele Sobiech / Stephan Marks*, Beschämungen vermeiden: Anderssein respektieren, in: Sportpädagogik 6 (2008) 4–8.

vielfältig sein. Man kann sogar eine geschlechterspezifische Verteilung feststellen.

3 Mechanismen der Abwehr von Scham

Wird die Scham-Situation nicht aufgearbeitet, dann lernen die Schüler, Schamgefühle durch Aggressivität zu ersetzen – zunächst in einer *akuten* Situation. Geschieht so etwas wiederholt, dann lernen die Schüler (heimlicher Lehrplan), sich auch prophylaktisch vor Schamgefühlen zu wappnen durch *chronisch* aggressives, gewaltbereites Auftreten.

Soweit ein Beispiel dafür, wie ein unerträgliches Übermaß an Scham abgewehrt wird, indem es durch Gewalt ersetzt wird. Es gibt eine Vielzahl weiterer Abwehrmechanismen oder »Masken«[7], hinter denen Schamgefühle verborgen werden. Ich will hier nur einige kurz nennen:

- Eigene Eigenschaften, für die die betreffende Person sich schämt (z.B. Schwäche, Erschöpfung), werden auf andere *projiziert* (»Schwächling«, »fauler Hund«). Um die eigene Scham nicht spüren zu müssen, werden andere gezwungen, sich zu schämen, indem sie z.B. *beschämt*, verhöhnt, bloßgestellt, zum Gespött gemacht, schikaniert, *verachtet,* zu Objekten oder Zahlen gemacht oder *ausgegrenzt* werden. Offenkundig basiert Mobbing wesentlich auf diesen Mechanismen.
- Der Betroffene verbirgt Unsicherheit oder Selbstwertzweifel hinter einer Fassade von *Arroganz* oder »Coolness«. Um sich nicht angreifbar zu machen, zeigt man keine »schwachen« Gefühle wie Güte, Liebe, Hoffnung, Mitgefühl, Scham oder andere Formen von Angst. Man äußert sich nur negativ (»das bringt ja alles nix«) oder zynisch. An deutschen Hochschulen ist zu beobachten, wie Lehrende sich nicht selten durch *Schwerverständlichkeit* (Fremdworte, Schachtelsätze) oder überfrachtete, komplizierte Power-Point-Präsentationen zu wappnen suchen – auf Kosten der Studierenden, die mit dem Gefühl zurückbleiben, inkompetent zu sein.
- Um die ohnmächtige Scham nicht fühlen zu müssen, wird passiv in aktiv gewendet, Ohnmacht in Macht, z.B. durch *Wut*, *Trotz*, *Delinquenz* oder *Gewalt.* Man ist lieber Täter als passives Opfer. So wurde z.B. ein Jugendlicher befragt, der einen harmlosen alten Mann ermordet hatte. Er antwortete, dass er damit seinen Kumpels beweisen wollte, dass er kein Feigling sei. Micha Hilgers schreibt: »Die für Straftäter häufige Verwandlung von Scham in Schuld ermöglicht die Wiedererlangung der Kontrolle durch eine Verwandlung der Opfer- in die Täterrolle.«[8] Wenn jedoch der Betreffende seine Inhaftierung,

7 *León Wurmser*, Die Maske der Scham. Zur Psychoanalyse von Schamaffekten und Schamkonflikten, Berlin [3]1997.
8 *Hilgers*, Scham, 139.

Verhöre, Gerichtsverfahren und Gefängnis wiederum als Beschämung erlebt, besteht die Gefahr, dass er das Gefängnis mit noch mehr Schamgefühlen als zuvor verlässt, die wiederum durch erneute Straftaten abgewehrt werden – ein fataler Teufelskreis.[9]

Die bisher genannten Scham-Abwehrformen sind traditionell eher mit dem Männerbild verbunden. Hierbei werden abgewehrte Schamgefühle gegen andere gerichtet, die beschämt, verachtet, arrogant oder gewalttätig angegangen werden. Andere Abwehrformen sind dagegen eher gegen sich selbst gerichtet:

- Wenn es als unerträgliche Beschämung erlebt würde, bei einem Fehler ertappt zu werden, muss dieser um jeden Preis vertuscht werden, etwa durch Rechtfertigungen, Lügen, Leugnen, Schuldzuweisung an andere.
- Eine Seminarteilnehmerin erzählte, wie sie als Schülerin ausgelacht wurde und daraufhin kollabierte. Es kann aber auch passieren, dass jemand nicht körperlich, sondern *psychisch kollabiert*; etwa indem die Betreffende resigniert und völlig den Glauben an die eigenen Fähigkeiten aufgibt. Die Botschaft an sich lautet dann etwa: »Wenn ich kein Bild male, kann mich auch keiner auslachen, ich bin ja nicht kreativ.« In Fortbildungen höre ich immer wieder Geschichten von Menschen, die z.B. im schulischen Musik- oder Sportunterricht ausgelacht oder vorgeführt wurden und sich noch Jahrzehnte später nicht trauen zu singen, tanzen oder Sport zu treiben.
- Man versucht sich zu schützen, indem man sich ganz brav, *angepasst* und *diszipliniert* verhält. Oder man stellt sein »Licht unter den Scheffel«, zeigt nichts von sich, duckt sich, *macht sich klein* bis unsichtbar (»wenn mich keiner sieht, kann mich auch keiner beschämen«). Auch dies sind Möglichkeiten, sich prophylaktisch vor Schamgefühlen zu schützen, aber: um welchen Preis?
- Man träumt sich heraus aus einer erniedrigenden Existenz durch *Größenphantasien* oder durch die Identifikation mit einer *idealisierten* Person, Gruppe oder Nation.
- Schamgefühle werden häufig durch *Suchtverhalten* (z.B. den Konsum von Drogen oder durch suchtartiges Ritzen) betäubt. Auch dies kann in einen Teufelskreis führen: In »Der kleine Prinz« sagt der Alkoholiker zusammengefasst: »ich trinke, weil ich mich schäme und ich schäme mich, weil ich trinke«[10].
- Um sich vor Auslachen oder Bloßstellung zu schützen, macht man sich selbst zum *Klassenclown* (mit der Botschaft an sich selbst: »wenn schon über mich gelacht wird, dann bin ich immer noch derjenige, der dies initiiert, der Aktive«). Oder man demonstriert ostentative Schamlosigkeit (sog. »Reaktionsbildung«), z.B. durch betont freizügige Klei-

9 Ebd., 140f.
10 *Antoine de Saint-Exupéry*, Der kleine Prinz, Düsseldorf [63]2006, 46.

dung, wodurch die Mitmenschen gezwungen werden, peinlich berührt zu werden.

- Um sich zu schützen, werden »weiche«, verletzbare Gefühle oder Gedanken eingefroren. Diese *emotionale Erstarrung* kann zu Depression und im Extrem bis zu Suizid – dem ultimativen »im-Boden-Versinken« – führen. Wenn Rot die Farbe für die Scham ist, dann gilt oft der Satz: »Lieber tot als rot« – man ist lieber tot, als die Scham länger auszuhalten.

Aggressive und autoaggressive Schamabwehr können auch zusammenfallen: *Amokläufe* und auch Selbstmord-Attentate sind die ultimative Gewalt gegen andere und zugleich gegen sich selbst.[11]
Soweit einige Beispiele für Scham-Abwehrmechanismen. Diese knappe Aufzählung machte hoffentlich deutlich, wie das Klima in Schulen, Einrichtungen oder Betrieben vergiftet wird, wenn die Beteiligten in Beschämung, Schwerverständlichkeit, Arroganz, Gewalt, Depression oder Sucht fliehen müssen, um ein unerträgliches Übermaß an Schamgefühlen abzuwehren.
Dies bedeutet in der Konsequenz jedoch *nicht*, dass man versuchen sollte, die Scham »abzuschaffen«, sie »los« zu werden. Dies ist eine Gefahr – eine Reaktion auf Jahrhunderte »schwarzer Pädagogik« –, über die Fritz Oser und Maria Spychiger schreiben: »Lehrpersonen gehen auf einen wieder und wieder gemachten Fehler ihrer Schüler und Schülerinnen nicht ein, weil sie Beschämung vermeiden möchten.«[12]
Beides ist problematisch: Schüler zu beschämen einerseits oder andererseits zu vermeiden, Fehler zu benennen aus Angst, damit Schüler zu beschämen. Bei letzterem werden die Schüler alleine gelassen und wichtige Lernchancen verpasst. Dieser Pädagogik liegt die Verwechslung von Scham und Beschämung zugrunde; letzteres gilt es durchaus zu vermeiden, erstere ist jedoch unabdingbar, um das zwischenmenschliche Miteinander zu regulieren und die menschliche Würde zu behüten.
Es gehört zum Erziehungsauftrag, dass Erziehende den Heranwachsenden Rückmeldung geben und Fehler oder Fehlverhalten benennen, und es ist unvermeidbar, dass dadurch Schamgefühle bei den Heranwachsenden ausgelöst werden. Dies gilt es auszuhalten und zuzumuten. Insofern halte ich den Satz Friedrich Nietzsches für fragwürdig: »Was ist Dir das Menschlichste? Jemandem Scham ersparen.«[13]
Rückmeldung geben bedeutet jedoch nicht, dass Heranwachsende beschämt werden dürfen. Insofern würde ich Nietzsches Aussage wie folgt

11 Vgl. S. B. (2006), Abschiedsbrief. Im Internet verfügbar unter: http://www.n-tv.de/politik/dossier/Abschiedsbrief-article199956.html (Zugriff 4.8.2015).
12 *Oser/Spychiger*, Lernen, 89.
13 *Friedrich Nietzsche*, Die fröhliche Wissenschaft, Sämtliche Werke Bd. 5, Stuttgart 1965, 177.

verändern: Das Menschlichste ist es, jemandem vermeidbare Scham zu ersparen, ihn nicht zu beschämen.
In der pädagogischen Arbeit mit Heranwachsenden geht es m.E. darum, sie auf der einen Seite darin zu begleiten, die Entwicklungsimpulse von Scham-Erfahrungen konstruktiv zu nutzen (dazu gleich mehr). Dies setzt jedoch voraus, dass auf der anderen Seite Schamgefühle nicht durch vermeidbare, überflüssige Beschämungen noch vermehrt werden – wodurch schnell ein kontraproduktives »Zuviel« an Scham entstehen kann mit der Konsequenz, dass ein Schüler die Scham abwehren muss. Dies bedeutet zugespitzt, dass eine Lehrkraft nicht ihr eigenes »Zuviel« an Scham dadurch »los« zu werden sucht, indem sie Schüler beschämt, verachtet, ausgrenzt etc.

4 Vier Grundformen von Scham

Was dies im Einzelnen bedeutet, soll nachfolgend anhand der vier Themen oder Grundformen der Scham gezeigt werden. Denn Scham ist nicht gleich Scham; ich halte es für fruchtbar, die verschiedenen Scham-Auslöser zu differenzieren (auch wenn verschiedene Scham-Themen miteinander verknüpft sein mögen):

- Schamgefühle können ausgelöst werden, wenn ein Mensch missachtet, ignoriert, übersehen, wie Luft behandelt wird. Dies ist so schmerzhaft, weil das menschliche Grundbedürfnis nach *Anerkennung*[14] verletzt wurde.
- Schamgefühle können zurückbleiben, wenn etwas Intimes, Privates, Persönliches öffentlich sichtbar wurde, entweder aktiv (wenn ein Mensch zuviel von sich preisgegeben hat) oder passiv (wenn dies durch andere erfolgte)[15] – etwa wenn eine Schülerin einen Liebesbrief an einen Mitschüler schreibt, der von einem Dritten abgefangen und laut vorgelesen wurde. Diese »Intimitäts-Scham« ist so schmerzhaft, weil das Grundbedürfnis nach *Schutz* verletzt wurde.
- Schamgefühle können auftreten, wenn man sich »peinlich« verhalten hat, wenn man die Werte und Erwartungen seiner Mitmenschen verletzt hat. Dies ist so schmerzhaft, weil das Grundbedürfnis nach *Zugehörigkeit* verletzt wurde. Tatsächlich können bei Ausgrenzungs-Erfahrungen dieselben Gehirnregionen aktiviert werden wie bei existenzieller Angst. Daher auch die Beobachtungen von Völkerkundlern, dass die Ausstoßung eines Menschen aus der Gemeinschaft sogar zu dessen realen Tod führen kann (»sozialer Tod« oder »Voodoo-

14 Vgl. *Alex Honneth*, Kampf um Anerkennung, Frankfurt 2003.
15 Vgl. *Konrad Schüttauf / Ernst Specht / Gabriela Wachenhausen*, Das Drama der Scham, Göttingen 2002.

Tod«[16]). Aber auch in westlichen Ländern ist zu beobachten, dass sozialer Ausschluss (etwa durch »Mobbing«) erhebliche Erkrankungen bis hin zu lebensbedrohlichen Herzerkrankungen auslösen kann.

- Scham kann zurückbleiben, wenn das Ich seine eigenen Werte verletzt hat, gegen sein Gewissen gehandelt hat. Wenn er oder sie schuldig geworden ist, auch sich selbst gegenüber. Dies ist die Scham von Tätern und auch der Zeugen von Unrecht, eindrucksvoll geschildert z.B. im Roman »Der Drachenläufer«[17]: Ein Junge wird Zeuge, wie sein Freund vergewaltigt wird. Aus Angst steht er ihm nicht bei, wofür er sich so sehr schämt, dass die Freundschaft daran zerbricht. Bei dieser »moralischen« oder »Gewissens-Scham« geht es um die Verletzung des Grundbedürfnisses nach *Integrität*.

5 Beschämung als Herrschaftsinstrument

Scham ist also wie ein Seismograph, der sehr sensibel reagiert, wenn eines (oder mehrere) der genannten Grundbedürfnisse verletzt wurde – aktiv, durch sich selbst, oder passiv, durch andere.
Menschen mit Scham zu erfüllen – dies kann, wie oben erwähnt, in personaler oder struktureller Weise geschehen –, ist ein traditionelles Herrschaftsinstrument: *Weil* Menschen offen und verletzbar sind, ist es recht einfach, sie zu beschämen, indem ihr Grundbedürfnis nach Anerkennung, Schutz, Zugehörigkeit und Integrität verletzt wird. So wurden über Jahrhunderte, z.B. im Feudalismus, die unteren Gesellschaftsschichten systematisch missachtet; nicht-konforme Mitmenschen wurden vielerorts am Pranger öffentlich bloßgestellt und des Landes verwiesen (»Ächtung«). Über Jahrhunderte wurden Menschen mit Scham erfüllt, indem sie gezwungen wurden, Zeugen von Pranger und Hinrichtung zu sein und damit die eigenen Werte nach Mitmenschlichkeit und Solidarität zu verletzen. Im Barock z.B. waren Hinrichtungen pompöse Festumzüge mit Musik und Richter, Henker, Verurteiltem, Schulmeister und -kindern. Viele dieser Methoden wurden im Nationalsozialismus wieder praktiziert, und manches davon klingt noch in der Pädagogik und in manchen Einrichtungen und Betrieben nach.
Positiv gewendet: Wir ersparen einem Menschen vermeidbare, überflüssige Scham, wenn wir sein oder ihr Grundbedürfnis nach Anerkennung, Schutz, Zugehörigkeit und Integrität achten. Wenn die Schule oder der Arbeitsplatz ein »Raum der Würde« ist, in dem diese vier Grundbedürfnisse für alle Beteiligten gewahrt sind.

16 Vgl. *Horst Kächele*, Der Begriff »psychogener Tod« in der medizinischen Literatur, in: Zeitschrift für Psychosomatische Medizin und Psychoanalyse 16 (1970) 105–129/202–222; *Joachim Bauer*, Warum ich fühle, was du fühlst. Intuitive Kommunikation und das Geheimnis der Spiegelneurone, Köln 2005.
17 Vgl. *Khaled Hosseini*, Der Drachenläufer, Berlin 2003.

Um Missverständnisse zu vermeiden: Anerkennung bedeutet nicht, dass alle Verhaltensweisen z.B. von Schüler/-innen gelobt werden sollten. Die Familientherapeutin Annette Frankenberger[18] warnt vor der »Tollwut« mancher Eltern, die alles, was ihre Kinder produzieren, »toll« finden. Anerkennung sollte nicht als »Loben« banalisiert werden. Vielmehr geht es darum, der Person »hinter« seinen Verhaltensweisen (»Maske«) mit einer anerkennenden Haltung gegenüberzutreten. Dies ist die Voraussetzung dafür, dass Rückmeldungen und Auseinandersetzungen bezüglich bestimmter Verhaltensweisen des Betreffenden gelingen können.
Die Integrität der Schüler zu achten bedeutet z.B. nicht, alle ihre Verhaltensweisen unkritisch zu bejahen. Zum Beispiel vertreten Mitglieder von Jugendgangs oder rechtsextremistischen Gruppierungen Werte, mit denen sich Pädagog/-innen und Schul-Sozialarbeiter/-innen unbedingt auseinandersetzen müssen. Auseinandersetzung bedeutet jedoch nicht, Menschen mit Scham zu erfüllen, indem man sie zwingt, ihre eigenen Werte zu verletzen.

Ich stelle mir die vier genannten Grundbedürfnisse wie ein Mobile vor, das in jeder Lebenssituation neu ausbalanciert werden muss. Die meisten Erwachsenen haben in der Regel im Laufe ihres Lebens gelernt, in gesunder Weise für eine Balance zu sorgen: Zum Beispiel, bezogen auf das Bedürfnis nach Schutz, zu regulieren, wie viel Persönliches wir in einer gegebenen Situation von uns mitteilen und was nicht. Oder, bezogen auf das Bedürfnis nach Zugehörigkeit, uns in einer gegebenen Situation so zu verhalten, dass wir nicht »peinlich« sind.
Heranwachsende jedoch müssen erst noch erlernen, die genannten Grundbedürfnisse wahrzunehmen und auszubalancieren – mit anderen Worten und aus Scham-psychologischer Sicht betrachtet: für ihre Würde zu sorgen. Dieses Lernen ist unvermeidbar mit Scham verbunden, und dafür brauchen Heranwachsende pädagogische Begleitung.

6 Zu guter Letzt: Gefährliches »Fremdschämen« in der Schule

Scham als Seismograph, der ganz sensibel Verletzungen der Würde anzeigt, dies müssen wir uns in zweifacher Weise vorstellen: einerseits in Bezug auf die eigene Person, andererseits in Bezug auf andere Personen. Schamgefühle können ausgelöst werden, wenn die Würde der *eigenen* Person verletzt wird (durch Missachtung, Grenzverletzung, Ausgrenzung oder Integritäts-Verletzung) – aber auch dann, wenn wir *Zeuge* sind, wie dies einem Mitmenschen geschieht. Experimente haben nachgewiesen,

18 Vgl. *Annette Frankenberger*, Wertschätzung. Auswege aus Scham- und Schuldgefühlen, Vortrag im Rahmen der Tagung »Scham, das tabuisierte Gefühl«, Evangelische Akademie Bad Herrenalb 20.11.2011.

dass die Beobachter einer peinlichen Szene auf der Straße die Schamgefühle der »peinlichen« Person in empathischer Weise mitfühlen.
Dieser psychologische Effekt lässt sich mit den Spiegelneuronen erklären;[19] in der deutschen Sprache hat sich in den letzten Jahren dafür der Begriff »fremdschämen« etabliert. Dieser Effekt erklärt, weshalb es für die Fernseh-Zuschauer peinlich ist, Zeuge zu sein, wenn Menschen in Sendungen wie z.B. »Deutschland sucht den Superstar« vorgeführt werden bzw. sich selbst bloßstellen.
Übertragen auf die Schule bedeutet dies Folgendes: Werden Schüler Zeugen einer Entwürdigung (z.B. wenn ein Mitschüler von einer Lehrkraft bloßgestellt wird), dann bleiben sie mit Schamgefühlen zurück. Wenn der Geschichts- und Gemeinschafts-Unterricht zu stark auf grauenhafte Bilder aus der Vergangenheit und Gegenwart baut, wenn Schüler m.a.W. dazu gedrängt werden, Zeugen von Unrecht zu sein, dann besteht die Gefahr, dass sie mit massiven, lähmenden Schamgefühlen zurückbleiben, mit denen sie nicht alleingelassen werden sollten.

19 Vgl. *Bauer*, Warum ich fühle.

Dagmar Zobel

Scham in der Seelsorge

1 Erfahrungen aus der Praxis der Seelsorge

Eine praktisch-theologische, kirchliche Perspektive auf das Phänomen der Scham mit dem Fokus auf das seelsorgliche Handeln ist mir als Thema aufgegeben.
Was Herr Marks für die Sozialwissenschaften festgestellt hat, gilt auch für die Praktische Theologie. Das Thema Scham und der Umgang mit Scham hat auch in der Seelsorgefachliteratur im Gegensatz zum Thema Schuld bis vor ca. 10 Jahren praktisch keine Beachtung gefunden, obwohl natürlich Schamphänomene in seelsorglichen Kontexten vielfältig zu beobachten sind und einer Reflexion bedürfen.
Die Erfahrungen meiner eigenen Seelsorgepraxis und was ich im Ausbildungskontext aus den Erfahrungen von Vikarinnen und Vikaren wahrnehmen konnte, zeigen aber, dass Scham zumindest implizit in einer Reihe von Gesprächen eine Rolle spielte. Mit Schamgefühlen ist aber anders umzugehen als mit dem Erleben von Schuld.
Spätestens mit den Konzepten der Seelsorgebewegung wird für die seelsorgliche Beziehung eine besondere Nähe, eine von üblichen Begegnungen abgehobene Vertraulichkeit und Existentialität beansprucht: Es geht um intensive, tiefgehende Begegnung, um Kerne des Betroffenseins, um existenzielles Berührtsein.[1]
So ist es nicht verwunderlich, dass der Anspruch an das seelsorgliche Handeln hoch ist und mit einigen Ängsten besetzt: einerseits erwartet und erhofft der Seelsorger, die Seelsorgerin, dass die Gespräche »in die Tiefe gehen«, »Wesentliches zur Sprache kommt«, dass die Gesprächspartner »sich öffnen können«, dass »man als Geistliche/r gebraucht wird« etc.
Gleichzeitig gibt es aber auch Befürchtungen, man könnte mit seinem Interesse den Menschen »zu nahe treten«, mit dem Besuch »aufdringlich sein«, man möchte »nicht neugierig« wirken.
Es geht also um die notwendige Auslotung von Nähe und Distanz und es gibt zumindest eine Ahnung von möglichen Grenzverletzungen.
Die Regulation von gewünschter Intimität und Nähe und respektvoller Distanz wird aber, wie wir nun wissen, durch das menschliche Scham-

1 Vgl. *Klaus Winkler*, Seelsorge, Berlin 1997; *Jürgen Ziemer*, Seelsorgelehre, Leipzig 2000; *Michael Klessmann*, Seelsorge, Neukirchen-Vluyn 2008.

empfinden gesteuert. Insofern scheint es mir aufschlussreich und hilfreich zu sein, das Phänomen der Scham in der Seelsorge hinsichtlich der vielfältigen Facetten, in denen sie in seelsorglichen Situationen erkennbar wird, wahrzunehmen und zu versuchen, entsprechende Phänomene und Dynamiken im seelsorglichen Gespräch pastoralpsychologisch zu erfassen.

In meiner Zeit als Gemeindepfarrerin besuchte ich von Zeit zu Zeit Frau K. Sie stammte aus Pommern, war 83 Jahre alt und seit Jahren bettlägerig. Unsere Begegnungen folgten geradezu einem Ritual:
Wenn ich in ihr Zimmer kam, begrüßte sie mich schwer atmend mit dem Satz: »Frau Pfarrer, es geht zu Ende«, und ich bat sie dann, mir zu erzählen, was sie dabei bewegt. Sie gewährte mir im Lauf der Jahre einen großzügigen Einblick in ihr Leben. Ein Leben, das in allen seinen Facetten vor allem entbehrungsreich war. Als sie 5 Jahre alt war, starb die Mutter. Von der Stiefmutter abgelehnt, in der Verwandtschaft als Arbeitskraft herumgereicht und missbraucht, wurde sie schließlich auf einen Bauernhof verheiratet, was ihr Elend nur fortsetzte. Ihre Angst vor dem eigenen Tod bestand zu großen Teilen darin, dass sie dann mit ihrem Peiniger ein Grab würde teilen müssen. Das sagt genug über das Trauma dieser Ehe.
Es gab zwei Themen, die sie immer wieder zum Weinen brachten: Das erste war die verzweifelte Verlassenheit, als die Mutter starb, was auch nach fast 80 Jahren noch stark spürbar war. In allen Einzelheiten konnte sie das kleine Mädchen beschreiben, dass am Sterbebett der Mutter kniete und flehentlich darum bat, die Mutter möge sie doch nicht verlassen.
Das zweite Thema betraf den Herrn Jesus. Über ihrem Bett hing ein Kruzifix, auf das sie unter Tränen immer mal wieder deutete und sagte: »Ach, Frau Pfarrer, wenn ich daran denke, dass der Herr Jesus für meine Sünden gelitten hat …«
Der Satz wurde nie zu Ende gesprochen, und ich habe nicht gefragt. Ich ging selbstverständlich davon aus, dass dieser Gedanke ein tröstlicher für sie sein musste. Wie schön, dass sie so einen starken Halt im Glauben hat, dachte ich damals und habe sie darin bestärkt und mit ihr um Vergebung der Sünden gebetet.
Aber was genau waren eigentlich die Sünden dieser Frau, der man von Kindheit an gewaltsam eingebläut hat, dass sie nicht erwünscht ist und dass sie keinen Wert hat? Ihre schiere Existenz? War das ihre Sünde? In ihrem Selbstverständnis war das sicherlich so. Wie ist dem adäquat zu begegnen?
Ich bin mir heute nicht mehr so sicher, ob in ihrem Tränenfluss darüber, dass der Herr Jesus für ihre Sünden gelitten hat, nicht doch die Verzweiflung überwog: die Verzweiflung darüber, dass sie das überhaupt nicht verdient hat, was der edle und reine Herr Jesus ihres alten pommerschen Gesangbuchs auf sich genommen hat, dass sie nicht gut genug war für dieses Opfer, und dass sie sich auch dafür noch zu schämen hatte.

Frau K. ist schon 15 Jahre tot, aber ihre Geschichte hatte einen starken Einfluss auf mein Nachdenken über menschliche Schuld und Scham, über Gottes Vergebung und Gnade und wie wir in der Seelsorge damit umgehen.

Wie kann die Botschaft von der geschenkten Gnade Gottes jemanden erreichen, der sich selbst im Grunde als »nicht gut genug«, als »ungenügend« erlebt bzw. das immer wieder deutlich zu hören oder zu spüren bekommt? Wie sollte jemand, der sich selbst als so ungenügend und unwürdig empfindet, sich dann als gut genug für Gottes Gnade und Erbarmen erkennen können?
Viele dieser Menschen treffen wir auch in unseren Gemeinden. Die Gewissheit des Nicht-Genügens und der Verworfenheit und die damit verbundene Anfälligkeit für Schamgefühle ist nicht milieuabhängig, nicht genderspezifisch, kein Merkmal einer besonderen Altersgruppe und auch unabhängig vom Grad der religiösen Verbundenheit. Aber, zugegeben: Vielleicht heute mehr als früher haben wir in der modernen oder postmodernen Gesellschaft mit Menschen zu tun, die unter einer massiven Selbstwertproblematik leiden, in welchem Gewand sie sich auch immer zeigt. Das können auch die erfolgreichen, Burnout-gefährdeten Macher und Macherinnen sein, um einmal ein Klischee zu verwenden.
Ich will damit nicht sagen, dass das Thema Schuld und Vergebung in der Seelsorge keine Rolle mehr spielt, dass Menschen unter dem leiden, was sie getan haben und nach Erleichterung suchen, aber ich meine, da hat sich etwas verschoben.
Wir haben es heute mehr mit Menschen zu tun, deren Leiden eher schambasiert denn schuldbasiert ist. Wie schon mehrfach erwähnt in diesen Tagen, basieren Schuldgefühle auf der Einsicht und dem Bedauern eines konkreten Vergehens oder Versagens, beziehen sich also auf etwas, was man getan hat, und zielen auf Wiedergutmachung oder Änderung des Verhaltens.
Schamgefühle beziehen sich auf die schlechte, ungenügende, sich verfehlende Person, die man ist, in ihrer ganzen Existenz. Da ist dann auch nichts wieder gutzumachen oder zu ändern, sondern nur resigniertes Hinnehmen, oder höchstens ein verzweifeltes Wünschen, ein anderer zu sein.

2 Die dialektische Natur der Scham

Wir haben schon gehört, dass das Schamgefühl angesiedelt ist im Grenzbereich zwischen eigener Person und Umwelt, zwischen Ich und Du und genuin verbunden mit der Entwicklung des Selbstbewusstseins bzw. der eigenen Identität. Die kann sich nur entwickeln, wenn im Kind eine Vorstellung von »Ich« heranreift. Dieser Prozess ist aber dialektischer Natur. Die aufregende und animierende Entdeckung, ein eigener Mensch zu

sein, autonom zu werden, Wünsche und Bedürfnisse zu gestalten und sich zu exponieren, geht einher mit der schmerzlichen Entdeckung des Getrennt- und Anderssseins, mit dem Angewiesensein auf positive Resonanz und mit der Erfahrung von Zurückweisung und Verlassenheit, was in der vormals symbiotischen Existenz des Säuglings naturgemäß keine Bedeutung hatte. Ein gesundes Schamgefühl hilft, diese Spannung einigermaßen unbeschadet auszubalancieren.
Es hat eine außerordentlich wichtige Funktion: Es beschützt den persönlichen Innenraum und vermittelt ein Gespür dafür, was ich von mir zeigen und mitteilen kann und was ich für mich behalten will, wo ich mich »bedeckt halten« muss. Es hilft, unsere Privatsphäre und den Intimitätsraum jeweils zu gestalten und zu entscheiden, wer Einlass erhält. Damit wird Abgrenzung, Individualisierung und das Gefühl eigener Identität gefördert.
Léon Wurmser nennt die Scham »die unentbehrliche Wächterin der Privatheit und der Innerlichkeit, eine Wächterin, die den Kern unserer Persönlichkeit schützt.«[2]
Ganz anders gelagert sind Erfahrungen von Beschämung, Schamangst und Schamabwehr. Schmerzliche Erfahrungen wie gedemütigt, bloßgestellt, erniedrigt oder auch übersehen und verlassen zu werden, macht fast jeder einmal in seinem Leben, und in der Regel sind wir ausreichend resilient, um mit ihnen fertig zu werden.
Wiederholte und massive Erfahrungen dieser Art, die schon in früher Kindheit gemacht werden, wirken aber ebenso wie intime Grenzverletzungen und Übergriffe nachhaltig auf das Selbstwertgefühl und das Wahrnehmen des eigenen Wertes und der eigenen Würde, führen zu Selbstentfremdung und zu einer Lebenshaltung, die von Angst vor beschämender Bloßstellung geprägt ist und Abwehrstrategien entwickeln muss, um sich zu schützen.

3 Scham und Schamgefühle in der seelsorglichen Praxis

Ich will im Folgenden einige Bereiche seelsorglicher Begegnungen beschreiben, in denen meiner Wahrnehmung nach Scham eine Rolle spielt.

a) Das Erzählen von Lebensgeschichte(n)

In der Seelsorge begegnen uns viele alte Menschen. Ihre Lebensgeschichte(n) beinhaltet oft schreckliche Erlebnisse von Bombennächten und Kameradensterben, von Vertreibung und Vergewaltigung, von Hunger und Zwangsarbeit, von häuslicher Gewalt und Demütigung als Flüchtling. Viele dieser Erlebnisse konnten und können erst in einem großen zeitlichen Abstand erzählt werden, weil die damit verbundenen schmerzlichen Gefühle tief verborgen bzw. abgespalten werden mussten,

2 *Léon Wurmser*, Die Maske der Scham, Berlin [3]1997, 74.

damit man überhaupt am sich normalisierenden Leben teilnehmen konnte. Dass auch in der seelsorglichen Fachliteratur das Thema »Kriegskinder« erst in den letzten Jahren auftaucht, macht dies deutlich.
Dazu kommt, dass je nach Persönlichkeitsstruktur ein eigener Umgang gefunden werden musste mit dem Zusammenbruch bzw. der Entlarvung der vormals als hehres Ideal erlebten Ideologie, mit der man identifiziert war.
Es tauchen hier also zwei Aspekte der Scham auf: das Beschämt-Werden durch andere als Demütigung und Verletzung der Würde wie auch das Sich-Schämen im Realisieren eigener und kollektiver Schuld und Versagen.
Oft nur in Andeutungen und knappen Sätzen wird im Erzählen Lebensgeschichte erinnert und zum Teil die Scham aktualisiert. Aus eigener Anschauung wissen wir, wie aktuell sich Schamgefühle wieder einstellen, wenn man sich nur an eine entsprechende Situation erinnert, umso mehr, wenn man sie jemand anderem mitteilt. D.h., im erzählenden Erinnern steigen die dazugehörenden Emotionen wieder auf.
Dafür braucht es aber unbedingt einen Schutzraum und eine Haltung des Respekts und der Selbstdifferenziertheit des Seelsorgers / der Seelsorgerin, die der Angst vor neuerlicher Beschämung entgegenwirkt. Es besteht nämlich immer die Gefahr der Wiederholung, wenn solche erniedrigenden Erfahrungen offengelegt werden. Das gilt übrigens nicht nur für Kriegsberichte, sondern scheint mir ein grundlegendes Phänomen in allen mitgeteilten kränkenden und beschämenden Erlebnissen zu sein.
Es besteht nämlich das Risiko, dass das Gegenüber, also der Seelsorger / die Seelsorgerin in seinem/ihren Bemühen um Empathie selbst von diesem Scham-Erleben infiziert wird und nun eigenen Gefühlen von Wehrlosigkeit und Ohnmacht begegnet und Abwehrmechanismen entwickelt. Das geschieht z.B. durch einen scheinbar unmotivierten Wechsel des Themas oder mit aufmunternden Phrasen, was wiederum den Erzähler erneut beschämt, weil er offenbar mit seiner Person und mit seiner Geschichte dem kirchlichen Besuch »zu nahe getreten« ist.
Und mancher Seelsorger rettet sich in eine Form von Distanzierung, die das Gegenüber als Objekt diagnostisch-analytisch wahrnimmt, Fakten sammelt, interviewt, »wie war das genau, und was kam dann, warum haben Sie sich nicht gewehrt?« Zeitzeugenberichte haben vor allem für die jüngere Kollegenschaft etwas Faszinierendes, die aber nicht selten eher das eigene Interesse befriedigen und den Erzähler nötigen, sich zu entblößen, anstatt das Mitgeteilte auch in seinen Andeutungen liebevoll zu umhüllen.

b) Enttäuschungen mit der »Kirche«

Ein nicht zu unterschätzender Aspekt sind Kränkungserfahrungen durch die Amtskirche und die sie Vertretenden. Viele Enttäuschungen und Vorbehalte gegenüber der Kirche, die in Gesprächen immer wieder geäußert werden, haben letztlich mit Erfahrungen von Ablehnung und Zu-

rückweisung zu tun. Die kirchliche Trauung wurde verweigert, weil ein Partner geschieden war oder gar dem gleichen Geschlecht angehört, die Taufe, weil die christliche Erziehung nicht gewährleistet schien, die Beerdigung, weil der Verstorbene nicht Mitglied der Kirche war – weil man also in seiner Lebensführung und seinen Lebensumständen nicht der kirchlichen Lebensordnung entsprach. Für die Betroffenen erscheint es so, als sei man dieser erbetenen kirchlichen Handlungen nicht »würdig«, als hätte man »den Segen nicht verdient«. Auch in früheren Erfahrungen im evangelisch-katholischen Mit- bzw. Gegeneinander sind viele Beschämungssituationen präsent.
Das Thema des seltenen oder überhaupt nicht praktizierten Gottesdienstbesuchs, das in der Regel ja gar nicht von den kirchlichen Vertretern zur Sprache gebracht wird, sondern von den Besuchten selbst, scheint mir oft auch ein Versuch zu sein, durch beherzte Offensive und »Flucht nach vorn« eine eventuelle Beschämung abzuwehren.

c) Strukturelle Beschämung
Wir haben es in der Seelsorge aktuell immer mehr mit Menschen zu tun, die durch die gesellschaftlichen Bedingungen in ihrer Würde und ihrer Selbstachtung verletzt werden. Unsere Gesellschaft, ganz besonders in wirtschaftlich schwierigen Zeiten, hat ein enormes Entwertungs- und damit Beschämungspotential. Das hat Stephan Marks eindrucksvoll am Beispiel des Bildungssystems dargelegt. In vielen anderen Bereichen entsteht geradezu eine Kultur der Beschämung, wie z.B. die direkte und unverblümte personale Erniedrigung als Fernseh-Unterhaltungsformat in einigen Casting- und Talkshows.
Eine Herausforderung für die Seelsorge und das kirchliche Handeln sehe ich darin, die strukturellen gesellschaftlichen Bedingungen von Scham und Beschämung über die individuelle Betroffenheit hinaus wahrzunehmen, zu sensibilisieren für die Mechanismen von Beschämung und sich auch institutionell in unbedingter Solidarität mit den Entwürdigten und Erniedrigten zu positionieren. Wie schön, dass die diesjährige Fastenaktion, die heute beginnt, das Motto hat: »Du bist schön! Sieben Wochen ohne Runtermachen.«

d) Das Offenbarwerden von Bedürftigkeit
Der Verlust der eigenen Körperkontrolle und das Wahrnehmen wie auch Offenbarwerden von Bedürftigkeit und Angewiesenheit, sei es körperlicher, sozialer oder geistiger Art, sind schamanfällig.
Die körperlichen Begleiterscheinungen des Alterns werden in unserer Gesellschaft schambesetzt und weitgehend negativ bewertet. Bilder von faltenlosen, bis ins hohe Alter aktiven, beweglichen und selbstständigen Menschen, denen man ihr Alter nicht »anmerkt«, bilden Ideale ab, die keiner Realität standhalten, aber dennoch normierend wirken. (Wir tun da im Übrigen auch einiges dazu, wenn wir bei Geburtstagsbesuchen die

Jubilare für ihre Rüstigkeit loben und betonen, dass man ihnen ihr Alter überhaupt nicht ansieht.)

Bei denen, die angesichts solcher Ansprüche nicht mithalten können, entsteht aber oft genug ein Druck, der dazu führt, dass Menschen sich auch aus der Gemeinde verschämt zurückziehen, wenn sie diesen Idealen nicht entsprechen können. Der Gottesdienstbesuch wird unterlassen aus Angst, die nächste Toilette nicht rechtzeitig erreichen zu können, der Gemeindeausflug nicht wahrgenommen, weil man befürchtet, »nicht mehr Schritt halten« zu können, Seh-, Sprach- oder Höreinschränkungen führen zum Rückzug aus vielen kommunikativen Bezügen. Schwäche und Hinfälligkeit werden häufig als persönliches Versagen und Unvermögen erlebt und sind deshalb von Schamreaktionen begleitet.

Im Umgang mit Kranken und mit pflegebedürftigen Menschen kommt zudem die Herausforderung dazu, die Intimität und die Würde der Patienten und Patientinnen zu wahren, weil die Pflegesituation viel Entblößung mit sich bringt. Das kann oft mit großen Ängsten vor Bloßstellung und Grenzverletzungen verbunden sein.

Das Offenbarwerden von Angewiesensein und Bedürftigkeit ist deshalb so schamanfällig, weil darin zum einen der Autonomieverlust schmerzlich realisiert wird, zum anderen aber auch triebgesteuerte, elementare menschliche Bedürfnisse und Ansprüche zu Tage treten, die normalerweise nicht so »schamlos« gezeigt werden.

Es ist eine Aufgabe der Seelsorge, das Leben in seiner Gebrochenheit und fragmentarischen Existenz als von Gott mit unverbrüchlicher Würde ausgestattetes Leben zu verstehen und auszuhalten. »Ein solches Aushalten ist jedoch nur dann vor Verzweiflung zu bewahren, wenn die scheinbare Ausweglosigkeit dieser Situation von einer Macht umschlossen bleibt, die alle Ohnmacht, Endlichkeit, Angst und Zweifel zu transzendieren vermag.«[3]

Das waren vier Themenfelder, in denen in besonderer Weise auf Scham zu achten ist. Schamaffekte finden sich in der seelsorglichen Begegnung selbstverständlich auch auf Seiten der Seelsorgerinnen und Seelsorger. Auch hier will ich einige Aspekte benennen.

a) Takt-Scham

Glücklicherweise scheint ein gesundes Schamempfinden des Seelsorgers / der Seelsorgerin auch regulierend im Gespräch zu wirken. Äußerungen von Vikarinnen/Vikaren in der Reflexion von Gesprächen zeigen dies immer wieder: »Ich wollte da nicht weiterbohren, ich wollte ihr nicht zu nahe treten.«

3 *Miriam und Ruben Zimmermann*, Multidimensionalität und Identität in der Seelsorge. Die poimenische Herausforderung durch altersverwirrte Menschen, in: PTh 88 (1999), 412.

Ich sehe darin auch eine sensible Wahrnehmung und Respektierung der Grenzen des Anderen. Wenn die Scham als ein Gradmesser fungiert, der anzeigt, wie nahe ich einen anderen Menschen an mich heranlasse, dann gilt das auch andersherum: wie sehr ich einem anderen Menschen im jeweiligen Beziehungskontext nahetreten darf. Wir können das auch Takt-Scham nennen. Diese Wahrnehmung steht freilich manchmal im Konflikt mit den Ansprüchen von Offenheit, Verstehen-Wollen und Helfen-Wollen als Ziel der Seelsorge, die so oft unreflektiert mit uns gehen. Eine empathische, einfühlende Haltung wird notwendigerweise eine Wahrnehmung der Grenzen, die das Gegenüber mir als Seelsorgerin setzt, beinhalten und darauf verzichten, alles vom anderen »verstehen« zu wollen. Im therapeutischen Kontext nennt Thomas Auchter das »die Ehrfurcht vor der Selbstverborgenheit unserer Patienten«.[4]

b) Der Pfarrer ist anders

Michael Klessmann hat der Scham des Seelsorgers in seiner Pastoralpsychologie im Kapitel »Der Pfarrer ist anders« einen eigenen Unterpunkt gewidmet.[5] Er beschreibt die Scham des Pfarrers infolge seiner herausgehobenen Position und seines Anders-Seins. Das Dilemma von Individualität, sich von anderen unterscheiden zu wollen, und dem Wunsch, dazuzugehören, nicht aus der Gemeinschaft herauszufallen, spiegelt sich hier wider. Diese Ambivalenz verstärkt sich in dem Maße, in dem das Ansehen dessen, was man in seinem Amt repräsentiert, von der entsprechenden Umgebung abgewertet, als irrelevant betrachtet oder sogar lächerlich gemacht wird. Dies ist eine besondere Herausforderungen für die jüngeren Kolleginnen und Kollegen, die zwar von der Generation ihrer Großeltern (und Eltern) wohlwollend in ihrem Beruf wahrgenommen werden, aber bei der Mehrheit der Gleichaltrigen eher auf Unverständnis stoßen. »Du bist Pfarrer? Du bist doch sonst ganz normal.«

Das Image der Institution Kirche und die Anerkennung des Pfarrberufs haben in den letzten Jahrzehnten gelitten, ohne Frage. Ob als Glaubwürdigkeitsproblem oder als Bedeutungsverlust wahrgenommen, der Druck auf die einzelnen Personen im Pfarrberuf steigt, den Verlust an Bedeutsamkeit oder Glaubwürdigkeit der Institution nun durch ihre eigene Person und ihr Handeln auszugleichen.

Die hilfreiche Unterstützung der eigenen Begrenztheiten durch ein Amt wird heute eher gering wahrgenommen: Nicht mehr das Amt trägt die Person, sondern die Person trägt das Amt und muss sich zunehmend allein exponieren, was ja an sich eine höhere Schamanfälligkeit mit sich bringt.

4 *Thomas Auchter*, Die Bedeutung der Scham im Umgang mit seelisch kranken Menschen, in: WzM 50. Jg, 1998, 153.

5 Vgl. *Michael Klessmann*, Pastoralpsychologie, Neukirchen-Vluyn 2004, 558ff.

c) Größenphantasien und Ohnmachtserfahrungen
Die Erfahrung, in einem Gespräch nicht weiterzuwissen, und Gefühle von Ohnmacht sind in der Seelsorge alltäglich. Das führt bei den meisten zunächst zu einer verunsichernden Konfrontation mit der eigenen Schwachheit und dem Gefühl des Ausgeliefertseins und kollidiert mit dem Ich-Ideal und den Größenphantasien des Helfers, Retters, Trösters. Dieser Auseinandersetzung kann man gelegentlich ausweichen, indem man sich vorstellt, die Perfektionierung von Methoden der Gesprächsführung könnten einen davor bewahren. Wenn man allerdings merkt, dass das nicht immer funktioniert, ist die Beschämung eine doppelte. Es trifft mich in meinem Idealbild des Helfers, Retters, Trösters, und es trifft mich, weil ich offenbar in meinem Lernprogramm versagt habe. Natürlich sind die Kenntnisse von Gesprächsbedingungen, Kommunikationsmustern und hilfreichen Interventionen im Gespräch nützlich, aber sie bewahren einen nicht davor, sich bis zu einem gewissen Grad der jeweils neuen Gesprächssituation auszuliefern und unter Umständen nichts in der Hand zu haben. Es gibt viele Situationen, in denen kein Trost und kein Rat zur Hand ist, weil es keinen gibt. Die wahrgenommene Ohnmacht des Seelsorgers / der Seelsorgerin ist u.U. die solidarischste Form der Zuwendung und Begleitung, weil sie die Ohnmacht des Gegenübers teilt, aber nicht daran verzweifelt. Es ist in erster Linie eine theologische und geistliche Aufgabe und Übung, Gott als das Subjekt der Seelsorge zu erkennen, der jenseits unserer Möglichkeiten und Grenzen der Helfer, Retter und Tröster ist.

4 Ressourcen der christlichen Tradition

Das führt mich zur Frage nach den Ressourcen: Wenn Beschämung im Erleben der Beschämten den Verlust von Würde und Ansehen bewirkt oder zumindest die Störung derselben, stellt sich die Frage, wie eine Neuvergewisserung von Würde und Angesehensein gestaltet werden kann.
Wir haben in unserer Glaubenstradition Schätze zur Verfügung bzw. können sie wiederentdecken, die das Heilshandeln Gottes erinnern, aktualisieren und somit einen Raum mitgestalten, in dem es auch erfahren werden kann.

- Es braucht eine ausbalancierte biblische Anthropologie:

Unserer reformatorisches Erbe ist stark mit dem mittelalterlichen Denken verwoben, in dem das Bewusstsein von der Sünde und Schuldhaftigkeit des Menschen eine zentrale Stellung hatte. Dementsprechend war auch die Anthropologie der Reformation auf den Sündenfall, die Erbsünde, das Gericht und die Erlösung fokussiert. Dieser Blick auf den Menschen ist selbstverständlich immer noch relevant. Aber es ist nur ein Gesichtspunkt.

Wie ich eingangs schon erwähnt habe, ist das befreiende Wort der Vergebung und der Gnade Gottes kaum hörbar für jemanden, der in seinem Selbstsein so grundsätzlich in Frage gestellt ist. Das Schuld-Vergebungsparadigma kann nur da wirken, wo jemand ein Selbstbewusstsein hat, dass er Schuld eingestehen kann, ohne zu zerbrechen, und dass er der Vergebung auch wert ist.
Mir scheint, dass eine schöpfungstheologische Akzentuierung des Menschenbildes hilfreicher ist, um Menschen mit einer Schamproblematik zu erreichen. Der Glaube, dass Gottes Schöpfung von Grund auf gut, ja sehr gut ist, wie Gen 1,31 uns sagt, und dass jedem einzelnen seiner Geschöpfe ein unverbrüchlicher Wert inhärent ist, dass Gottes Ebenbildlichkeit sich tatsächlich in jedem Menschen abbildet, und also auch in diesem besonderen Menschen, der uns jeweils in der Seelsorge gegenüber ist, wird die Begegnung wertschätzend gestalten helfen.
Die Theologie war zeitweise sehr darum bemüht, den Unterschied zwischen Schöpfer und Geschöpf zu betonen, so dass manchmal die Ebenbildlichkeit bis zur Unkenntlichkeit verblasste. Aber so notwendig diese Unterscheidung auch ist, um zu verstehen, was es bedeutet, Mensch zu sein, so darf doch auf der anderen Seite die enge Verbindung, die Gott mit seiner Schöpfung eingegangen ist, nicht vernachlässigt werden. Der fundamentale Wert der Schöpfung und die untrennbare Verbindung Gottes zu seinen Geschöpfen sind ein notwendiges Gegengewicht gegen Entwertungs- und Beschämungserfahrungen.

- Eine Herausforderung für den modernen Menschen ist das Einverständnis in Begrenzung und Endlichkeit:

Was Henning Luther als »fragmentarische Existenz«[6] beschreibt, was wir auch als kreatürliche Bedingtheit beschreiben können, ist gerade für schambehaftete Menschen eine große Herausforderung. Denn sie erleben alle ihre Begrenzungen und ihr Unvermögen als ihr persönliches Versagen, für das sie sich schämen müssen. Selbst wenn sie rational erkennen, dass sie Grenzen haben und nicht alles vermögen, sind sie ständig bemüht, diese eigenen erfahrenen Grenzen zu verbergen oder zu verleugnen. In ihnen steckt die Überzeugung, sie müssten durch ihre Anstrengung diese Grenzen bezwingen – besser, freundlicher, moralisch einwandfrei, klüger, fleißiger, schöner sein – dann erst würde ihnen die Liebe, die Wertschätzung und die Anerkennung zukommen, die sie verdient haben. Jeder Misserfolg, der naturgemäß eintreten muss, führt zu weiteren Selbstanklagen und Schamgefühlen.
Das ist der *homo incurvatus in se*, der uns hier begegnet. Wenn wir im Zusammenhang von Scham und Schamabwehr die Kategorie der Sünde benutzen wollen, dann ist die Sünde des schambasierten Menschen, dass

6 Vgl. *Henning Luther*, Identität und Fragment, in: *Ders.*, Religion und Alltag: Bausteine zu einer praktischen Theologie des Subjekts, Stuttgart 1992, 160ff.

er den Unterschied zwischen Schöpfer und Geschöpf tatsächlich durcheinanderbringt.
Wohlbemerkt, diese Haltung ist ja keine selbstgewählte, bewusste Lebenseinstellung, sondern der anstrengende und mühsame Versuch, irgendwie mit dieser grundlegenden Beschämung umzugehen und die Pein, die sie verursacht, abzuwehren.
Die christliche Gemeinde hat das Potenzial und die Aufgabe, die Endlichkeit der menschlichen Existenz und die Akzeptanz von Grenzen, die darin enthalten ist, sensibel und bejahend zu kommunizieren und zu praktizieren. Das gilt für den Umgang mit der Schöpfung und ihren Ressourcen, für die ethisch verantwortete Wahrung der Grenzen des Machbaren, aber auch für eine kritische Prüfung der eigenen gemeindlichen Ansprüche auf Machbarkeit, Größe, Perfektion und Makellosigkeit ihrer Zusammenkünfte, ihrer Leitung und ihrer Mitglieder.
Die menschliche Endlichkeit ist kein Fluch, sondern ein Segen, ein Geschenk, das uns von der Anstrengung und Furcht befreit, wie Gott sein zu müssen.

- Neue Identität durch die Taufe:

Gerade für Menschen, deren Selbstwertgefühl und Identitätserleben so negativ besetzt sind, kann das Sakrament der Taufe eine große Hilfe sein, als Getaufte sich selbst in einem neuen Rahmen begreifen zu können und angenommen zu wissen.
Durch die Taufe bekommt der Mensch eine Identität, die nicht durch Sozialisation erworben wurde, sondern außerhalb seiner selbst in Gottes freiem Bundeshandeln begründet und geheiligt ist. Die Beziehung und Gemeinschaft mit Gott, die in und durch diesen Bund mit Gott entsteht, qualifiziert die Identität des Getauften. Die Taufliturgie kennt die Taufe »auf den Namen des dreieinigen Gottes«, durch den Heiligen Geist ist der Getaufte versiegelt und dadurch unantastbar (Eph 1,13); Röm 6 stellt die Einheit mit dem gekreuzigten und auferstandenen Christus in den Vordergrund.
Alle diese Beschreibungen zeichnen ein Bild der Beziehung zwischen Gott und den Getauften, das von Verbundenheit und Verbindlichkeit geprägt ist und dadurch ein hohes Maß an Sicherheit und Stabilität bietet und Vertrauen ermöglicht.

- Gnade und Rechtfertigung:

Der größte Schatz in unserer reformatorischen Tradition beinhaltet die Botschaft von der freien und unbedingten Gnade Gottes und die Rechtfertigung, die Gerechtmachung des Menschen allein durch diese. Gnade meint in der Sprache des Alten und Neuen Testaments die unverlierbare Liebe Gottes und das Festhalten am Bund bzw. die Erneuerung des Bundes trotz des ungehörigen Verhaltens der Gemeinschaft oder der Einzelnen. Diese Botschaft und vor allem die leibhafte Erfahrung dieser Bot-

schaft, das Zeugnis, steht der Schamangst diametral gegenüber, die ja für ungehöriges Verhalten Verwerfung und Verlassenwerden fürchtet.
Das exponierteste Zeugnis dieser Gnadenerfahrung und wie sie das Selbstbewusstsein eines Menschen stärkt und die Selbstannahme fördert, liefert Paulus selbst, wenn er in 1. Kor 15,10 sagt: »Durch die Gnade Gottes bin ich, was ich bin, und seine Gnade an mir ist nicht vergeblich gewesen.« Überhaupt kann meines Erachtens die Auseinandersetzung und Ausarbeitung dieses theologischen Konzepts von Rechtfertigung durch Gnade, wie sie in den paulinischen Schriften überliefert ist, als autobiographisches Zeugnis des Apostels gelesen werden, wie Scham und Beschämung überwunden werden durch die befreiende und aufrichtende Begegnung mit der göttlichen Gnade und die Erfahrung, geliebt und angenommen zu sein.
Vor allem der 2. Korintherbrief gewährt uns einen anschaulichen Einblick, wie eigene Schwachheit und Schwächen akzeptiert werden können und das Menschsein mit seinen Begrenzungen angenommen werden kann, wie die Erfahrungen von Beschuldigungen, Verfolgungen, Elend, Unansehnlichkeit und Bedrängung – ein Trauma für die schamanfällige Person – neu interpretiert werden können.
Wenn man das Konzept der Rechtfertigung, besser Gerechtmachung des Menschen nicht unter der Schuld-, sondern der Schamperspektive aufnimmt, dann kann man schnell feststellen, welche Befreiung darin enthalten ist.
Eines der größten Beschwernisse für schambesetzte Menschen ist der Zwang zur Selbst-Rechtfertigung. Weil das Vertrauen fehlt, dass man um seiner selbst willen geliebt wird und wertvoll ist, müssen viele Anstrengungen unternommen werden, sich durch adäquates Verhalten und besondere Leistungen diese Anerkennung und Wertschätzung zu erarbeiten, die aber im selben Moment genau dadurch ihren ersehnten Wert verlieren.
Die Selbstfixierung und Gefangenschaft kann tatsächlich nur überwunden werden durch wachsendes Vertrauen in Gott, der Schöpfer, Erlöser und Erhalter des eigenen Lebens ist.
Dieses Vertrauen, dieser Glaube ist kein intellektuelles Für-wahr-Halten, sondern muss erfahren werden können. Die Herausforderung für die christlichen Gemeinden heute ebenso wie zur Zeit des Paulus ist, Lebensräume zu gestalten, in denen diese Erfahrungen gemacht werden können.
Was ich vorhin im Zusammenhang mit der Aufmerksamkeit für strukturelle Beschämungen und der unbedingten Solidarität mit Beschämungsopfern genannt habe, hat in der Gerechtmachung des Menschen durch Gottes Gnade seine Begründung.

- Das Kreuz als Symbol für Gottes unbedingte Solidarität mit den Beschämten:

Die Passionszeit stellt uns erneut vor die Aufgabe, das Leiden und Sterben Jesu am Kreuz für unser Leben und unseren Glauben zu erfassen. Wenn wir das Versöhnungsgeschehen am Kreuz unter der Schamperspektive erfassen, sehen wir, dass sich darin alle menschliche Beschämungserfahrung verdichtet. Verrat, Verleumdung, öffentliche Zurschaustellung, Verspottung, Verhöhnung, Verachtung, Verleugnung, Verlassenwerden ... Diese schlagwortartige Zusammenfassung der Passion beschreibt den Alptraum aller Beschämung, die sich nach den Berichten der Evangelien durch das Leben und Wirken Jesu von Anfang an durchzieht. Die Identifikation Gottes in Christus mit den Beschämten und Erniedrigten und das Kreuz als Symbol dafür können unter dieser Perspektive ein hoffnungsvolles Zeichen für die unbedingte Zuwendung und ungeteilte Solidarität Gottes sein mit den Beschämten und ihren verzweifelten Versuchen, ihre Scham zu verbergen.

- Der Segen:

Gesegnet zu sein ist für viele Menschen ein ergreifendes und bewegendes Erlebnis. Das segnende Handeln Gottes kann als Grundvoraussetzung menschlichen Seins und seiner Würde verstanden werden, wie Claus Westermann schon 1968 entfaltet hat.[7] Es findet seinen sprachlichen Ausdruck im aaronitischen Segen, Num 6,24ff. In der Tat erinnern die Wendungen »Der Herr lasse sein Angesicht leuchten über dir« und »der Herr hebe (richte) sein Angesicht auf dich« daran, wie wichtig es für die Entwicklung der psychischen Verfasstheit und des Selbstwerts ist, positiv und liebevoll von außen angesehen zu werden. Heinz Kohuts Formulierung vom »Glanz im Auge der Mutter«[8], durch den das Kind seinen Selbst-Wert entwickeln kann, hat in der psychologischen Diskussion verbreitet Eingang gefunden. Der Segen ist also Zuwendung Gottes in einem ganz umfassenden Sinn: Es ist Gottes Segen, der dem je einzelnen Leben in seiner geschichtlichen Existenz förderlich ist und zur Entfaltung des Lebens verhilft, nicht nur am Beginn des Lebens, sondern als Begleiter und Bewahrer durch die Lebenszeit und darüber hinausweisend auf eine Vollendung, die uns verheißen ist. Der Zuspruch des Segens vergewissert die Menschen ihres grundsätzlichen Angenommenseins und Angesehenseins und eröffnet darin einen Freiraum, in dem immer wieder neu die lebensfördernde Kraft Gottes auch gegen zerstörerische Erfahrungen zur Wirkung kommen kann.

7 Vgl. *Claus Westermann*, Der Segen in der Bibel und im Handeln der Kirche, München 1992.
8 Vgl. *Heinz Kohut*, Narzißmus. Eine Theorie der Behandlung narzisstischer Persönlichkeiten, Frankfurt a.M. 1971.

5 Herausforderungen für Seelsorgerinnen und Seelsorger

Für den Umgang mit Schamphänomenen in der Seelsorge ist für den Seelsorger / die Seelsorgerin eine zweifache Aufmerksamkeit nötig. Es geht zum einen um die Wahrnehmung und Akzeptanz der eigenen Scham und Schamanfälligkeit. Wenn Seelsorgerinnen und Seelsorger den eigenen Schamerfahrungen ins Auge sehen und sich mit den eigenen Selbstwertzweifeln auseinandersetzen, wird zum einen die Aufmerksamkeit für die Schamgefühle des Gegenübers gefördert. Zum anderen entsteht durch die Möglichkeit und die Bereitschaft, seine eigenen Scham wahrzunehmen, das Scheitern an eigenen Ich-Idealen und eigenen Größenphantasien durchgearbeitet und akzeptiert zu haben, ein Raum der Solidarität für das schambehaftete Gegenüber, ohne dass dessen Scham durch die Seelsorgerin abgewehrt werden muss.
Das geht meines Erachtens über das hinaus, was wir als Grundvariable Empathie und Annahme nennen. Es ist mehr eine Art, sich als Modell zu Verfügung stellen, ohne dass die Verfasstheit der Seelsorgerin zum Thema gemacht wird.

Noch einmal ist festzuhalten, dass das Schamempfinden zwar unangenehm und sogar schmerzhaft sein kann, aber kein Makel ist, den es auszumerzen gilt, sondern ein Grundaffekt des Menschen, der durchaus eine wichtige und sogar hilfreiche Funktion hat. Die Scham befähigt uns, uns unserer körperlichen und seelischen Grenzen und unserer Integrität zu versichern. Sie ist also ein Seismograph für unser Selbstbewusstsein und den Dialog, in dem wir mit unserem Inneren stehen. Das Anerkennen der Begrenztheit und Verletzlichkeit der eigenen Person, das Wissen um die je individuell verschiedenen Grenzen und Potentiale verhilft uns zu Demut und Barmherzigkeit, auch gegenüber unseren Mitmenschen. Die Herausforderung, jeden Menschen in seiner Einmaligkeit und Individualität wahrzunehmen, beinhaltet auch die liebevolle Wahrnehmung seiner Grenzen und seiner Potentiale.
Die Scham hilft uns darüber hinaus, eine respektvolle Distanz gegenüber unseren Mitmenschen und deren von Gott verliehenen Würde zu wahren. Sie sind nicht Objekte unseres mehr oder weniger gutmeinenden seelsorgerlichen Handelns, auf die wir (weder kerygmatisch noch therapeutisch) einwirken sollen oder dürfen.
Eine wertschätzende, annehmende Haltung gegenüber der Einzigartigkeit eines jeden Menschen bedeutet, ihn in seinem Gewordensein, seiner Geschichte wahrzunehmen und seine vielleicht begrenzten Möglichkeiten anzuerkennen.
Die Kardinaltugend für eine solche Haltung ist Geduld und Beharrlichkeit und die Bereitschaft, sich im Aushalten aller Niedergeschlagenheit und Verzweiflung nicht anstecken zu lassen von den Versuchungen des beschämten Selbst, sich selbst aufzugeben – und nicht in Rage zu gera-

ten, weil das Gegenüber so unkooperativ ist und einfach nicht vorwärtskommt.
Eine wertschätzende, annehmende Haltung bedeutet wahrzunehmen, wo ein Mensch sich hinter einer Schammaske verbergen muss. Sie bedeutet, das zu schätzen, was er mir von sich anbietet, und das zu achten, was er mir verweigert.
Und sie bedeutet, ihn »im Licht seiner Erwählung zu erfinden«[9] und über seine momentane, sichtbare Verfasstheit hinaus die Möglichkeiten und Kraftquellen zu erhoffen, die in der göttlichen Verheißung begründet sind.

9 *Peter Bukowski*, Die Bibel ins Gespräch bringen, Neukirchen-Vluyn [9]2013, 19.

Katharina Peetz

Scham und Schuld in den Berichten von Opfern und Täter_innen des ruandischen Genozids

Einleitung

Während des ruandischen Genozids wurden 1994 innerhalb von nur 3 Monaten zwischen 800 000 und 1 000 000 Menschen ermordet. Heute erinnern zahlreiche Gedenkstätten an die Gräueltaten, die Hutus an Tutsis begingen, aber auch an anderen Hutus, die sich für Tutsis einsetzten. Bezeichnend für den Genozid ist, dass sich Opfer und Täter_innen in der Regel kannten. Ehemänner ermordeten ihre Ehefrauen, Onkel ihre Neffen, Mütter ihre Kinder.[1] Der Genozid und seine Gewaltexzesse sind ein Bruch, der die ruandische Gesellschaft bis heute prägt.[2] Opfer, für die ihr eigenes Überleben eine Quelle von Scham- und Schuldgefühlen darstellt, müssen auf engem Raum mit Täter_innen zusammenleben, die »verstrickt in Schuld« und womöglich »gefangen von Scham« sind. Es ist in Ruanda vor allem die Versöhnung, die als der Prozess interpretiert wird, der ein *erneuertes* Zusammenleben von Opfern und Täter_innen ermöglichen kann.
Im Folgenden sollen zunächst die Phänomene Scham und Schuld näher erläutert werden. Davon ausgehend sollen Scham und Schuld aus der Perspektive von Opfern und Täter_innen thematisiert werden. Dazu werden neben den autobiographischen Berichten der Genozid-Überlebenden Esther Mujawayo, Denise Uwimana-Reinhardt und Immaculée Ilibagiza auch die beiden Bücher *Nur das nackte Leben* und *Zeit der Macheten* von Jean Hatzfeld analysiert, in denen der Autor Gespräche mit Opfern und Tätern des Genozids dokumentiert.[3] Die Ergebnisse der Analyse werden abschließend theologisch reflektiert.

1 Vgl. *Anne Kubai*, Being Church in Post-Genocide Rwanda. The Challenges of Forgiveness and Reconciliation, Uppsala 2005, 3–34, 7.
2 Vgl. *Julia Viebach*, Die Transformation des Bruchs. Grundlagen einer Raumsoziologie nach Massengewalt, Marburg 2013 [Diss].
3 Vgl. *Esther Mujawayo / Souad Belhaddad*, Auf der Suche nach Stéphanie. Ruanda zwischen Versöhnung und Verweigerung, Wuppertal 2007; *Denise Uwimana-Reinhardt*, Mit Gott in der Hölle des ruandischen Völkermords, Basel 2013; *Immaculée Ilibagiza*, Aschenblüte. Ich wurde gerettet, damit ich erzählen kann, Berlin [6]2013; *Jean Hatzfeld*, Nur das nackte Leben. Berichte aus den Sümpfen Ruandas, Gießen 2004; *ders.*, Zeit der Macheten. Gespräche mit den Tätern des Völkermords in Ruanda, Gießen [3]2012.

1 Scham und Schuld

1.1 Begriffsklärungen

Scham und Schuld sind universale Phänomene, die zugleich in einem je kulturspezifischen Zusammenhang stehen.[4] Das Sprechen von *Scham* verweist darauf, dass der Mensch als solcher sich unhintergehbar immer schon in Beziehung befindet – sei es zu Gott, sei es zu sich selbst oder sei es zu seinen Mitmenschen.[5] Scham ist nach Denise Starkey zugleich ein größtenteils verborgenes, unbewusstes oder verdrängtes Phänomen, das mit Fragen nach menschlicher Fragilität und menschlicher Verstricktheit in Gewalt verbunden ist.[6] Während Scham einen subjektiven Inhalt hat, ist *Schuld* primär ein objektiver Begriff.[7] Dennoch können mit Schuld subjektive Wahrnehmungen und Gefühle wie Reue verbunden sein.[8] Der Unterschied zwischen Scham und Reue liegt nach Matthias Heesch darin, dass sich Scham ganz auf die konstitutiven Bedingungen unseres Menschseins bezieht, während Reue auf etwas Vermeidbares rekurriert. Scham bezieht sich damit auf die Sündigkeit des Menschen als solchem, Reue dagegen auf spezifische, einzelne Sünden.[9]
Scham nimmt in den Beziehungen des Menschen zu sich selbst und zu anderen unterschiedliche Formen an. Stephan Marks unterscheidet sechs Formen der Scham: Anpassungs-Scham, Gruppen-Scham, emphatische Scham, Intimitätsscham, traumatische Scham und Gewissens-Scham. *Anpassungs-Scham* kann nach Marks dadurch entstehen, dass wir in unseren körperlichen oder persönlichen Eigenschaften oder Fähigkeiten den herrschenden Normen einer Gesellschaft nicht entsprechen. Demgegenüber beziehe sich *Gruppen-Scham* auf andere Menschen, beispielsweise, wenn wir uns für ein körperlich behindertes Familienmitglied schämen. Wenn wir mitfühlend auf die Beschämung anderer Personen reagieren, könne man von *emphatischer Scham* sprechen. Die Aufgabe der *Intimitäts-Scham* liege darin, die eigene Privatsphäre gegenüber Mitmenschen zu schützen. Werde diese Intimitäts-Scham gewaltsam, z.B. durch Vergewaltigung oder Missbrauch verletzt, entstehe *traumatische Scham*. *Gewissens-Scham* entstehe dagegen bei Täter_innen, die sich für ihr Handeln schämen, und verweise auf unversöhnte Schuld.[10]

4 Vgl. *Rita Werden*, Schamkultur und Schuldkultur. Revision einer Theorie, Freiburg 2013, 10. Vgl. dazu auch *Stephan Marks*, Scham – die tabuisierte Emotion, Düsseldorf 2007, 21–22.

5 Vgl. *Matthias Heesch*, Scham, in: TRE Bd. XXX (1999), 65–72, 65.

6 Vgl. *Denise Starkey*, The Shame That Lingers. A Survivor-Centered Critique of Catholic Sin-Talk, New York u.a. 2009, 3.

7 Vgl. *Antonie van de Bled*, Schuld II. Philosophisch-ethisch, in: TRE Bd. XXX (1999), 577–586, 577.

8 Vgl. *Marks*, Scham, 59.

9 Vgl. *Heesch*, Scham, 71.

10 Vgl. *Marks*, Scham, 13–14.

Nach Denise Starkey ist eine häufige Reaktion auf andauernde Beschämungserfahrungen der Prozess der Integration von Scham in die eigene Persönlichkeit. So entsteht internalisierte Scham, die definiert werden kann als andauernde, chronische Scham, die in die eigene Persönlichkeit integriert wurde und die sich in einem tiefen Gefühl von Unterlegenheit und Wertlosigkeit ausdrückt.[11]

1.2 Zum Umgang mit Scham und Schuld

Das Gefühl von Scham ist nach Starkey deutlich schmerzhafter als das Gefühl von Schuld, weil es fundamental auf uns selbst, auf unser Personsein gerichtet ist.[12] Aufgrund dieser Tatsache ist nach Marks eine »Ent-Schämung« letztlich unmöglich, während die dialogische Grundstruktur von Schuld eine Ent-Schuldigung zulässt. Schuldig werde eine Person, die eine andere Person schädigt. Daher führe der Weg der Verarbeitung von Schuld über das Zugehen auf die geschädigte Person. Voraussetzung für diese Verarbeitung seien Reue und Gewissens-Scham, Schuldbekenntnis sowie Bitte um Ent-Schuldigung gegenüber dem Geschädigten und das Angebot von Wiedergutmachung.[13] In Marks' Anforderungen an eine Aufarbeitung von Schuld findet sich damit die explizite Aufforderung, auf das Opfer zuzugehen, es um Vergebung zu bitten und ihm Entschädigung anzubieten.[14] Der christliche Umgang mit Schuld im Prozess der Buße erfordert demgegenüber dieses Zugehen auf den Geschädigten nach Katharina von Kellenbach nicht zwingend.[15] Die Opfer und die Frage der Wiederherstellung ihrer Würde werden nach von Kellenbach entbehrlich, wenn Priester oder Pfarrer Sünder_innen stellvertretend für Gott von Schuld lossprechen.[16] Nichtsdestoweniger betont Hanspeter Heinz, dass zwar nicht Gott, wohl aber der Sünder der Anstrengung der Genugtuung durch Buße bedarf, um *wirklich* versöhnt zu sein.[17] Versöhnung beinhaltet damit auch nach christlichem Verständnis das Zugehen der Täter_innen auf die Opfer. »Der Bewußtseinswandel im Hirn, die Betroffenheit im Herzen und das Bekenntnis der Lippen blie-

11 Vgl. *Starkey*, Shame That Lingers, 55.
12 Vgl. ebd., 50.
13 Vgl. *Marks*, Scham, 59–61.
14 Vgl. *Katharina von Kellenbach*, Christliche Vergebungsdiskurse im Kontext von NS-Verbrechen, in: *Lucia Scherzberg* (Hg.), Theologie und Vergangenheitsbewältigung, Schöning 2005, 179–195, 188–189.
15 Vgl. ebd., 189.
16 Vgl. ebd., 188.
17 Vgl. *Hanspeter Heinz*, Die Feier der Versöhnung. Einführung in die christliche Bußliturgie, in: *Ders.* u.a. (Hg.), Versöhnung in der jüdischen und christlichen Liturgie, Freiburg u.a. 1990, 11–31, 26.

ben fragwürdig, wenn sie nicht Hand und Fuß hätten, sich nicht in der Tat bewährten.«[18]

2 Scham und Schuld in Berichten über den ruandischen Genozid

2.1 Die Scham der Opfer in Berichten über den ruandischen Genozid

Scham wird von den Überlebenden sowohl in Bezug auf sich selbst als auch in Bezug auf andere Opfer und in Bezug auf die Täter_innen thematisiert. Scham hat hier unterschiedliche Formen und Funktionen.[19] Bestimmte Formen von Scham begleiten die Überlebenden als biographische Konstante. Einen besonderen Stellenwert nimmt für sie die Erfahrung von Anpassungs-Scham ein.

2.1.1 Wie sprechen Überlebende über Scham?

Anpassungs-Schamerfahrungen machten die Überlebenden seit frühester Kindheit bereits vor dem Genozid, da sie der diskriminierten Ethnie der Tutsis angehörten. Ihre Anpassungs-Scham gründet sich in Erfahrungen von Ausschluss, Benachteiligung und fehlender Zugehörigkeit. Immaculée Ilibagiza beschreibt beispielweise die beschämende Erfahrung des Ausschlusses aus dem Unterricht aufgrund ihres Nichtwissens um die eigene Zugehörigkeit zur diskriminierten Gruppe.

»Bist du eine Hutu oder eine Tutsi?
I-ich weiß nicht.
Hinaus mit dir! Raus aus dieser Klasse! Und komm erst wieder, wenn du weißt, wer du bist!
Ich packte meine Bücher zusammen und ging, den Kopf beschämt gesenkt, hinaus.«[20]

Ilibagiza wird trotz sehr guter Noten auch bei der Vergabe von Stipendien übergangen, alle verfügbaren Studienplätze wurden an Hutu mit wesentlich schlechteren Zensuren vergeben.[21] Auch die aus Burundi stammende Denise Uwimana-Reinhardt kam als Flüchtling in den Kongo und wurde dort von Mitschülern ausgegrenzt: »Außerhalb der Schule sangen die Kinder aber oft Spottlieder über uns. [...] Mit diesen Worten forderten sie uns auf, nach Ruanda zurückzukehren. Für sie waren wir als Tutsi Ruander. Dabei spielte es keine Rolle, dass wir aus Bu-

18 Ebd., 27.
19 Vgl. *Marks*, Scham, 13.
20 *Ilibagiza*, Aschenblüte, 29.
21 Vgl. ebd., 36.

rundi kamen.«[22] Die Anpassungs-Scham von Esther Mujawayo äußert sich in dem Grundgefühl, »illegitim« zu sein.

»Ich spüre es entweder unterschwellig oder sehr heftig, wie damals, 1972, als ich fast am Radio klebte, während die Namen der Schüler vorgelesen wurden, die an einem Gymnasium aufgenommen wurden, und mein Name nicht fiel.«[23]

Diese wenigen Einzelbeispiele verweisen auf die strukturelle Gewalterfahrung der Tutsi vor dem Genozid, die auf Diskursen, Normen, Strukturen, Institutionen und Werten beruhte und die als strukturelle Erniedrigung bezeichnet werden kann.[24] Die strukturelle Erniedrigung der Überlebenden radikalisierte sich durch die Erfahrungen extremer Gewalt und der Verletzungen ihrer Würde im Genozid zu *traumatischer Scham*. Diese begleitet die Überlebenden auch nach dem Ende des Genozid nachhaltig und wird letztlich zur internalisierten Scham. So bedeutet überlebt zu haben für Mujawayo die ständig wiederkehrende, quälende Frage nach dem Warum. »[...] die Wirklichkeit holt dich ein, sie verhöhnt dich. [...] Schließlich wird das ›Warum‹ zu deiner Obsession. Warum bin ich in ihren Augen eine Kakerlake, ein Käfer [...]?«[25] Die Scham, überlebt zu haben, äußert sich bei Mujawayo zudem in körperlichen Reaktionen, wie dem Gefühl zu ertrinken[26] oder dem Gefühl der Leere und Kraftlosigkeit:

»Ein niederschmetternder Gedanke: *Sie* ertrugen nicht, dass *wir* existierten, und das ging so weit, dass sie sogar einen Plan ausgearbeitet haben, wie sie uns vernichten können, einen nach dem anderen. [...] Wenn du das denkst, bist du auf einen Schlag leer, völlig kraftlos. Das Schlimmste, und das einzugestehen ist schwer, das Schlimmste ist aber, dass dieser Gedanke so schrecklich und so quälend ist, dass du sogar so weit kommst, sterben zu wollen.«[27]

Anhaltende Beschämungserfahrungen in der Begegnung mit Täter_innen führen bei den Überlebenden immer wieder zu einer Aktualisierung ihrer internalisierten Scham, wie das Beispiel der Überlebenden Emerita zeigt. Da ihr Haus im Genozid zerstört wurde, lebt Emerita mit ihren Kindern zunächst in einer Erdhöhle. Dies löst bei ihrem ältesten Sohn *Gruppen-Scham* aus: »Ihr ältester Sohn schämt sich so sehr, dass er immer erst nach Einbruch der Dunkelheit zu dem Asyl zurückkehrte.«[28] Als die Höhle einstürzt, hat Emerita keine Verwandten, die sie um Unterstützung bitten kann, da diese alle im Genozid ermordet worden waren. So bleibt ihr letztlich nichts anderes übrig, als bei einem der Mörder ihrer Familie

22 *Uwimana-Reinhardt*, Hölle, 49.
23 *Mujawayo/Belhaddad*, Stéphanie, 27.
24 Vgl. *Marks*, Scham, 47–48.
25 *Mujawayo/Belhaddad*, Stéphanie, 34–35.
26 Ebd., 14.
27 Ebd., 216–217.
28 Ebd., 224.

und Verwandten um Zuflucht zu bitten. Eremita verdrängt ihre durch den erneuten Kontakt mit dem Mörder aktualisierte *internalisierte traumatische Scham* und meint, sich für ihre Bitte um Zuflucht rechtfertigen zu müssen: »Das Leben Seite an Seite mit ihrem Mörder erwähnt Emerita mit keiner Silbe, sie wiederholt nur immer wieder: ›Mir blieb nichts anderes übrig‹.«[29] Demgegenüber kann der aus dem Gefängnis entlassene Mörder seinen Platz im Haus seiner Familie wieder einnehmen.[30] Emeritas zerstörtes Haus und ihre alten Obstbäume werden regelmäßig von Kindern des Dorfes geplündert. »Die Nachbarskinder erkennen durchaus, wie verletzlich die Überlebenden sind«[31], sie zeigen Emerita gegenüber jedoch keine *empathische Scham*, sondern bestehlen sie. Francine Niyitegeka leidet nach dem Genozid vor allem unter den beschämenden Blicken der anderen, die zu einer fundamentalen Selbstinfragestellung und Verfestigung ihrer internalisierten Scham führen:

»Ich glaube, dass ich immer böse angeblickt werde, weil ich Tutsi-Blut habe; für mich wird das nie ein Ende haben. [...] Ich fühle so etwas wie Scham, mich in der Art mein ganzes Leben verfolgt zu fühlen, bloß weil ich so bin, wie ich bin.«[32]

Dass gerade die Situation von Überlebenden, die Verwandte in beiden ethnischen Gruppen haben, schambesetzt ist, verdeutlicht Christine Nyiransabimana. Nyiransabimanas Mutter ist Hutu, ihr Vater Tutsi. Nyiransabimana und ihre Geschwister sind aufgrund der ethnischen Zugehörigkeit ihres Vaters ebenfalls Tutsi. Während des Genozids gibt sich Nyiransabimana als Hutu aus, um nicht getötet zu werden.[33] Während ihr Vater ermordet wird, überlebt sie und kann in ihre Heimat zurückkehren. Sie erfährt nach ihrer Rückkehr sowohl durch Tutsi als auch durch Hutu Ausgrenzung und Beschämung:

»Wenn ich anfangs auf den Markt ging, waren eiskalte Blicke auf mich gerichtet, und im Vorbeigehen wurden mir Vorwürfe gemacht. Von Tutsi-Frauen, die um ihre Angehörigen trauerten, und von Hutu-Frauen, die fürchteten, dass die Untaten ihrer Ehemänner zur Anzeige kämen.«[34]

Die »eiskalten Blicke« von beiden Seiten lösen reaktive Gefühle in Nyiransabimana aus. Die Blicke der anderen verweisen auf etwas, was sie selbst ist.[35] Dies führt bei der Tutsi, die sich als Hutu ausgab, um zu überleben, zu einer Schamreaktion: »Ich schämte mich fürchterlich, für

29 Ebd., 225.
30 Vgl. ebd., 225.
31 Ebd., 226.
32 *Hatzfeld*, Nur das nackte Leben, 44, auch 79.
33 Ebd., 131.
34 Ebd., 134.
35 Vgl. *Maria-Sibylla Lotter*, Scham, Schuld, Verantwortung. Über die kulturellen Grundlagen der Moral, Berlin 2012, 77–78.

eine Hutu gehalten zu werden, als ob ich eine von denen wäre, die so viel gemordet hatten.«[36]

2.1.2 Ergebnisse

Die Scham der Opfer – dies zeigen die exemplarischen Berichte – äußert sich in Gefühlen wie Sinnlosigkeit, Leere, Selbstekel und wird durch Ausgrenzung, Verachtung, Verhöhnung oder versuchte Vernichtung ausgelöst.
Trotz ihrer internalisierten traumatischen Scham verlieren die Opfer nicht die Fähigkeit, gegenüber anderen Opfern und sogar gegenüber den Täter_innen empathische Scham zu zeigen (s. 2.2.2). Dies unterscheidet ihr Sprechen über Scham ganz wesentlich von dem der Täter_innen (s. 2.2.1).

2.2 Die Scham und Schuld der Täter_innen in Berichten über den ruandischen Genozid

Die Scham der Täter_innen ist einerseits in ihren Selbstbeschreibungen, andererseits auch über Zuschreibungen von Überlebenden erfassbar. Während in ersterem Fall Anpassungs-Schamerfahrungen und die Angst vor Beschämung eine zentrale Rolle spielen, geht es in den Berichten der Überlebenden vor allem um die Frage nach ausbleibender oder fehlender Gewissens-Scham, Reue und Schuldeinsicht der Täter_innen.

2.2.1 Wie sprechen Täter über ihre Scham und Schuld?

In den Selbstbeschreibungen der Täter finden sich gerade mit Blick auf die Frage, ob es möglich war, sich dem Morden zu entziehen, zahlreiche Beispiele von Anpassungs-Scham. Die Täter berichten beispielsweise davon, dass Mordunwillige »beschimpft« oder misshandelt wurden.[37] Daneben wurden Menschen, die sich weigerten zu morden, mit »Bußgeldern«[38] belegt.

> »Wenn du dich mit der Machete zu ungeschickt anstelltest, konnte es passieren, dass man dir die Belohnung strich, damit du dich in die richtige Richtung entwickelst. Wenn du eines Tages erst einmal so zum allgemeinen Gespött geworden warst, hast du nicht lange gezögert, dich zu verbessern.«[39]

36 *Hatzfeld*, Nur das nackte Leben, 133.
37 Vgl. *ders.*, Zeit der Macheten, 76.
38 Ebd., 77–79.
39 Ebd., 42.

Umgekehrt wollten die Täter Anpassungs-Scham und einen möglichen Ausschluss aus der Gemeinschaft unbedingt vermeiden.[40] Dies zeigt sich an ihrer »... Angst, nicht zu der sich durch den Tabubruch des Mordens konstituierenden Gemeinschaft zu gehören« und in ihrer Angst, »als Verräter zu gelten«.[41] Thomas Kühne konnte nachweisen, dass die Vermeidung von Anpassungs-Scham und Konformitätsdruck auch für Täter des Nationalsozialismus eine wichtige Triebfeder war.[42]
Rückblickend verwenden die Täter Ausdrücke wie »es frisst mir am Herzen«[43] oder »Reue«[44], um ihre Gefühle angesichts ihrer Taten zu beschreiben. Das eigene »Schuldgefühl« wird auch als Hüter der Erinnerung interpretiert.[45] Ein Täter spricht davon, dass er »Böses getan« hat, das an seinen »Tagen zehrt« und sein »Dasein in tiefes Elend« taucht.[46] Ansätze für ein Einlassen auf die Perspektive der Opfer finden sich bei den Tätern, wenn überhaupt, nur in negativer Form: »Die Leiden unseres eigenen Gefangenendaseins lassen das Leid anderer Menschen nicht an uns herankommen.«[47] Während die Täter nur »Reue aus dem Gefängnis«[48] anbieten können, suchen die Überlebenden nach »wahrer Reue«, die von »Angesicht zu Angesicht«[49] bekannt werde. Die fehlende Einsicht in das Leiden ihrer Opfer zeigt sich nach Hatzfeld vor allem im naiven und selbstbezogenen Sprechen der Täter über Vergebung und Verzeihung, die in ihren Augen fast von selbst komme, sobald man darum bittet[50]:

> »Ich habe während des Prozesses die leidgeprüften Familien um Verzeihung gebeten und das Böse beim Namen genannt, das ich ihnen angetan habe. Ich denke, von daher, dass mir verziehen wird. Wenn nicht, macht's auch nichts, dann werde ich beten. Die Verzeihung ist ein großes Glück; sie kann Strafe mildern und das Gewissen erleichtern, sie beflügelt auch das Vergessen. Für den, dem sie gewährt wird, ist sie ein Gewinn. Was sie für den bedeutet, der sie gewährt, kann ich nicht sagen, denn die Gelegenheit dazu hat sich mir bisher nicht geboten. Ich glaube, für den, der verzeiht, hängt das davon ab, ob er als Dank eine anständige Entschädigung erhält.«[51]

40 Ebd., 76.
41 *Werden*, Kein Weg zurück – zum Schuldempfinden von Tätern des Völkermords in Ruanda, in: Zeitschrift für Genozidforschung 9 (2008), 8–44, 27.
42 Vgl. *Thomas Kühne*, Gemeinschaft und Genozid. Deutsche Soldaten im nationalsozialistischen Vernichtungskrieg, in: theologie.geschichte Beiheft 1 (2010), 137–171.
43 *Hatzfeld*, Zeit der Macheten, 178.
44 Ebd., 177f.
45 Vgl. ebd., 174.
46 Ebd., 170.
47 Ebd., 172.
48 Ebd., 220.
49 Ebd., 177.
50 Vgl. ebd., 216.
51 Ebd., 220–221.

Wegen dieser Selbstbezogenheit der Täteraussagen geht Rita Werden davon aus, dass sich in ihnen letztlich keine Indizien für aufrichtige, wahre, echte Reue und Gewissens-Scham finden. Im Vordergrund stehe für die Täter vor allem das eigene Wohlbefinden, nicht das Leiden der Opfer.[52] Daher werden die Täter der dialogischen Grundstruktur von Schuld nicht gerecht[53] und verstehen Vergebung, die ein Vollzug von Freiheit ist und nicht erwartet werden kann, als automatischen Vorgang.[54] Sie übernehmen auch keine Verantwortung für ihr Handeln. Vielmehr versuchten sie es als alternativlos zu plausibilisieren. Die Täter hätten also aufgrund von sozialem Druck, Erziehung zur Gehorsamsbereitschaft, Zwang, ideologischer Verblendung etc. keine andere Wahl gehabt, als zu Mördern zu werden.[55]
Für Werden wurden die Täter aber vor allem deshalb zu Mördern, weil unter der Bedingung der Absolutheit des Mordens kein beschämender Blick mehr befürchtet werden musste.[56] Nach dem Genozid sind die Täter Werden zufolge resistent gegen aufrichtige Reue und aufrichtiges Schuldempfinden, weil »... der beschämende Blick oder das beschämende, Schuld zuweisende Wort ...« sie nicht aus der Gemeinschaft heraus trifft, »... der sie sich zugehörig fühlen und die sie als moralisch relevante Instanz anerkennen«.[57] Demgegenüber ist für Hatzfeld die fehlende Empathie der Täter, ihre Verdrängung und mangelnde Schuldeinsicht kein Ausdruck einer Kultur, in der das »Schuldgefühl erst vermittelt über das Schamgefühl ins Bewusstsein tritt«[58]. Vielmehr äußere sich hierin die »Ungeheuerlichkeit der Vernichtung«, die die Mörder ihre Schuld verdrängen lässt und »... sie so vielleicht vor dem Wahnsinn rettet«[59]. In dieser Interpretation erahnen die Täter durchaus die Schwere ihrer Schuld und retten sich vor ihr in die Verdrängung.[60] Dass zumindest einer der Täter die Schwere seiner Schuld erahnen könnte, verdeutlicht seine Aussage über den bleibenden Riss in seinem Leben.

»... ich weiß, dass auch die Milde der Richter und ein Erbarmen der leidgeprüften Familien ihn [den Riss, K.P.] nicht werden schließen können. Vielleicht könnte es noch nicht einmal die Wiederauferstehung der Opfer. Vielleicht wird sogar mein Tod ihn nicht zuschütten.«[61]

Eine empathische Perspektive gegenüber ihren Opfern nehmen die von Hatzfeld interviewten Täter letztlich nicht ein. Sie sprechen von eigenen

52 Vgl. *Werden*, Kein Weg zurück, 31.
53 Vgl. *Marks*, Scham, 60–61.
54 Vgl. *Werden*, Kein Weg zurück, 35.
55 Vgl. ebd., 16–17.
56 Vgl. ebd., 43–44.
57 Ebd., 44.
58 Ebd., 43.
59 *Hatzfeld*, Zeit der Macheten, 262.
60 Vgl. *Werden*, Kein Weg zurück, 41.
61 *Hatzfeld*, Zeit der Macheten, 209. Vgl. dazu auch *Groß*, Gewaltforschung, 137.

leidvollen Erfahrungen im Gefängnis, nicht aber vom Leiden ihrer Opfer. Sie zeigen sich damit als schamunsensibel und von der Schwere ihrer Schuld anscheinend unberührt. Dass die Verdrängungsmechanismen der Täter nur partiell wirken, zeigt ihr Sprechen von Gewissensbissen und Albträumen. Dass Schweigen keinen langfristigen Ausweg darstellt, ist die Überzeugung der Überlebenden Esther Mujawayo: »... der Mörder ist ja ein Mensch, und wenn er die Gräueltaten, derer er sich schuldig gemacht hat, verschweigt, dann bringt das auch ihn irgendwo um.«[62]

2.2.2 Wie sprechen Überlebende über die Scham und Schuld der Täter_innen?

Überlebende werten zunächst die Begegnung mit Angehörigen aus der Gruppe der Täter_innen als schambesetzt. So beschreibt Sylvie Umubyeyi, wie sie bei Hutus, die ihr begegnen, *Gruppen-Scham* wahrnimmt, die sich in ausweichendem Verhalten äußert:

> »Wenn ich in Butare einen Hutu, den ich gut kenne, treffe, wird der mir ausweichen. Er wird mich grüßen, wir werden uns gegenseitig fragen, was es Neues gibt, und mit einem Schritt zur Seite wird er an mir vorbeigehen, er wird nicht wollen, dass wir richtig miteinander reden. *Sofort steht das Schamgefühl zwischen uns*, selbst wenn ich gegen ihn keine Rachegelüste hege, selbst wenn er ein anständiger Mensch ist.«[63]

Überlebende werden zudem mit der fehlenden *Gewissens-Scham* und *Reue* von Täter_innen konfrontiert. Étienne, einer der Mörder von Esther Mujawayos Schwester, reagiert während einer Gacaca-Verhandlung[64] mit Lachen auf die gegen ihn erhobenen Anschuldigungen.[65] Nicht die »Lügnerei« von Étienne, sondern sein »permanentes widerliches Lächeln«[66] und sein »zynisches Lachen«[67] sind für Mujawayo unerträglich. Durch sein Lachen reduziert Étienne nach Mujawayo die Opfer auf ein Nichts und verhöhnt und beschämt sie posthum. Mit Stephan Marks lässt sich die Reaktion Étiennes als Abwehr von Gewissens-Scham interpretieren, die sich in der fehlenden Empathie des Täters für seine Opfer und dessen Flucht vor der eigenen Tat zeigt.[68] Demgegenüber kommt es so-

62 *Mujawayo/Belhaddad*, Stéphanie, 77–78.
63 *Hatzfeld*, Nur das nackte Leben, 209 [meine Hervorhebung]. Ähnliches konnte die Autorin feststellen, als sie im Februar 2014 mit jungen Erwachsenen aus Butare sprach. Ein junger Hutu gab an, seinen inhaftierten Vater zunächst nicht im Gefängnis besucht zu haben, weil er sich für dessen Taten geschämt habe. Erst nach einigen Jahren habe er sich durchringen können, seinen Vater zu besuchen.
64 Die Gacacas stellen ein kulturell adaptiertes, transitionales Justiz-Verfahren zur Aufarbeitung des ruandischen Genozids dar, in das Täter_innen und Opfer gleichermaßen eingebunden sind. Vgl. dazu *Schilling*, Gegen das Vergessen, 334–335.
65 Vgl. *Mujawayo/Belhaddad*, Stéphanie, 94.
66 Ebd., 95.
67 Ebd., 96.
68 Vgl. *Marks*, Scham, 88.

wohl bei Mujawayo als auch bei einer weiteren Angehörigen eines Opfers zu einer Aktualisierung ihrer internalisierten Scham, die sich in dem Gefühl von Ohnmacht bzw. in Tränen äußert.[69] Wie tief die Schamabwehr im Täter verwurzelt ist, zeigt sich daran, dass Étienne auch noch die Suche nach der Leiche von Mujawayos Schwester hämisch grinsend und abfällig kommentiert.[70]

In der Reihe von Mujawayos Begegnungen mit schamabwehrenden, reuelosen und schulduneinsichtigen Tätern stellt einzig Pierre eine Ausnahme dar. Pierre ist einer der Mörder ihrer Schwester Stéphanie, der seine Beteiligung öffentlich zugab, Komplizen und den Ort, an dem Stéphanie verscharrt lag, benannte.[71] Als sie mit ihren Schwestern den Mörder in seinem Haus aufsucht, ist Mujawayo von der scheinbaren Normalität der Begegnung erschüttert.[72] Auf der Gacaca-Sitzung, die die Umstände des Todes ihrer Schwester klären soll, versucht Pierre auch seinen Komplizen Étienne zum Reden zu bringen.[73] Dort reflektiert er auch seinen Weg hin zu Geständnissen und Bitten um Vergebung. Anfangs habe er alles abgestritten und habe nicht zugeben können, dass er Menschen ermordet habe. Seine Einstellung habe sich jedoch mit der Zeit verändert: »… ich habe gespürt, dass ich nicht mehr lügen konnte, das brachte mich nicht weiter, also habe ich um Verzeihung gebeten.«[74] Als Pierre sie selbst um Vergebung bittet, gewährt Mujawayo ihm seine Bitte.

»Weil er persönlich darum gebeten hat, was selten vorkommt, und weil er's mehrfach getan hat, wie um auch wirklich gehört zu werden. Er hat keine Schuld von sich gewiesen, hat sich nicht rausgeredet; ich glaube an seine Aufrichtigkeit.«[75]

Dennoch bleibt auch diese Vergebungszusage für Mujawayo ambivalent. An anderer Stelle spricht sie davon, dass sie Pierre seine Bitte um Vergebung gewährt hat, »… ohne wirklich darauf einzugehen«[76].

Ganz anders berichtet Immaculée Ilibagiza, die von einem Hutu mit anderen Frauen in einem Toilettenraum versteckt wurde, von ihrer Begegnung mit Felicien, der fast ihre gesamte Familie ermordet und auch sie »gejagt« hatte. »Als er den Blick hob und bemerkte, dass ich es war, die auf ihn wartete, wurde er ganz fahl im Gesicht. Er senkte schnell den Kopf und starrte auf den Boden.«[77] Auch Misshandlungen seitens des Wärters Semana, den Ilibagiza gut kennt, bringen Felicien nicht aus sei-

69 Vgl. *Mujawayo/Belhaddad*, Stéphanie, 96–97.
70 Vgl. ebd., 241.
71 Vgl. ebd., 85–86.
72 Vgl. ebd., 89.
73 Vgl. ebd., 108.
74 Ebd., 108.
75 Ebd., 131–132.
76 Vgl. ebd., 132.
77 *Ilibagiza*, Aschenblüte, 263.

ner gebeugten Haltung. »... offenbar schämte er sich so sehr, dass er nicht aufstehen und mir ins Gesicht blicken wollte.« Ob die körperlichen Reaktionen von Felicien auf seine Gewissens-Scham verweisen, muss offen bleiben, da er kein explizites Schuldeingeständnis abgibt oder mit Worten Reue bekundet. Dennoch reagiert Ilibagiza mit *empathischer Scham* auf die Schamreaktionen Feliciens, seinen schlechten körperlichen Zustand und seine Misshandlungen durch Semana.

»Mir kamen die Tränen als ich sah, wie sehr er leiden musste. Felicien hatte den Teufel in sein Herz gelassen und das Böse hatte sein Leben ruiniert wie ein Krebsgeschwür in der Seele. Er war nun das Opfer seiner Opfer, hatte ein Leben voller Gewissensqualen vor sich. Ich hatte unendliches Mitleid mit dem Mann.«[78]

Der Verweis auf die Gewissensqualen Feliciens deutet an, dass zumindest Ilibagiza von einer Gewissens-Scham des Täters ausgeht. In der schambesetzten Situation der Begegnung kommt es – anders als z.B. in der Beschreibung Sylvie Umubyeyis – schließlich dazu, dass sich die Blicke von Opfer und Täter treffen. »Er schaute mich nur ganz kurz an, doch unsere Blicke begegneten sich.«[79] Diese Begegnung der Blicke ist der Auslöser dafür, dass Immaculée Felicien Vergebung zuspricht. »Ich berührte leicht seine Hände und sagte in ruhigem Ton, die Worte, wegen derer ich gekommen war ›Ich vergebe dir‹.«[80] Das Aussprechen der Vergebungszusage führt sowohl auf der Seite des Opfers als auch auf der Seite des Täters zu Reaktionen. Ilibagiza spricht davon, dass ihr »leichter ums Herz« wird, und von der augenscheinlichen Entspannung in der verkrümmten Haltung des Täters. »... ich sah, wie sich Feliciens Schultern lockerten, ehe Semana ihn aus der Tür und in den Hof stieß.«[81] Bei Semana stößt die Vergebungszusage dagegen auf Unverständnis, da er von Immaculée eigentlich erwartet, dass sie Felicien befragt oder beschämt, in dem sie ihn »anspuckt«[82]. Ilibagiza sagt mit Blick auf ihre Erfahrungen im Genozid, dass sie »etwas anderes als Vergebung« nicht mehr geben kann.[83]
Im Rückblick deutet Ilibagiza ihre Entscheidung, den Mördern ihrer Familie zu vergeben, als Erfahrung der Zuwendung und Rettung durch Gott, der ihr Herz geöffnet habe.[84] Das Beispiel von Immaculée Ilibagiza verweist aus meiner Perspektive auf die zentrale Rolle subjektiver Empfindungen des Opfers im Vergebungsprozess. So muss es nach Stephanie van de Loo diesem Empfinden überlassen bleiben, ob das Opfer »in einer ... aufrichtigen, vermutlich mit Reue verbundenen Selbstwahr-

78 Ebd., 264.
79 Ebd.
80 Ebd..
81 Ebd.
82 Ebd., 265.
83 Vgl. ebd.
84 Ebd., 275.

nehmung der Täterseite, allerdings ohne deren subjektives Schuldbewusstsein oder Schuldbekenntnis, seine Würde geachtet sieht oder nicht«[85].
Doch auch wenn der Impuls zur Vergebung wie bei der Katholikin Ilibagiza aus dem tiefen Glauben der Überlebenden herrührt, kann die Entscheidung zu vergeben als ambivalent empfunden werden. Als Denise Uwimana-Reinhardt nach dem Genozid wieder in ihr Dorf zurückkehrt, wird sie von den Bewohnern gemieden und niemand hilft ihr dabei, ihr verwüstetes Stück Land neu zu kultivieren und zu bepflanzen. Die ausbleibende Unterstützung deutet sie als Zeichen von Schuldgefühlen und Schuldbewusstsein der Täter_innen.[86] Die Anhängerin einer Pfingstgemeinde erlebt, wie Frauen in ihrer Kleidung durchs Dorf laufen, und sieht, dass ihre Möbel in fremden Häusern stehen.[87] In ihrer Kirche predigt der Pastor in Richtung der überlebenden Tutsi und »… fordert sie auf, den Mördern zu vergeben«[88]. Uwimana-Reinhardt ihrerseits wartet zunächst auf einen ersten Schritt der Täter_innen. Als dieser ausbleibt, wird sie schließlich selbst aktiv und lässt durch den örtlichen Vertrauensmann eine Versammlung der Leute, die von ihr gestohlen haben, einberufen. Die Versammlung findet in einem anderen Dorf statt, um »… die betroffenen Menschen nicht bloßzustellen …«[89]. Dort geben die Menschen ihre Schuld öffentlich zu, ohne dass sie jedoch Gewissens-Scham oder Reue zeigen. Daraufhin fragt Uwimana-Reinhardt die anwesenden Täter_innen, was sie selbst für ein friedliches Zusammenleben beitragen kann.

»Sie rufen alle gleichzeitig durcheinander:
Bitte vergib uns!, Bitte vergib uns!, Bitte vergib uns!
Ja, ich bin bereit, euch zu vergeben.
Eine der betroffenen Frauen zeigt ihre Rührung und ruft:
Sie vergibt uns wie Jesus am Kreuz!«[90]

Zwar vergibt Uwimana-Reinhardt den Täter_innen, um »inneren Frieden zu bekommen«[91], sie fühlt sich aber langfristig in Bugarama nicht sicher und findet keinen inneren Frieden. Dies führt dazu, dass sie ihr Dorf in Richtung Kigali verlässt, um endlich einen Ort zu finden, an dem sie Frieden finden kann.[92]

85 *Stephanie van de Loo*, Versöhnungsarbeit. Kriterien, theologischer Rahmen, Praxisperspektiven, Stuttgart 2009, 50.
86 Uwimana-Reinhardt, Hölle, 203.
87 Vgl. ebd., 200.
88 Ebd., 201.
89 Ebd., 203.
90 Ebd., 204.
91 Ebd., 205.
92 Vgl. ebd., 230.

2.2.3 Ergebnisse

Scham spielt – dies zeigen die obigen Beispiele – vor allem in der Begegnung zwischen Täter_innen und Opfern eine große Rolle. Je schamsensibler die Täter reagieren, desto eher sind die Opfer bereit, ihnen zu vergeben. Das Wahrnehmen von aufrichtiger Reue und Gewissens-Scham als Ausdruck von Schuldeinsicht führt Ilibagiza dazu, Vergebung auszusprechen. Umgekehrt lassen Schamabwehr, ausbleibende Reue oder nachträgliche Beschämung der Opfer keinen Raum für Vergebung zu. Einem Menschen, der seinen Opfern nicht die geringste Spur von Menschlichkeit und Empathie zeigt, kann aus Perspektive der Opfer nicht vergeben werden.

Und noch einen weiteren Aspekt lassen die exemplarischen Stimmen der Überlebenden deutlich werden: In den Gacaca-Verfahren wird eher die Scham der Opfer aktualisiert, als dass eine Scham der Täter_innen initiiert würde.[93] Damit wird zumindest fraglich, ob die Gacaca als Ort der Beschämung von Tätern fungieren können, wie einige Forscher meinen.[94] So argumentiert beispielsweise Mark A. Drumbl, dass die Funktion der Gacacas vor allem in der reintegrierenden Beschämung der Täter_innen liegt.[95] Reintegrative Beschämung kann nach Drumbl definiert werden als die Äußerung einer kollektiven Missbilligung, die von Gesten der Reintegration in die Gesellschaft begleitet wird.[96] Das Prinzip der reintegrierenden Beschämung hält Drumbl in Ruanda für effektiv, weil Täter_innen und Opfer sich zumeist kannten und auch nach dem Genozid auf engem Raum zusammenleben müssen. Dazu komme eine hohe Mittäterschafts-Quote[97], die ländlich-dörfliche Struktur Ruandas, das geringe Anonymitäts- und Mobiltätslevel, die hohe Bevölkerungsdichte und die Orientierung der Gesellschaft an Leitprinzipien wie Kollektivorientierung und Interdependenz.[98] An Drumbls Einschätzung der Gacaca-Verfahren sind aus meiner eigenen Perspektive mehrere Punkte problematisch. Zunächst ist das Bild, das Drumbl von der ruandischen Gesellschaft zeichnet, mit Sandrine Schilling als anachronistisch einzustufen. Zwar stellt Interdependenz auch aus der Perspektive von Überlebenden noch ein wichtiges Merkmal der ruandischen Gesellschaft dar. Dass »jemand für sich allein lebt«, ist beispielsweise nach Mujawayo vor allem im ländlichen Raum Ruandas unmöglich, da Menschen im Alltag

93 Vgl. dazu auch *Schilling*, Gegen das Vergessen, 315.

94 Vgl. *Axel T. Paul*, Das Unmögliche richten – Schuld, Strafe und Moral in Ruanda, in: Leviathan 34 (2006), 30–60, 54.

95 Vgl. *Mark A. Drumbl*, Punishment, Postgenocide: From Guilt To Shame To *Civis* In Rwanda, in: New York University Law Review, Vol. 75 (2000), 1221–1326, 1232.

96 Vgl. ebd., 1258.

97 Vgl. ebd., 1232.

98 Vgl. ebd., 1259–1260.

auf Hilfe angewiesen sind. In diesen alltäglichen Situationen lasse sich ein Zusammentreffen mit den Täter_innen nicht umgehen.[99]

> »Es wird immer der Moment kommen, in dem dir ein ehemaliger Mörder über den Weg läuft, eine Situation, in der du ihn ansprechen, ihn was fragen, jedenfalls in irgendeiner Form mit ihm umgehen musst.«[100]

Aber Mujawayo macht gleichzeitig deutlich, dass die von ihr beschriebene Interdependenz in sich gebrochen ist. Es scheinen eher die Opfer zu sein, die in einem Umfeld, in dem vor allem Täter_innen und ihre Familien leben, Beschämungserfahrungen machen. Es sind die Opfer, die in der Nähe von Täter_innen leben *müssen* und die sich nach Mujawayo *versöhnen müssen, weil sie keine Wahl haben.*[101] Die Erfahrung des Genozids lässt die Opfer fragen, von welcher »Gemeinschaft«, von welchem »sozialen Zusammenhalt« und von welcher »Interdependenz« nach dem Genozid überhaupt noch die Rede sein kann.[102] Die staatliche Politik der Ruralisierung und Zwangsumsiedelung sowie die Bevölkerungsverschiebungen im Genozid beeinflussen nach Schilling den Zusammenhalt von lokalen Gemeinschaften zusätzlich. Dazu kommen Prozesse gesellschaftlicher Differenzierung, mit denen zunehmende räumliche Mobilität, Verstädterung, Individualisierung und Anonymität verbunden sind.[103]

3 Theologische Reflexion

Das Beispiel von Emerita und die Erfahrungen von Esther Mujawayo verweisen exemplarisch darauf, dass Überlebende in Ruanda unter internalisierter Scham leiden, die durch andauernde Beschämungserfahrungen stetig aktualisiert wird. Viele der Überlebenden zählen auch nach dem Genozid zu den Armen und Schwachen der Gesellschaft, wohingegen die Täter oftmals in unveränderte Familien- und Besitzzusammenhänge zurückkehren können. Es gibt zudem unterschiedliche Motive, die die Überlebenden dazu bringen, Täter_innen Vergebung zuzusprechen, beispielsweise die Sehnsucht nach innerem Frieden oder die Erfahrung von Scham und Reue auf Seite der Täter_innen. Der Bericht von Immaculée Ilibagiza zeigt deutlich, dass es die als aufrichtig empfundene Schamreaktion des Täters ist, die den Auslöser für das Zusprechen von Vergebung darstellt. Problematisch wird es aus meiner Perspektive dort,

99 Vgl. *Mujawayo/Belhaddad*, Stéphanie, 58; 246–247.
100 Ebd., 58.
101 Vgl. ebd., 60.
102 Vgl. *Schilling*, Gegen das Vergessen, 340.
103 Vgl. ebd., 335–340.

wo Überlebende mit dem Ideal bedingungsloser Vergebung[104] konfrontiert werden – sei es, weil sie es als Merkmal ihrer christlichen Identität verstehen oder im Gottesdienst dazu aufgefordert werden. Im Fall von Uwimana-Reinhardt ändert die Aussage »Ja, ich bin bereit, euch zu vergeben«[105] in der Realität des Zusammenlebens zwischen Täter_innen und Opfer letztlich nichts: So verändern weder die Täter_innen ihre Einstellung gegenüber der Überlebenden, noch findet diese in ihrem Heimatdorf inneren Frieden. Bezeichnend für die Rede von bedingungsloser Vergebung ist der Verzicht auf die *contritio* der Täter_innen sowie auf eine wie auch immer geartete *satisfactio* bzw. Bußleistung der Täter_innen. Die Rede von bedingungsloser Vergebung stößt gerade im Kontext von genozidaler Massengewalt an ihre Grenzen, weil Vergebung auf Kosten von Gerechtigkeit privilegiert wird.[106] Zugleich werden nicht nur die Opfer, sondern auch die Täter_innen um echte Aufarbeitung und wirkliche Versöhnung gebracht, da sie in ihrer Perspektive von Verdrängung und Verleugnung gefangen bleiben.[107]
Aus theologischer Perspektive muss Versöhnung für die Überlebenden mehr sein als Notwendigkeit. Sie sollen sich nicht *versöhnen müssen, nur weil sie keine Wahl haben.*[108] Der Prozess der Versöhnung sollte für sie vielmehr eine »Ermächtigung« aus ihrem internalisierten, vernichtenden Schamgefühl nach sich ziehen.[109] Die Scham der Überlebenden muss nach Marks – so weit wie möglich – aufgearbeitet werden, damit sie ihre destruktive Macht verliert.[110] Dazu müssen die Überlebenden vor allem die lebensförderlichen Aspekte ihrer Scham, die auf die Erhaltung ihrer Würde zielen, nutzen.[111] Sich bei diesem Versuch auf die Seite der Überlebenden zu stellen, bedeutet, sie vor andauernder Beschämung zu schützen, ihre strukturellen Erniedrigungen wahrzunehmen und zu verändern.[112] Eine solche Veränderung beinhaltet beispielsweise den Ausgleich einseitiger Machtgefälle und den Abbau von Täter-Privilegien.[113] Theologisch geht mit der Option für die Opfer und Entrechteten die konsequente Differenzierung zwischen der Schuld der Täter_in-

104 Zur Forderung nach bedingungsloser Vergebung an die Opfer des ruandischen Genozids siehe: *Nicole Fox*, God must have been sleeping: Faith as an Obstacle and a Ressource for Rwandan Genocide Survivors in the United States, in: Journal for the Scientific Study of Religion 51 (2012), 65–78, 72.
105 *Uwimana-Reinhardt*, Hölle, 204.
106 Vgl. *von Kellenbach*, The mark of Cain: Guilt and Denial in the Post-War Lives of Nazi Perpetrators, New York 2013, 25.
107 Vgl. ebd., 32.
108 Vgl. *Mujawayo/Belhaddad*, Stéphanie, 60.
109 Vgl. ebd., 217.
110 Vgl. *Marks*, Scham, 159.
111 Vgl. *Marks*, Scham und Würde. Zugänge zu einer tabuisierten Emotion, in: Mediation. Zeitschrift für christliche Spiritualität und Lebensgestaltung 37 (2011), 8–12, 10–11. Vgl dazu auch den Beitrag von *Dominik Gautier* im vorliegenden Band.
112 Vgl. *Marks*, Scham, 180.
113 Vgl. *von Kellenbach*, Vergebungsdiskurse, 194.

nen und dem Leiden der Opfer einher. Diese Differenzierung ist nötig, damit die je konkreten Opfer nicht hinter der Einsicht der Sündenverstricktheit aller Menschen quasi verschwinden.[114] »... discourses on sin obscure the fact that when it comes to questions of violence, oppression, harm, and complicity *it is untruthful to assert that all persons begin from the same starting point as ›sinners‹.*«[115]
Für die Täter_innen heißt wirkliche Versöhnung mehr als die Zusage, Gewissheit und Erfahrung, dass Schuld vergeben werden kann. Sie (wenn auch nicht Gott) bedürfen vielmehr der Genugtuung durch Buße, um *wirklich* versöhnt zu sein.[116] Die für einen postgenozidären Kontext nötige Bußleistung der Täter_innen könnte mit Katharina von Kellenbach im würdigen (Er)Tragen der Folgen ihres Schuldigwerdens bestehen. In der Bibel sei Kain ein Beispiel für einen Täter, dessen Buße von einer inneren Angelegenheit des Herzens, d.h. aus dem Bereich der *contritio*, in den Bereich der Öffentlichkeit verlagert werde. Kain lerne mit seiner Schuld zu leben, während er die Konsequenzen seiner Schuld gegenüber der Gemeinschaft kommuniziere.[117] Eine so verstandene *satisfactio* ist nach von Kellenbach prozesshaft, langfristig und öffentlich. Damit zeigt sich, dass Versöhnung nach dem Genozid in Ruanda ein langwieriger Prozess ist, der auch auf Öffentlichkeit und erinnerndes Gedenken[118] und nicht auf »Vergeben und Vergessen« oder »Verdrängung« angelegt ist. Für die Täter_innen bedeutet diese Form der *satisfactio* konkret, dass sie die bleibenden Folgen ihrer Schuld als Bürde der Vergangenheit annehmen und verantwortlich, kreativ und produktiv tragen. Das Annehmen einer solchen Bußleistung bewirkt nach von Kellenbach Gerechtigkeit und erschließt Menschenwürde. Die Opfer werden nicht einfach übergangen, sondern sind Ziel und Adressat_innen eines verbindlichen, andauernden Reformstrebens, das auf eine erneuerte Beziehung zwischen Überlebenden und Täter_innen zielt.[119]
Damit verbindet sich der noch näher zu erforschende Gedanke, dass Täter_innen und Opfer im Versöhnungsprozess (neu) lernen müssen, *schamsensibel* zu werden. Schamsensibel zu sein bedeutet speziell für die Täter_innen die Fähigkeit, das Leiden ihrer Opfer und deren Schamgeschichte anzuerkennen. Scham gerät hier als »Hüterin der menschlichen Würde« neu in den Blick.[120] Schamsensibel werden bedeutet für Täter_innen und Opfer, die destruktive Scham des jeweils Anderen anzuerkennen und seine lebensförderliche Scham zuzulassen. Das Ziel des Schamsensibel-Werdens ist für Täter_innen und Opfer damit die Herstellung einer erneuerten, solidarisch-wertschätzenden Beziehung, in de-

114 Vgl. dazu den Beitrag von *Ulrike Link-Wieczorek* in diesem Band.
115 *Starkey*, Shame That Lingers, 73.
116 Vgl. *Heinz*, Feier der Versöhnung, 26.
117 Vgl. *von Kellenbach*, The mark of Cain, 21–22.
118 Vgl. ebd.
119 Vgl. dies., Vergebungsdiskurse, 194.
120 Vgl. *Marks*, Scham und Würde, 10–11.

nen die jeweiligen Grundbedürfnisse nach Anerkennung, Schutz, Zugehörigkeit und Integrität geachtet werden.[121]

121 Vgl. ebd. sowie *ders.*, Scham, 175.

Christiana-Maria Bammel

Überdosis Fremdscham?

Theologisch-ethische Anfragen an Phänomene der gemeinschaftlich empfundenen oder stellvertretenden Scham

Einleitung

Scham fungiert wie ein Seismograph des Gefühls, ist selbst Gefühl, gar Feingefühl und hat eine entsprechende theologisch-ethische Relevanz. Hier interessiert in erster Linie, inwiefern Perspektivübernahmen im Empfinden von Scham ausgemacht und theologisch-ethisch darstellbar sind.

Es heißt, die Kirche könne schambewahrende Räume, Räume der Barmherzigkeit schaffen, um darin eine Konfrontation mit Gewesenem, mit dem, was auch schmerzhaft anzusehen ist, zu schaffen. Inwiefern vermag sie das tatsächlich?

Räume der Bewahrung vor vernichtender Scham sind bzw. die Sehnsucht nach solchen bergenden Räumen ist mit Händen zu greifen. Um Schicksale wie folgendes lassen uns Medien immer wieder wissen: Eine wohnungslose Frau etwa, die nach ihrer Entlassung aus der Psychiatrie keinen Menschen mehr sehen will – sie klettert auf einen Jäger-Hochsitz in der Nähe ihrer Stadt. Hier hat sie ihre Ruhe, hier bleibt sie – eineinhalb Jahre lang. Nachts rollt sie sich in einen Schlafsack auf dem Hochsitz. Tagsüber durchwühlt sie Mülleimer nach Essen. Die ersten Tage weint sie noch, vor Scham. Ihre Hand steckt sie nur in die Abfälle, wenn keiner in der Nähe ist. Sie wäscht sich in öffentlichen Toiletten. Auf dem Holzkreuz am Grab der Mutter hat die Frau einen Zettel befestigt und darauf geschrieben: »Es ist der Raum des Schweigens, in dem Gott selbst in mir wohnt, dort bin ich wahrhaft frei, dort hat keiner Macht über mich. Dort kann mich nie jemand verletzen.«

Die regelrecht überfließende und zugleich entfremdende Wucht dieses globalen Selbstgefühls der Scham lässt den Betroffenen vereinsamen bzw. zeigt die intensiv erlebte Einsamkeit an, besser gesagt: das Gefühl, vollends auf sich selbst gestellt zu sein.

In der folgenden systematischen Verortung des Schamphänomens in der theologischen Landschaft soll der Blick geweitet werden über das Schamgefühl als Begleiter von Schulderfahrungen hinaus. Zudem soll das Empfinden der Scham in Gruppenzusammenhängen ins Zentrum der

Überlegungen gestellt werden. Dem gehen einige kurze Zeitbeobachtungen voraus. Dann folgen Begriffspräzisierungen zwischen dem Fremden, dem Kollektiven und dem Stellvertretenden, gefolgt von den sich daraus ergebenden ethischen Konsequenzen – und dem Versuch einer Antwort auf die Fragen: Wozu hilft uns ein vertieftes Schamverständnis auch im Blick auf das Stellvertretende, das Kollektive und das Fremde? Gibt es so etwas wie eine »Anderscham«? Welche Konsequenzen wären dann im Blick auf die Dynamiken der Perspektivübernahmen im Schamerleben zu ziehen?

1 Scham in der theologischen Landschaft

Die Beiträge dieser Tagung haben deutlich gemacht: Menschen schämen sich, indem sie sich im Blick des Anderen als abtrennend, nichtend und darin auch befremdend erleben. Nicht mehr ganz Herr im eigenen Haus bin ich unter dem imaginierten, verinnerlichten oder tatsächlichen Blick des Anderen.[1] Scham als globales Gefühl bezieht mit Wucht den *ganzen* Menschen ein und sagt mir: Die Selbstachtung steht auf dem Spiel. Es ist ein Spiel (des Lebens) mit mitunter tödlichem Ausgang. Indem ich dies fühle, werde ich dessen gewahr, dass ich mangelhaft und »würdelos« bin – unansehnlich. Darin ist die Scham normativ, dass sie ein Idealbild meiner selbst voraussetzt, gegen das die Realität schon verloren hat. Da trifft ja die diesjährige Fastenaktion »Sieben Wochen ohne Runtermachen. Du bist schön« trotz seiner durchaus merkwürdigen Sprachdiktion (Runtermachen!) »ins Schwarze«.

Wir wissen dabei, dass Scham – um es in Anlehnung an Dietrich Bonhoeffers Überlegungen zu sagen: der erinnerte Schmerz an die Entzweiung des Menschen mit Gott – für das gesamte Leben fundamental ist. Darin wird die Selbstmaskierung in der Scham von der sich selbst verschleiernden Macht der Sünde getrieben. Die Scham kann darum die Auswirkung der Entzweiung, ja die Entzweiung selbst, nicht überwinden oder aufheben. Sie vermag sie aber zu begrenzen, auch wenn sie dabei gewissermaßen den Finger auf die Wunden unserer entzweiten Existenz legt. Das Kennzeichen der Scham kann in der Dialektik von »Enthüllung« und »Verhüllung« begriffen werden. Die Tendenz zur Verhüllung stammt aus dem Wissen um die Entzweiung des Menschen. Die Verhüllung meiner selbst vor dem Anderen erfolgt um meines eigenen und seines Bösen oder Unansehnlichen willen. Im Verhüllen aber bleibt die Erinnerung präsent, dass Menschen eigentlich dazu geschaffen sind, sich

1 *Erik Erikson* beschreibt es so (Kindheit und Gesellschaft, Stuttgart [3]1968, 246f.): »Der sich Schämende nimmt an, dass er rundherum allen Augen ausgesetzt ist. Er würde am liebsten die Augen aller anderen zerstören. Stattdessen muss er seine eigene Unsichtbarkeit wünschen.«

unverhüllt zu begegnen. »Dort wo der eine den anderen hinnimmt als den ihm von Gott gegebenen Beistand, wo er sich begnügt in dem sich-von-ihm-her und auf-ihn-hin-verstehen, im Ihm-gehören, da schämt sich der Mensch nicht.«[2] Diese theologische Einsicht kann sich durchaus auf die gegenwärtige psychologische und anthropologische Forschungslage berufen, in der Scham sowohl als *Movens* der Personwerdung wie als affektive Anzeige des Scheiterns des Personseins interpretiert wird. Scham drückt die Sehnsucht und Verlorenheit des Menschen aus, der gleichzeitig danach strebt, sich selbst unter der Verhüllung zu besänftigen. Unter der Maske der Verbergung wird die Harmonie, die Gemeinschaft mit Gott gesucht. Aber es bleibt eine sich letztlich verlierende Suche, weil die Sehnsucht des Menschen eine Gratwanderung bleibt am Abgrund der Sucht nach dem unaufhörlichen Leben, nach dem unaufhörlichen Dasein des Anderen für mich. Sucht als Ausdruck der gegenüber dem Anderen schamlosen Grenzenlosigkeit verweigert diesem seine Eigenständigkeit. Die Folge dessen ist, dass selbst unter dem Versprechen von Nähe unter Subjekten das Voneinander-Getrenntsein fortbesteht und jeder mit sich allein bleibt. Die von dieser Sucht gekennzeichnete Gemeinschaft der Menschen untereinander ist de facto eine Gemeinschaft, die immer schon das Vergehen in sich trägt.
Obwohl die Scham die Todesnähe anzeigt, bewahrt sie doch das Leben in seinem Werden und Vergehen. Wo sie übermächtig wird, bringt sie Menschen an die Grenzen der Lebensfähigkeit. Scham weist aber auch über sich hinaus. Sie ist ein Vorschein auf das Offenbarwerden meiner selbst unter dem Blick des versöhnenden Gottes in der Schau von Angesicht zu Angesicht. Hier hat die eschatologisch gehaltene Hoffnung ihren Platz, die in der Sehnsucht so manchen Kirchenliedes aufbricht: »Schau her, hier steh ich Armer, der Zorn verdienet hat. Gib mir, o mein Erbarmer, den Anblick deiner Gnad« (EG 85). Es ist die Metapher des Zorns, vor dem sich der Singende und Betende vorfindet. Doch ist auf der Seite des Menschen dieser Zorn gewissermaßen Ausdruck der Scham über das eigene Ungenügen.

1.1 Zeitbeobachtungen

»Empfindungen der Scham sind in hohem Maße abhängig vom kulturellen Raum, von Prägungen der Religion und des Zeitalters, ihr Anlass trennt einzelne Menschen, ganze Epochen und Gesellschaften voneinander. Man kann die Geschichte der Menschheit als die Geschichte unterschiedlich verursachter Scham- und Peinlichkeitsempfindungen verste-

2 *Dietrich Bonhoeffer*, Schöpfung und Fall, DBW 3, hg. v. *Martin Rüter/ Ilse Tödt*, München 1989, 95.

hen ...«[3] meint Ulrich Greiner. Er hält dafür, dass an die Stelle der alten Schuldkultur und der noch älteren Schamkultur (und hier lasse ich einmal die heftig problematisierte Kategorisierung und die ihr inhärenten projektiven Wertungen außen vor) die »Kultur der Peinlichkeit« getreten sei. Sie sei entstanden aus den großen Schamvernichtungsstrategien des vergangenen Jahrhunderts. Hier zeigt sich die enge Verwandtschaft von Scham, Fremdscham und Peinlichkeit. Literatur – vergangene und gegenwärtige – ist ja eine Art »Archiv der Schamgeschichten« (Ulrich Greiner). Bevor wir die Frage, ob es tatsächlich die plausibelste Zeitdiagnose ist, von einer Kultur der Peinlichkeit zu sprechen, auch theologisch-ethisch angehen können, schauen wir in dieses Archiv der Schamgeschichte und Schamgeschichten hinein. Ein Neuzugang in diesem Archiv ist Thomas Hettche und dessen historisch-historisierender Roman »Die Pfaueninsel«: ein Roman von Würde, ihrer Verletzbarkeit und ihrem Schutz. Darin heißt es: »Die Empfindung von Scham bedeutet, außerhalb seiner selbst zu sein, ohne irgendeinen Schutz, im absoluten Licht, das vom Blick des anderen ausgeht. Scham ist nicht das Gefühl, dieses oder jenes, sondern überhaupt Objekt zu sein. Ist das Gefühl des Sündenfalls, mitten in die Dinge hinein.«[4] Hettche erzählt in zum Teil bis auf die Herzhaut schmerzenden Bildern und Szenen von Marie, dem »Monster«, wie es heißt.[5] Marie ist zwergwüchsig und lebt seit ihrem sechsten Lebensjahr als eine Art Sonderausstellungsstück von des damaligen Königs Gnaden zwischen Löwen und Kängurus, Palmenhaus und ja auch Pfauen auf der Pfaueninsel, dem allseits bekannten Rückzugsort der preußischen Könige von einst. Ein künstliches Paradies war die Insel unter den Händen von Lenné und Schinkel geworden. Und das Paradies beherbergte eben auch einen Südseeinsulaner, einen Riesen, und nicht nur einen Zwerg, aber vor allem ihn: die schon erwähnte Marie. Historisch belegt ist die Existenz der Maria Dorothea Strakon tatsächlich. Genannt wurde sie zunächst scherzhaft, später dann aus Gewohnheit »Schlossfräulein«. Der Roman erzählt von verletzter Natur und der Sehnsucht nach dem Exotischen und Außergewöhnlichen, er erzählt von der Würde und Schönheit des Menschen und der tragischen Zerbrechlichkeit und Wiedergewinnung von beidem durch die Liebe. Zwischen Marie und Gustav, dem zunächst jungen Gärtnergehilfen, entwickelt sich eine Liebesgeschichte.

3 *Ulrich Greiner*, Schamverlust. Vom Wandel der Gefühlskultur, Reinbek 2014, 24.

4 *Thomas Hettche*, Die Pfaueninsel, Köln 2014, 63f.

5 *Hettche*, ebd., unternimmt einen literarisch komplexen Anlauf, bis dieses »tötende« Wort schließlich ausgesprochen ist: »Wie ein altes Werkzeug, fast schon vergessen unter anderem Gerümpel, war das Wort wieder aufgetaucht, als hätte es die ganze Zeit darauf gewartet, ihr zur Hand zu sein. Ich bin ein Monster, dachte sie traurig und lächelte.«

Noch einmal:
»Die Empfindung von Scham bedeutet, außerhalb seiner selbst zu sein, ohne irgendeinen Schutz, im absoluten Licht, das vom Blick des anderen ausgeht. Scham ist nicht das Gefühl, dieses oder jenes, sondern überhaupt Objekt zu sein.«

So formuliert es Hettche und führt dann die dramatische Szenerie so aus:

»Marie riss sich den Mantel herunter und die Knöpfe des Kleides auf, stampfte aus ihnen heraus und trat es ins Heu, zog noch im selben Moment ihr Unterkleid mit beiden Armen über den Kopf, warf es zur Seite, schnürte die Unterhose auf und ließ sie zu Boden gleiten. Stand da, heftig atmend, und funkelte Gustav wütend an. ›Ekelst du dich vor mir? Schau dir meine krummen Beine an. Sieh, wie mein Bauch vorsteht. Siehst du meinen Popo, der sich wölbt wie bei der Negerin in der Fibel?‹ Er wollte sie nicht ansehen. Begrub den Kopf in den Armen. Verblüfft sah sie ihn an, dann hörte sie, wie er schluchzte: ›Maise je´taime‹, schluchzte er. Und ihre Wut war mit einem Mal verschwunden. Müde setzte sie sich neben ihn und saß eine Weile einfach da. Nahm irgendwann ihr Cape und legte es sich um die Schultern. Und irgendwann sah er sie dann an, das Gesicht furchtbar verweint. Versuchte etwas zu sagen, doch sie schüttelte den Kopf und legte ihm ihre sehr kleine Hand auf den Mund. ›Sei still‹, flüsterte sie und lächelte müde. ›Sei still, es ist gut.‹«[6]

Wenn wir uns diese Szene vor Augen malen, lässt sich vielleicht noch intensiver begreifen: »Scham hat mit Reflexivität zu tun, mit der Fähigkeit, sich selbst als [...] Subjekt wahrzunehmen. Scham entspringt jedoch keinem Willensakt, ist nicht das Ergebnis einer abwägenden, vernunftgeleiteten Selbstkritik, sondern ein plötzliches und heftiges Ereignis, das sich meiner Herrschaft entzieht und tief in meine Seele dringt.«[7] Wo Hettche literarisch feinfühlig entschlüsselt, wie ein Leben in verletzter Würde gelebt wird, fragt sich: Kann die Scham, und wenn ja, wessen Scham, überhaupt die Würde eines Menschen hüten? Und wenn ja, was hütet sie da eigentlich – die Idee der Menschenwürde, oder: eine Qualität meiner selbst, mir freilich selbst entzogen, oder: das als solches konstatierte und gesetzte Geheimnis meines Personseins? Und vermag die Scham bzw. die Einhaltung von Schamgrenzen tatsächlich zu verhindern, dass die Würde des Menschen angetastet wird? Natürlich wissen wir alle: Es gibt sie, diese Situationen, in denen die Würde von Menschen tatsächlich immer wieder der Gefahr ausgesetzt ist, angetastet zu werden. Nach heutigen Maßstäben würden wir keinen Zweifel daran haben, dass Maries Würde nicht nur angetastet, sondern massiv verletzt und unterlaufen wurde – ein Mensch als lebenslanges Zwergen-Exponat. Aber gerade die zunächst hoffnungsvolle Beziehung zu einem anderen, zu Gustav (welche Tragik später darin liegt, kann hier nicht ausgeführt

6 *Hettche*, Pfaueninsel, 63ff.

7 *Greiner*, Schamverlust, 24. Der Unterschied für Greiner zwischen Scham und Peinlichkeit liegt auf der Hand: Scham setze Gewissen voraus, Peinlichkeit nicht notwendigerweise.

werden) – diese Beziehung zeigt eines: Die dauerentwürdigte Marie antwortet mit der verzweifelten Tat der Schamlosigkeit; sie geht über in eine gegen-angreifende Selbstoffenbarung, von der Dietrich Bonhoeffer sagen würde, sie sei eine »gottlose Offenbarung«.
Die Liebe (genauer: Gustav) erträgt die Schamlosigkeit nicht. Gustav senkt Augen und Kopf, leidet und gesteht. Es ist nicht die gebrochene Normativität an Maries Körper, die ihn sich fremdschämen lässt bis über die Erträglichkeitsgrenze, sondern er empfindet Scham über das Maß der Verwundung und Schmerz infolge unerträglicher Entwürdigung, deren Zeuge er wird: die Scham des einbezogenen Zeugen. Der ohnmächtigen Zeugenschaft hat er nur seine Liebe entgegenzusetzen – und es brauchte offenkundig diesen explodierenden Wahrheitsmoment, um das offenzulegen, was der Entwürdigung machtvoll entgegen treten kann: Liebe. Sie lässt die Schamlosigkeit der Marie (es ist die letzte Strategie ihres Würdeerhalts) implodieren, denn die Liebe erträgt keine Schamlosigkeit. Die Liebe hütet die Schamgrenzen. Marie, die ein Leben lang auf ihre verletzte Würde festgenagelt wird, findet ihre Gegen-Welt von Schönheit, Größe und Stärke – und schließlich auch den Raum des Schweigens, in dem niemand sie verletzt. Im Roman wird es nicht mehr als ein kaltdüsteres Schloss sein, denn in der Liebe findet sie die gehütete Schamgrenze nicht.

Die Scham des einbezogenen Zeugen, intensiv affiziert, aus Nähe und Identifikation entsprungen – derart in Liebe einbezogen zu sein, dass das Mitschämen schmerzt, das scheint nicht so recht zu dem Begriff des »Fremden« in der *Fremd*scham zu passen. Womit also haben wir es zu tun, wenn es ums Fremdschämen geht?

Jan Delay müssen Sie nicht kennen. Nicht jeder unter uns wird sich für seinen Musikgeschmack begeistern können. In einem seiner Lieder schreibt er:

Ich habe da ein riesiges Problem
Ja mann, es ist echt der absolute Horror
Kein Tag vergeht, wo ich mich nicht für jemand schäm'
Ja, dann läuft mir 'n kalter Schauer über'n Rücken
Und die Fußnägel, die spalten sich entzwei
Und ich muss mich am ganzen Körper schütteln
Und ich will einfach nur noch woanders sein
Und dann frag ich Sie, hab'n Sie da nix im Schrank?
Irgendwelche Pillen, die daran was ändern?
Denn wenn das hier so weiter geht, bekomm ich Angst,
dass ich bald sterben werde an 'ner Überdosis Fremdscham
Ja, ich sag, jau, das sind Angstzustände vom derbsten
Mann, ich kann mich schon auf nix mehr konzentrier'n
So viele Leute hab'n Gehirne, klein wie Erbsen

Und ich hab Schiss, dass sie mich damit konfrontieren
Auf der Straße, inner Disco und im Fernseher
entstehn ständig unangenehme Situationen
Und nichts auf der Welt wünschst du dir so sehr
wie 'ne Fernbedienung oder ein Loch am Boden

»Fremdschämen« ist als Begriff 2009 im Duden aufgenommen worden. Von einem Neologismus oder Slangwort ist die Rede. Als solches taucht es auch bei Delay auf. 2010 war es in Österreich Wort des Jahres.
So wie es hier gebraucht wird, zeigt es die innere Distanznahme, das Absetzen gegen die Verachtenswürdigen. Moralische Erhebung spricht aus solchem Begriffsgebrauch.

Empathic embarrassment hingegen, also eine empathische Peinlichkeit, *benennt* eine Dimension von Mitgefühl und zeigt an: Hier ist ein authentisches emotionales, durchaus schmerzhaftes Verbundensein mit dem Beschämten oder schamlos Handelnden vorausgesetzt. Mit einer etwaigen Erhebung über den Betroffenen hat dies eigentlich nichts zu tun.[8]

In solcher Art Fremdscham haben wir es mit einer Gestalt stellvertretender sozialer Emotion zu tun. Solche Fremdscham geht tief und tut lange weh. Bewusst oder unbewusst muss dem ein Bruch der Moralvorstellungen oder Normen vorausgegangen sein. Als der damalige Wirtschaftsminister Brüderle einmal öffentlich meinte, dass er und Finanzminister Wolfgang Schäuble eng beieinander stünden, saß Schäuble daneben im Rollstuhl. Brüderle machte eine Pause, guckte zu Schäuble hinunter und fügte hinzu: »Auch wenn ich jetzt stehen muss, er sitzen kann.«[9]

Warum man sich mit- oder fremdschämt für solches Vorbeischrammen an Takt und Normen der moralischen Übereinkunft, dafür gibt es verschiedene tastende Antworten: Ist es eine Art antizipative Schamfurcht? – Hoffentlich passiert mir sowas nicht mal. Als wer oder was stehe ich denn dann da? Ist meine Identität soweit integer, dass ich nicht aus dem Rahmen falle? Das umfasste dann Furchtsamkeit und Selbstvergewisserungsbedürfnis in einem. Letztlich wird Scham dann doch in deutlicher Selbstbezogenheit gefühlt.
Inwiefern gibt es da ein echtes innerliches, über mein Selbst hinausgehendes *Mit*erleben? Und wodurch wird es tatsächlich ermöglicht?

8 Vgl. hierzu die Forschungsergebnisse von Frieder M. Paulus/ Sören Krach und anderen, z.B. On the distinction of empathic and vicarious emotions, http://www.ncbi.nlm.nih.gov/pmc/articles/PMC3654216/ (25/6/2015).
9 http: // www.sueddeutsche.de/panorama/fremdschaemen-ist-der-peinlich-1.57805 (25/6/2015).

Wir halten zunächst einmal nur fest: Hier begegnet uns das Gefühl mit Perspektivübernahme – in der unmittelbaren Konfrontation von Menschen untereinander – und natürlich vor allem auch in der medial vermittelten Konfrontation. Allerdings gibt es zwischen beiden einen graduellen Unterschied. Je näher ich einer Person stehe, desto heftiger die *Mit*scham. Der Grad der Einfühlung ist höher. Je größer das Einfühlungsvermögen, desto mehr schäme ich mich mit. Das mediale Fremdschämen hat dagegen oft eher die Form eines perfiden Kitzels und liegt auf der Ebene des gerade erwähnten Musikstücks.
Vor etwa vier Jahren erhielt eine langjährige Moderatorin einen Ehrenpreis der Goldenen Kamera – vor laufenden Kameras. Erst vier Monate zuvor war sie nach einer Hirn-OP aus dem Koma erwacht. Sie kämpfte sich ins Leben und zurück ins Rampenlicht. Es war ihr Beruf. Günter Netzer hielt die Laudatio.[10] Er sprach von einem Schicksalsschlag, der »uns alle« erschüttert hat, ganz Deutschland fühle seither mit. Willkommen zurück! Nie habe er den Satz lieber gesagt. Beifall! Der Beifall brach schlagartig ab, als die Moderatorin sich ans Pult kämpfte. Manche meinten später, sie wäre wie eine geisterhafte Erscheinung gewesen. Dann bat sie ihren Lebensgefährten zu sich. Sie habe noch etwas auf dem Herzen, würde in die Knie gehen, wenn sie könnte, und fragte dann vor allen medialen und anwesenden Zeugen, ob er sie heiraten wolle. Betroffenheit, Entgeisterung und peinliches Berührtsein allenthalben. Ein paar Millionen Zuschauer erlebten so etwas wie Fremdscham. Die Identifikation mit der Moderatorin verursachte Fremdscham. Aber wie peinlich war sie wirklich, diese Fremdscham?[11] Wäre es tatsächliche und mitfühlende Mitscham gewesen, dann wäre nicht geschehen, was dann tatsächlich folgte, nämlich eine überaus lustvolle Empörungs- und Überheblichkeitswelle: Wie kann sie nur?! Vernichtend war diese Welle für die Moderatorin. Eine Fremdscham zeigt sich hier also, die nicht mitfühlend sorgte für die Betreffende, sondern den Kitzel der Fremdscham in einer perfiden Lustwelle des Empörtseins weitertrieb. Hochmut würden wir es vielleicht nennen, Selbsterhebung unter dem deckenden Mantel der Moralität, des gnadenlosen, aber dennoch arroganten oberflächlichen Normenwächtertums – eine Fremdscham, deren Folgen in ethischer Hinsicht bedenklich, weil vernichtend, sind.

Aber gibt es neben der *Mit*scham, neben der noch näher auszuführenden stellvertretenden Scham und der ethisch zutiefst fragwürdigen, beschriebenen Fremdscham noch eine andere Art von Scham, die sich ereignen

10 http://www.spiegel.de/kultur/tv/goldene-kamera-monica-lierhaus-laesst-guenter-netzer-zittern-a-743804.html (25/6/2015).

11 Unter der Anwesenheit von einem (großen) Publikum ist diese Identifikation eine andere als die der *Mit*scham. Zur Relevanz der Öffentlichkeit vgl. ebenfalls Frieder M. Paulus.

kann innerhalb einer Perspektivübernahme zwischen zwei Subjekten oder beteiligten Gruppen?

Was ich damit meine, könnte dieses vorerst letzte Beispiel anzeigen. Er ist ein Millionenphänomen: Sein Name ist Dr. House. Die Serie läuft in verschiedenen Ländern, seit Jahren.[12] Die Hauptfigur ist ein Arzt, der Sherlock Holmes unter den Ärzten. Wenn etwas auf ihn *nicht* zutrifft, dann das Attribut »schamsensibel«. Auch das, was wir allgemeinhin mit Empathie verbinden, finden wir bei ihm nicht. Patienten meidet er, zumindest die Gespräche mit ihnen, weil sie ihn nerven und langweilen. Schamlos stellt er sich vor das gefüllte Wartezimmer und klärt seine Patienten darüber auf, wer er ist und dass er drogenabhängig und wahrscheinlich der einzige Arzt in diesem Krankenhaus sei, der nicht freiwillig dort arbeite. Er ist respektlos und zynisch. Jeder Mensch lügt, das ist seine allseits bekannte Meinung.[13] Sein Markenzeichen ist seine Methodik: Er beginnt mit einer Anamnese des Schamkonfliktes, worin sich zeigt, dass die Patienten schamgehindert sind. Sie müssten *eingestehen*, dass sie eine Sucht haben, zu viel arbeiten, einen blinden Fleck haben … Sie müssten sich bzw. etwas von sich, was wesentlich zu ihrer Identität und Krankheit gehört, offenbaren, können es nicht und werden daher nicht gesund. House ignoriert die Scham der Patienten, geht über die Grenzen aller emotional Beteiligten hinweg und zwingt so zu einer entlarvenden Ehrlichkeit. Diese Ehrlichkeit führt zu einer Therapie, und damit steigen die Heilungschancen. Das ist der Zweck. Das Wort Scham fällt dabei übrigens nicht! Der nicht-mitfühlende und nicht-empathische Arzt ignoriert Schamgrenzen und ermöglicht dabei am Ende eine Verwandlung der hemmenden Scham. Er hilft so zurück ins Leben.
Das ist die dritte vorzustellende Form der Perspektivübernahme im Zusammenhang mit diesem Gefühl. Wir bezeichnen sie hier als die *Mit*scham eines selbst Betroffenen und Verwundeten, verborgen unter der Maske der sozialen Kälte.
Wir werden auf diese unter ihrem Gegenteil verborgene *Mit*scham zurückkommen.

2 Fremd oder stellvertretend, kollektiv oder individuell mitfühlend oder verborgen unter ihrem Gegenteil – systematische und ethische Überlegungen zur Perspektivübernahme im Schamempfinden

Weil Menschen in der Gottesbeziehung auch in ihrer Bezogenheit auf andere Menschen verantwortlich gemacht werden, geht es um ein stellvertretendes Empfinden auch im Sinne eines »*mit* dem Anderen«. Worin

12 http://www.fernsehserien.de/dr-house/sendetermine (25/6/2015).
13 Dr. House bezeichnet sich als ein Religionsfeind, der die Bibel liest, um aus den Fehlern der anderen zu lernen, wie er sagt.

genau besteht die ethische Verantwortlichkeit von Menschen für die schamverhaftete Existenz anderer Menschen? Hier berühren wir ein Themenfeld, welches mit dem Phänomen der *erweiterten Scham* beschrieben werden kann. Es steht damit aber weit mehr auf dem Spiel als das partizipierende Fühlen der Scham anderer: das kollektive, gemeinschaftliche sich-Schämen. Menschen können sich aufgrund ihrer Zugehörigkeit zu einer Gruppe oder einer Gemeinschaft gemeinsam schämen, obwohl das Tun und Verhalten der Einzelnen ihnen gar keinen unmittelbaren Anlass zur Scham gibt. Es ist eine nicht unübliche Reaktion, eine solche Scham auch rational abzuwehren. Das kann leichter geschehen, wenn die Gruppe größer ist. Wo wir uns allerdings als verantwortliche bzw. *coram Deo* verantwortlich Gemachte wissen, da kann es nicht ausbleiben, dass die Situation von anderen auch emotional geteilt wird, dass selbst Scham empfunden wird für jene, die diese selbst vielleicht gar nicht spüren. Was wird bei einem solchen Transfer der Scham tatsächlich transferiert, besonders, wenn wir daran denken, dass das Schämen für andere auch Widerwillen gegenüber dem bloßgestellten Anderen auslösen kann?

Jean-Claude Wolf geht davon aus, dass es diesen Transfer gibt aufgrund der Fähigkeit zur erweiterten Identität.[14] Was damit gemeint ist, macht die stellvertretende Verantwortung für Unmündige wie Mündige deutlich. Kollektive Schamgefühle sind unter dieser Voraussetzung als Formen von stellvertretender Verantwortung erklärbar. Während nun die Schuld in buchstäblichem Sinne gerade nicht zu übertragen sei, ist meine Verantwortung und darin die »Übernahme« meiner Identität nie nur auf meine Aktion und einzig meine Person beschränkt. Vielmehr vollzieht sich personales Sein in dieser Identifikation *mit* dem und der engen Bezogenheit *auf* den Anderen. Darum kann Scham als autonome Gefühlsreaktion auch in Form von stellvertretender Verantwortung auftreten. Über Wolf hinaus lässt sich sagen, dass eine solche emotionale Übertragung allerdings nur dann als autonom bezeichnet werden kann, wenn der Identifikationsvorgang tatsächlich auch als intentional zu bezeichnen ist. Scham für den anderen, die nicht in Formen der stellvertretenden Verantwortung eingebunden ist, ist durchweg so, dass ihr nichts Positives abzugewinnen ist.

In der Sache ähnlich argumentiert Josef Schuster, der davon ausgeht, dass wir uns stellvertretend für andere schämen können, aber nicht für andere schuldig werden.[15] Nach dem Transfer von Schuldgefühlen allerdings fragt er nicht. Freilich können wir da mit Andreas Wild dafürhal-

14 Vgl. *Jean-Claude Wolf*, Stellvertretende Verantwortung und der moralische Begriff der Scham, EvTh 53/6 1995, 549–565.
15 Vgl. *Josef Schuster*, Moral, Gefühl und ethische Tugenden. Veröffentlichungen der Societas Ethica Padua 1999, 59–70.

ten, dass durchaus von der Realität der stellvertretenden Schuldgefühle die Rede sein muss.[16] Fragt sich nur, ob im Fall des Schuldgefühls nicht auch von einer erweiterten Identität die Rede sein sollte, wie sie Wolf für das stellvertretende Schamgefühl annimmt. Oder vermag man sich für das schuldhafte Verhalten anderer, vorausgesetzt, man steht in einer qualifizierten Nähe zu ihnen, tatsächlich nur zu schämen, nicht sich aber schuldig zu fühlen? Der Sprachgebrauch »ich schäme mich deiner«, dem ein Äquivalent für das Schuldgefühl fehlt, würde eher dafür sprechen. Dennoch beinhalten beide Gefühle, dass man sich emotional in eine Verantwortung hineinnehmen lässt, die nicht unmittelbar dem individuellen Selbstempfinden zugeschrieben werden kann. Wie wir mit diesem Sacherhalt nun umgehen, verbindet sich in der Tiefe mit der theologischen Frage nach der Stellvertretung. Ohne auf ihren Ort in der Christologie, Soteriologie, Anthropologie und Ethik im Einzelnen eingehen zu können, beschränken wir uns auf einige für unseren Zusammenhang relevante Aspekte.

2.1 Stellvertretung

Füreinander eintreten zu können, ist grundmenschlich. In der Gemeinschaft von Menschen treten die einen für die anderen ein, um sie zu entlasten, um ihnen zu helfen, um das für sie zu tun, was sie selbst noch nicht oder nicht mehr vermögen. Ohne stellvertretendes Handeln ist gar keine Gemeinschaft möglich. »Selbst der Einsame lebt stellvertretend« lesen wir in Bonhoeffers Ethik.[17] Schon das alttestamentliche Sühneverständnis macht aber deutlich, dass Stellvertretung mehr meint als nur die Besetzung der Stelle eines anderen durch ein Handeln, das ihm abgenommen wird. Der Ernstfall der Stellvertretung ist vielmehr dann gegeben, wenn Menschen ihr Sein, nämlich ihr Sein vor Gott, zu verspielen drohen. Die Intention des Opfers, das stellvertretend dargebracht wird, ist es, Leben zu ermöglichen. An die Stelle, die der Mensch selbst ist, tritt ein anderer, damit der Vertretene leben kann, freigestellt gewissermaßen zum Eigentlichen – oder frei gemacht, sein Leben dort an den Stellen zu leben, die ihm Freiheit und Verantwortung nennen. Wo ich so vertreten werde, kann ich weiter leben. Aber es ist mehr als das: Es ist die Befähigung zu einem zukünftig eigenverantwortlichen Leben. Das umschreibt hier nur im Ansatz in theologischer Hinsicht das Wesen von Stellvertretung. Vertreten zu werden heißt biblisch gesehen niemals

16 Vgl. *Andreas Wildt*, Die Moralspezifität von Affekten und der Moralbegriff, in: *Hinrich Fink-Eitel / Georg Lohmann* (Hg.), Zur Philosophie der Gefühle, Frankfurt a.M. 1993, 188–217.

17 *Dietrich Bonhoeffer*, Ethik, DBW 6, hg.v. *Ilse Tödt* u.a., München 1992, 257. Vgl. dazu auch *meine Ausführungen* in: Aufgetane Augen – aufgedecktes Angesicht. Theologische Studien zur Scham im interdisziplinären Gespräch, Öffentliche Theologie Band 19, Gütersloh 2005, 293ff.

einen anderen Menschen oder ein anderes Lebewesen über die Klinge springen zu lassen, die meine Klinge wäre. Stellvertretung heißt niemals Ersatz, betont auch Christof Gestrich in seiner grundlegenden Arbeit zum Wiederkehr des Glanzes in der Welt und zur Stellvertretung im Besonderen.[18] Die Frage der Anerkenntnis von Schuld ist ein weiteres theologisches Problem. Es setzt voraus, dass Menschen ihre Stelle *coram Deo* nicht mehr selbst ausfüllen können, so dass das Empfangen des Heils der Stellvertretung immer mit dem Annehmen und Bekennen des eigenen Zurückbleibens verbunden ist. Scheitern und Schwäche sind vor Gott unübersehbar geworden, aber gerade nicht so, dass sie meine Person als Vertretene ins Nichts stoßen. Die vertretene Person lässt sich ihre »*Seinsverfassung*« in der Sünde abnehmen, um sich selbst neu empfangen zu können. Im Vertrauen auf Jesus Christus bedeutet das: Indem Jesus Christus die Schuld eines jeden stellvertretend trägt, wird dem Menschen in diesem Ereignis die radikale Unfähigkeit, für sich selbst einzustehen, aufgezeigt und ihm zugleich ermöglicht, sich selbst zu empfangen. Diese theologische Stellvertretungsskizze zeigt eins: Lebensstrukturen, die auf dem Prinzip des Füreinanders beruhen, können als anthropologische Notwendigkeit verstanden werden. Denn für einen anderen einzutreten, gewährt dem Vertretenen nicht nur Erleichterung auf Zeit oder Raum zum Aufatmen. Es ist vielmehr ein wesentliches Merkmal echter Mitmenschlichkeit, dem Vertretenen Schonräume zu schaffen, in denen sich dessen soziale Fähigkeiten neu sortieren und wieder aufblühen können. Solche Schonräume ermöglichen Persönlichkeitsentwicklung. Sie verhindern, dass Menschen in ihren Verpflichtungen heillos überfordert und verschlissen werden. In der Fähigkeit zum Eintreten füreinander lässt sich somit eine heilsame Struktur erkennen, die zur Wahrnehmung der vielfältigen Stellvertretungskonstellationen in den Wirklichkeiten der menschlichen Lebenswelt einlädt.

Das muss auch für die Welt der als sozial zu charakterisierenden Gefühle wie der Scham gelten. Als stellvertretendes Gefühl hätte es eine Erleichterung oder Schonung für den darzustellen, für den dieses Gefühl stellvertretend empfunden wird. Es müsste den im Schämen Vertretenen für die Zukunft oder vorerst entlasten und ihn dazu befähigen, sich zu seinen eigenen Emotionen angemessen zu verhalten. Ob stellvertretende Scham das leisten kann, ist fraglich. Stellvertretende Scham als besonderer Fall des Mitfühlens erleichtert oder entlastet denjenigen, für den sich eine Person schämt, nicht unmittelbar. Auch antizipatorische Gefühlsresonanz (bezogen auf die Situation) oder projektive Einfühlung (Übertragung von Schamanteilen) können das nicht. Sie bringen nichts für die Ordnung, die eigentlich schwer in Unordnung geraten ist. Es kann so gut

18 *Christof Gestrich*, Die Wiederkehr des Glanzes in der Welt. Die christliche Lehre von der Sünde und ihrer Vergebung in gegenwärtiger Verantwortung, Tübingen 1996, vgl. 327.

wie gar nicht von heilmachenden Strukturen der stellvertretenden Scham die Rede sein. Sie dient nicht dem Gegenüber, das sich schämen müsste, das beschämt ist, aber nichts empfindet, das schamlos geworden ist. Diese Art des stellvertretenden Fühlens hat, wie es scheint, nichts an sich, was dem Gegenüber, für das man sich schämt, so etwas wie eine Zukunft eröffnen könnte. Die Rede von der stellvertretenden Scham ist also irreführend.
Demgegenüber bedenken wir, dass es ja nicht einfach beim *affektiven Betroffensein* durch Gefühle, die eigentlich ein anderer haben müsste, bleibt. Derjenige, für den man sich schämt, könnte sehen: Er steht bereits in einer Art kommunikativ gestalteter Beziehung mit dem Anderen (dem sich stellvertretend Schämenden). Derjenige, für den man sich schämt, kann bemerken, wie ihm der Andere emotional begegnet. Er kann eventuell erleben, dass der Mitfühlende mitten im affektiven Eingenommensein ein Verhältnis zum Gefühlten entwickelt, also einen emanzipativen Prozess in Form eines kritischen Umgangs mit den eigenen Gefühlen, vielleicht auch mit der Trägheit des Herzens, beginnt bzw. durchläuft. So kann für beide Seiten diese übertragene Scham zum Anlass werden, füreinander in einen emotional-emanzipativen Prozess einzutreten, der dazu verhilft, zukünftig solchen Emotionsarten den Boden zu entziehen. Das kann gelingen, wenn sich zwischen einer Person und ihrem Gegenüber eine kommunikative Übereinstimmung herausbildet, die ein bloß negatives Affiziertsein durch den jeweils Anderen überschreitet. Ein solcher Prozess hat nur in Strukturen des Für- und Miteinanders eine reelle Chance.

2.2 Erweiterte Identität

Nun kann der zuvor erörterte Begriff der »erweiterten Identität« nochmals aufgerufen werden. Die für Menschen lebensnotwendigen Strukturen des Mit- und Füreinanders bewirken, dass meine Verantwortlichkeit und mein Beanspruchtsein durch meine Gefühle keineswegs an den Grenzen der eigenen Personalität aufhören. Bonhoeffer hat in seinen Ethik-Überlegungen davon gesprochen, wie sich im Fall der Nötigung zur Stellvertretung innerhalb der Struktur des mitmenschlichen Füreinanders das Ich mehrerer Menschen zu einem einzigen vereinigt.[19] Wir können daher sagen: In diesem Für- und Miteinander ist durch Gottes Eintreten für uns ein Raum eröffnet, in dem das Mitfühlen mit anderen zu Schamemotionen führt, durch die einer das Ich des Anderen in sich hineinnimmt. Zumindest hat er zu jenem betroffenen anderen eine solch intensive Beziehung, dass es nicht bei einem äußerlichen Affiziertsein bleibt. In diesem Raum wird Scham in Bewegung setzen, und zwar entgegen ihrer eigentlichen Wirkung zu lähmen und das Empfinden von

19 Vgl. *Bonhoeffer*, Ethik, 257.

Ohnmacht zu verbreiten. Sie vermag das Bemühen freizusetzen, den oder die Anderen zu unterstützen, ihm und ihnen Lasten abzunehmen, sodass eine gegenseitige Lebenserleichterung um der Zukunft willen wirklich wird.

Fremdscham, wie wir sie eingangs in der Zeitdiagnose aufgerufen hatten, also gewissermaßen ein Sport der Beschämung, der keinen Raum der Schonung eröffnet, fällt demgegenüber gewiss nicht unter diese beschriebene Kategorie des Schämens in einer Struktur des Mit- und Füreinanders. Fremdscham entlarvt sich allenfalls als eine Beschämungsspielart, deren Maskeraden klare Gegenwartsansagen durchaus aufdecken können.

3 Mit-Scham als Anzeige der Möglichkeit der Stellvertretungsgestimmtheit und das Ziel der Hineinnahme in eine Schamfähigkeit

Es lässt sich auf der Grundlage des Bisherigen sagen, dass die Scham – ob nun *mit*gefühlt oder an Stelle des Anderen gefühlt – unter den Bedingungen der Lebensräume, die Gott dem Menschen durch seine Stellvertretung eröffnet hat, zur Anzeige der Möglichkeit der Stellvertretungsgestimmtheit des ganzen Menschen wird, der eben auch in Entsprechung zu Gott lebt. Also: Die Scham wird zur Anzeige der Möglichkeit der Stellvertretungsgestimmtheit des ganzen Menschen.
Darin liegt das ethische Potenzial gefühlter, getragener und übernommener Schamemotionen, die letztlich dazu treiben, nicht Gefängniswärter der eigenen Schamgefühle zu werden, sondern eine Schamfähigkeit zu entwickeln, die Lebensräume und Lebenszukunft eröffnet. Im Wesentlichen braucht diese Schamfähigkeit in ihrer Entwicklung Akte der Konfrontation *ohne* Kapitulation.

Aber welches ethische Potenzial würde eine Konfrontation der Scham, wie sie durch einen Dr. House verkörpert ist, in sich tragen? Seine Methode ist die scheinbare Schamlosigkeit eines ebenfalls Schamverwundeten, die nichts anderes zu sein scheint als eine Art Ko-Scham, verborgen unter ihrem Gegenteil, nämlich der entwürdigenden Beschämung des Patienten. Die Reichweite der Metamorphose der Schamerfahrung in diesem Scham-Drama ist enorm: Diese Metamorphose wird ermöglicht durch eine Konfrontation, die allerdings auch Kapitulation bedeutet – Kapitulation zumindest auf der Seite der Patienten.

4 Jesus Christus und die erweiterte Identität

Mich erinnert das mittelbar an das Schamdrama des Christus. Dieses Drama erhält seine Dynamik daraus, dass ein ebenfalls Beschämter und

Erniedrigter, Jesus Christus, in die *Mit*scham tritt. Diese *Mit*scham muss er allerdings nicht unter einem Gegenteil verbergen. Sie wird sichtbar, auf nahezu unerträgliche Weise, am Schandkreuz. Hier kapituliert dann nicht der Patient, sondern der Arzt selbst. Am Ende ist die Metamorphose der Schamerfahrung, ihre Transformation in ein schamsensitives und grenzen- und würdebehütendes Leben vollzogen. Soweit jedenfalls geht die Verheißung des Kreuzes unter seinem hässlich-abstoßenden Gegenteil.

Dieser Verheißung entsprechend zu leben, die Konfrontation mit Schamlosigkeit ein für alle Mal als überflüssig erklären zu können, nicht mehr den Schmerz der *Mit*scham repetieren und neu erfahren zu müssen – das wäre eine eigene Ausführung wert. Aber es ist eine Verheißung, die uns hineinführt mitten in ein schambewahrendes und schamsensitives Leben – individuell wie strukturell.

Michael Beintker

Unter der Macht der Sünde

Scham, Schuld, Trauer und die christliche Hoffnung auf ihre Überwindung

1 Bedeutungskomponenten von Schuld und Sünde

Der Autofahrer kam in der Kurve ins Schleudern. Er geriet auf die Gegenspur und touchierte ein entgegenkommendes Fahrzeug. Dessen Fahrer verriss unwillkürlich die Lenkung, verlor die Kontrolle über sein Auto und prallte gegen einen Baum. Er verstarb auf dem Weg ins Krankenhaus. Der Beifahrer trug schwere Verletzungen davon, aber er überlebte. Als Unfallursache stellte sich überhöhte Geschwindigkeit auf nassem Asphalt heraus.

Der Fahrer des ins Schleudern geratenen Wagens wird strafrechtlich zur Verantwortung gezogen, weil er den Unfall *verschuldet* hat. Umgangssprachlich drückt die Wendung »etwas verschulden« oder auch »schuld sein an« zunächst nur eine Ursache-Folge-Beziehung aus, hier zwischen dem Leichtsinn des Fahrers und dem Unfallgeschehen. Das Verursacherprinzip kann bei der Betrachtung des Falles nicht ausgeklammert werden, für sich genommen sagt es aber noch nichts über die mit dem Unfall verbundene Schuld (*culpa*) aus. Nur eine oberflächliche Betrachtung wird *culpa* und *causa* verwechseln.

Worin aber besteht dann die Schuld? Sie besteht zunächst darin, dass sich der betreffende Fahrer einer Übertretung schuldig gemacht hat. Er hat Recht übertreten, in diesem Fall die Straßenverkehrsordnung. Schuld steht also zur Verhandlung als Ausdruck einer Rechtsverletzung. Da es sich um eine folgenschwere Rechtsverletzung handelt, ist eindeutig die Ebene der justitiablen Schuld tangiert. Auch die Ebene der moralischen Schuld ist relevant. Denn der Kraftfahrer hätte sich vom verkehrsrechtlichen Grundethos der »ständige[n] Vorsicht und gegenseitige[n] Rücksicht« (StVO 1,1) leiten lassen müssen.

Zum anderen steht die Bemessung des Ausmaßes der Schuld zur Klärung an. Sie nimmt die Unfallfolgen in den Blick. Es ist sowohl erheblicher Sachschaden als auch – und das ist weitaus gravierender – erheblicher Personenschaden zu beklagen. Ein Mensch hat sein Leben verloren, ein weiterer wird auf lange Zeit medizinische Behandlung in Anspruch nehmen müssen und wohl nicht mehr richtig laufen können. Das Leid, das dadurch über die betroffenen Familien kam, geht nicht unmittelbar in die Schuldabwägung des Gerichtes ein – es kann auch nicht annähernd wieder »gutgemacht« werden –, aber in ihm kommt die massive Last der entstandenen Schuld zum Ausdruck. Gemessen an diesem Leid wird die Urteilsfindung durch ihre relative Milde überraschen. Schuld ist nicht einfach dadurch zu bereinigen, dass sie juristisch reguliert wird und Sanktionen auferlegt werden. Der Autofahrer muss von nun an mit der Gewissenslast leben, dass durch sein Verschulden großes Leid über Dritte gekommen ist. Hier zeigt sich, dass sich die Ebenen der juristisch fassbaren und der moralischen Schuld schneiden und man nicht einfach davon ausgehen kann, dass der Fall in die Schuld mit seiner rechtlichen Behandlung abgetan ist.

Schuld stellt sich also dar als ein Komplex von Verletzungen grundlegender sittlicher und rechtlicher Normen und zugleich als lastvoller Tatbestand der durch diese Verletzungen ausgelösten Folgen. In diesem Sinne ist sie als *culpa* (wörtlich: Verfehlung, aber auch Verbrechen) zu bestimmen.

Die sozialen Interaktionsordnungen kennen neben Schuld als *culpa* auch Schuld als *obligatio* und als *debitum*. Die *obligatio* ist eine Verbindlichkeit, die ich aufgrund eines Vertrags eingehe, z. B. eines Mietvertrags, eines Darlehensvertrags oder eines Kaufvertrags. Sie disponiert mich zum Schuldner von Leistungen, die ich vertragsgemäß zu erbringen habe. Dieser – vor allem zivilrechtlich relevante – Schuldbegriff ist wertneutral gefasst: Er markiert ein Soll, das in der Regel auf Verabredungen der Vertragsparteien basiert. Das *debitum* als geschuldete Verpflichtung bezieht sich stärker auf Verbindlichkeiten, die über das Vertragsrecht hinausgehen und das Feld des Ethischen, der sittlich orientierten Interaktion, betreffen. Beispiele: Dem Wohltäter schulden wir Dank, dem Alter schulden wir Respekt und Fürsorge, dem Partner schulden wir Zuwendung. Wiederum ist der Sollgehalt des menschlichen Handelns im Blick. Schuld als *culpa* ist davon zu unterscheiden. Und das heißt: Schuld als »Schuldigkeit« in den sozialen Interaktionsordnungen erfordert in unserem Denkzusammenhang nicht das gleiche Interesse wie Schuld als Übertretung und Verfehlung.

Gleichwohl kann es rasch zu einer Überlappung der drei Bedeutungskomponenten kommen, die man nicht überspringen darf. Sie lässt sich so darstellen: Die Verfehlung des Geschuldeten auf den Ebenen der *obligatio* und des *debitum* erzeugt wiederum Schuld als *culpa*. Die zunächst ethisch und rechtlich neutral gefasste Schuldigkeit zur Erfüllung eines Solls verliert ihre Neutralität, wenn ich die mich bindende Verpflichtung schuldig bleibe. Das sei am Unfallbeispiel verdeutlicht: Vor dem Eintreffen der Unfallambulanz und der Polizei passierten mehrere Autos die Unfallstelle. Erst das sechste Auto stoppte, der Fahrer stieg aus, um Maßnahmen zur Ersten Hilfe einzuleiten. Auch das Verhalten der übrigen fünf Fahrer kann geahndet werden, weil sie ihrer moralisch geforderten und gesetzlich verankerten Verpflichtung zur Hilfeleistung nicht nachkamen, sondern weiterfuhren. In diesem Fall handelt es sich nicht eigentlich um ein Verschulden, sondern um das Unterlassen einer geschuldeten Hilfe. Also liegt Schuld als *culpa* auch dort vor, wo wir ein von uns rechtmäßig gefordertes Tun *verweigern* – in diesem Fall die Erste Hilfe. Die Verfehlung besteht hier nicht darin, dass man etwas getan hat, sondern dass man etwas *nicht* getan hat, was man hier unbedingt hätte tun müssen. Wir haben also ein aktivisches und ein passivisches Moment zu unterscheiden, wenn wir Schuld als *culpa* darstellen. Da das passivische Moment (Verfehlen durch Unterlassen) schwerer fassbar ist, tut sich hier ein komplizierteres Reflexionsfeld auf als dort, wo *culpa* als Ausdruck eines aktiven Verstoßes in Erscheinung tritt.

Der Ausdruck »Sünde« (griechisch: *hamartia*, lateinisch: *peccatum*) hat von seiner jüdisch-christlichen Wortgeschichte her eine Prägung erhalten, die ihn schon wegen seiner Extension weit über den Schuldbegriff hinaushebt. Von Schuld kann man reden, ohne die Theologie zu bemühen, von Sünde, wenn wirklich *Sünde* gemeint ist, aber nicht. Im Unterschied zum Schuldbegriff ist »Sünde« eindeutig theologisch qualifiziert: ein Sachverhalt, der ohne den Gottesbezug des Menschen nicht begriffen werden kann und nur auf dem Hintergrund der Gott-Mensch-Beziehung richtig zu verstehen ist. Kürzer dimensionierte Interpretationsmodelle werden ihn zwangsläufig moralisierend engführen und verzeichnen. Damit ist ein zweiter Unterschied zum Schuldbegriff gegeben: Schuld kann ausschnittweise erfasst und nach Graden ihrer Schwere differenziert werden. Von einer analogen hamartiologischen Taxierung der Sünde nach Schweregraden wird eine an Jesus und Paulus geschulte Theologie abraten.

Sünde ist ein universales Menschheitsphänomen. Wer von ihr spricht, spricht von einem kollektiven Verblendungszusammenhang, in den alle Menschen verstrickt sind. Ordnet man unsere unverzichtbaren ethischen Kriterien für Richtig und Falsch, Gut und Böse, Verantwortlich und Unverantwortlich dem Phänomen der Sünde zu, so werden sie verblassen. Denn angesichts unseres fundamentalen Sünderseins lässt sich kein menschliches Handeln mehr ausmachen, das nicht von ihr kontaminiert wäre und der göttlichen Vergebung nicht bedürfte. Mit dem Ausdruck »Sünde« kommt eine Tiefenperspektive des menschlichen Schuldigwerdens in den Blick, im Vergleich zu der die erkennbaren Tatbestände der Schuld eher den Spitzen eines Eisbergs gleichen, dessen *eigentliche* Tücken erst unter der Wasseroberfläche beginnen.

Zwischen Schuld und Sünde bestehen freilich engste Wechselbeziehungen. Was beide Ausdrücke verklammert, ist der Grundaspekt der Verfehlung. Das griechische *hamartanein* konnte von den antiken Griechen zunächst technisch verstanden werden: als Verfehlen eines Ziels. Der Bogenschütze verfehlt das Ziel, wenn er danebenschießt. Beim Verfehlen eines moralisch oder rechtlich bedeutsamen Handlungsziels kann zunächst ein Fehler oder ein Versehen im Spiel sein. Wird dadurch Unrecht gewirkt, steigert sich die Verwerflichkeit der als *hamartia* zu charakterisierenden Handlung. So wird es üblich, mit dem Ausdruck *hamartia* ein »Vergehen« zu bezeichnen, »das in böser Absicht geschieht und darum

Schuld bewirkt«.[1] Aristoteles, der über die Schuldhaftigkeit der ethischen Verfehlung sehr zurückhaltend urteilte, hat immerhin *hamartia* als ein »›Verfehlen‹ der Tugend als des zu treffenden Ziels aus Schwäche, Ungeschick, aus mangelndem Wissen«[2] definieren können. Dass hier nicht gleich die ausdrückliche Schlechtigkeit in den Blick kommt, ist wesentlich dadurch bedingt, dass dem antiken griechischen Denken ein starkes Empfinden für das Tragische im Schuldigwerden eigen war.

2 Sündenscham

Die biblische Sicht auf den Menschen ist weitaus radikaler. Sünde ist ein Vergehen gegen Gott, ein schuldhaftes Verfehlen der gottgewollten Bestimmung des Menschseins, das sich in gebotswidrigen Einzeltaten – den »Sünden« – manifestiert, also das Verfehlen der dem Nächsten zukommenden Achtung und Mitmenschlichkeit erklärtermaßen einschließt. Bei Paulus gewinnt das Reden von der Sünde die Vorstellung einer Macht, ja Übermacht, die den Menschen unwiderstehlich in ihren Bann zieht und ein – nur noch durch Christus aufzubrechendes – Grundklima der Gottesfinsternis und Gottesfeindschaft erzeugt. Von schlüsselhafter Bedeutung ist die Frage nach dem Gottesverhältnis. Die Sünde besteht in der Verweigerung der Gotteserkenntnis und der damit einhergehenden Entfremdung, die den Menschen in das Elend schuldhafter Desorientierung und Verwirrung stürzt (vgl. Röm 1,18ff.). Sie potenziert sich in der selbstgerechten Abschirmung gegen Jesus Christus, die sich willentlich der Rettung durch die Kraft des Evangeliums entzieht. So wird der Sünder in mehrfacher Hinsicht schuldig: a) indem er sich von Gott zurückzieht, b) indem er sich der ihn suchenden Gnade Gottes verweigert, c) indem er sich an sich selbst und an den Mitmenschen versündigt. Die drei Aspekte gehören zusammen, ja sie überlagern sich ständig.
Was Sünde ist, erfährt man erst im Gegenüber zu Gott. In der Begegnung mit ihm stellt sich die Sünde als eine basale Verfehlung desjenigen Gegenübers dar, das uns liebend ins Dasein ruft und darauf wartet, als Quelle, Zentrum und Lebensgrund allen Daseins erfasst und geliebt zu werden. Aber diese Erwiderung bleibt aus. Stattdessen verliert sich der Mensch an sich selbst und erleidet mit der Entfremdung von Gott die Entfremdung vom Mitmenschen und von sich selbst. Das lässt sich schwerlich empirisch darstellen: Wenn Sünde trotz aller Indizien des Sündigens erst dann erfasst wird, wenn Gottes Geheimnis sprechend und seine Anrede in glaubendem Einverständnis erwidert wird, ist Sündenerkenntnis unmittelbar an die Erleuchtung zum Glauben gebunden. »Die

1 *Gustav Stählin*, ThWbNT I, 295 (im Original kursiv).
2 Ebd., 296 (im Original kursiv). Vgl. *Aristoteles*, Nikomachische Ethik, auf der Grundlage der Übersetzung von *Eugen Rolfes*, hg. von *Günther Bien*, Hamburg ^{3}1972, 1106b, 34–36.

Wurzel-, Haupt- und Grundsünde (peccatum radicale, capitale et vere mortale) ist unerkannt von den Menschen in der ganzen Welt (est incognitum hominibus in universo mundo)«,[3] hat Luther – im Hinblick auf die menschliche Entfremdung von Gott – in einer den Schwierigkeiten der Sündenerkenntnis gewidmeten Thesenreihe über Röm 3,28 formuliert. Denn der Mensch *will* sich nicht als Sünder erkennen. Es gehört zum Wesen der Sünde, dass sie den Menschen für die Erkenntnis seines Verlorenseins blendet – wie es offensichtlich zum Wesen der Schuld gehört, abgestritten und verleugnet zu werden.

Sündenerkenntnis kann nicht zugelassen werden, wenn der Mensch sich vor Gott zurückzieht. An diesem Punkt stoßen wir erstmals auf das Phänomen der Scham, und das in einem ganz tiefen, ganz grundsätzlichen Sinn. Die Erkenntnis des eigenen Sünderseins ist eine Scham auslösende Zumutung. Sie widerspricht zutiefst dem Bild, das der Mensch von sich hat, seinem Ehrgefühl und seinem Würdebewusstsein. Der Mensch erträgt es nicht, sich als Sünder zu erkennen. Das ist ihm peinlich. Er hat weder den Willen noch die Kraft, sein Sündersein zu akzeptieren. Als Anwalt des starken, stolzen Lebens hat Friedrich Nietzsche gegen die Sünde, »diese Selbstschändungs-Form des Menschen *par excellence*«,[4] leidenschaftlich Einspruch erhoben. Die Sünde sei dazu erfunden, »um Wissenschaft, um Kultur, um jede Erhöhung und Vornehmheit des Menschen unmöglich zu machen; der Priester *herrscht* durch die Erfindung der Sünde«.[5] Man wird Nietzsche darin zustimmen, dass es Priester gibt, die das Sündenbewusstsein als Herrschaftsinstrument missbrauchen. Auch das ist ein Merkmal der Sünde, dass man Menschen mit ihren Schuldgeschichten einschüchtert. Aber darin dürfte Nietzsche sich geirrt haben, dass er die Sünde einfach als Erfindung zur Beschämung und Kränkung des Menschen hinstellte. Dem oftmals beklagten Phänomen der Verleugnung der Schuld entspricht eine Verleugnung der Verstrickung in die Sünde, und es ist sicher, dass diese Sündenscham auch an Theologie und Kirche nicht spurlos vorbeigeht.

Von der Sünde kann erst im Horizont der Vergebung so gesprochen werden, dass man nicht gleich in Scham versinkt. Erst wenn man dazu befreit wurde, sich des Evangeliums von Christus nicht zu schämen (vgl. Röm 1,16), wird man sich auch seines Angewiesenseins auf Vergebung und damit seines Sünderseins nicht mehr zu schämen brauchen. Wenn wir die Bibel aufschlagen, die den Menschen und seine Welt *coram Deo*

3 *Martin Luther*, Vierte Thesenreihe über Röm 3,28 (1536), These 5 (WA 39/1, 84, Z. 10f.).Vgl. hierzu *Gerhard Ebeling*, Sündenblindheit und Sündenelend als Schlüssel zum Rechtfertigungsverständnis. Zum Aufbau der vierten Thesenreihe Luthers über Röm 3,28, in: Ders., Lutherstudien III, Begriffsuntersuchungen – Textinterpretationen – Wirkungsgeschichtliches, Tübingen 1985, 258–310. Übersetzung nach *Ebeling*, Sündenblindheit, 273.

4 *Friedrich Nietzsche*, Der Antichrist, in: Ders., Werke in drei Bänden, Bd. 2, hg. von *Karl Schlechta*, München 1956, 1161–1235, 1214.

5 Ebd., 1214f.

zu denken lehrt und die Geschichte des menschlichen Elends erzählt, indem sie dieses Elend von der alles Elend überwindenden Geschichte der göttlichen Barmherzigkeit umschlossen sein lässt, werden wir uns dem Phänomen der Sünde ohne alsbaldige Kränkung annähern. Gleichwohl wird es uns auch dann nicht leicht fallen, von der Sünde zu sprechen. Es *soll* uns auch nicht leicht fallen. Das ist der wirksamste Schutz gegen moralische Überheblichkeit.

Für Luther war die »Wurzel-, Haupt- und Grundsünde« von den Menschen in der ganzen Welt unerkannt. Man beachte: Er traf diese Aussage in einem Kontext, dem die heutige westeuropäische Grundstimmung von der Abwesenheit Gottes völlig fremd war. Sündenscham ist nichts Neues; schon der vorneuzeitliche Mensch hatte mit dem Phänomen der Sünde die allergrößten Schwierigkeiten. Und wenn wir weiter in der Zeit zurückgehen – zu Augustinus, zu Paulus, zu den alttestamentlichen Propheten, ja zur Genesiserzählung des Jahwisten, dann können wir uns rasch davon überzeugen, dass die Resistenz des Menschen gegen die Einsicht in seine Situation vor Gott eine epochenübergreifende Erscheinung darstellt. Sie hat sich in der säkularen Moderne gewiss dramatisch zugespitzt, aber in der Struktur des Problems lassen sich durchgängige, epochenübergreifende Konstanten aufweisen.

3 Sünde wird in Schuld konkret

Sünde ist kein Phantom. Obwohl sie nur unter bestimmten Bedingungen ihr Incognito preisgibt, sind ihre Daseinsäußerungen ständig fühlbar. Sünde zeigt sich im konkreten Sündigen und Schuldigwerden. Sie entäußert sich in einzelnen Aktsünden, und diese gelangen als Schuld in unsere Lebenswelten. Indem sich Sünde als Schuld vergegenständlicht, kommt sie in unsere Erfahrung, oft so massiv, dass sehr schnell die Grenze des Sagbaren und die Grenze des Tragbaren überschritten werden. In jedem einzelnen Fall enthüllt die Schuld den Tatbestandscharakter der Sünde, weist den, der Augen hat, zu sehen, darauf hin, dass die Rede von des Menschen Sünde keineswegs eine von aller Erfahrung abgezogene Glaubenserkenntnis ist, sondern die Beschreibung der tiefsten Not, von der wir betroffen sind. Sünde wird gefühlt und erlitten, und das ja auch dann, wenn den Menschen die Kategorien fehlen, um diese ihre Not zu deuten und den Ursprung ihres eigentlichen Elends zu erfassen. Im menschlichen Leben »inkarniert« sich die Sünde in Form der Schuld.

Der Ausdruck Sünde stellt sich als ein *nomen actionis* dar. Sünde, auch Sünden, sind Akte, die stets im Begriffe ihrer Realisierung stehen, aktuelle Vollzüge, Aktionen im Präsens. Haben sich die Akte realisiert, gerinnen sie zu Tatbeständen und rücken in den Modus der Vergangenheit. Es ist etwas geschehen, was ich nicht mehr rückgängig machen kann, obwohl ich alles dafür gäbe, es ungeschehen zu machen. So gesehen kann Schuld als *Sünde im Praeteritum* begriffen werden – als das

Getane wie das Unterlassene, das von nun an als lastvolle Vergangenheit des Menschen gegenwärtiges Tun und Lassen überschattet.
Die unserer Generation nur zu gut vertraute Aufforderung zur Aufarbeitung von schuldbelasteter Vergangenheit verdeutlicht, wie intensiv die Schuld als Sünde im Praeteritum gefühlt wird, ohne dass überhaupt ein Bewusstsein für die Sündhaftigkeit der Schuld mitzuschwingen braucht. Luther, der die Blindheit des natürlichen Menschen für die Realität der Sünde äußerst hellsichtig erfasst hat, zog in der erwähnten Thesenreihe immerhin in Erwägung, ob es nicht angesichts der erkennbaren Wirkungen einen zwar vagen, aber doch außertheologischen Zugang zur Sündenerkenntnis gebe. So sagt er dann: »Dennoch könnte die Sünde von ihren Wirkungen her irgendwie erfaßt werden, wenn nicht die Vernunft auch hier allzu blind wäre und das Wahrgenommene so leicht vergäße.«[6] Es ist unübersehbar, wie zurückhaltend und vorsichtig er formulierte. Schon der Irrealis der Aussage verrät, dass sich die Vernunft mit ihren Wahrnehmungen selbst im Wege steht. Sie vermag die in ihr Gesichtsfeld tretenden Wirkungen der Sünde nicht theologisch zu orten. Und sie ist von Vergesslichkeit geschlagen.
Die Vergesslichkeit vollzieht auf der mentalen Ebene, was auf der Ebene der Ereignisse, der »Tatsachen«, nicht gelingt: Sie macht das Geschehen ungeschehen, indem sie sich so verhält, als sei nichts geschehen. Sie will – möglichst geräuschlos – die Rückkehr zur Normalität besorgen. Auch hier ist wieder Scham im Spiel: Sündenscham als Schuldscham. Die Vergesslichkeit ist indigniert, wenn sie mit dem Einspruch der Erinnerung konfrontiert wird. Das bewertet sie als Störung, und sie drängt auf Schlussstriche. Sünde im Praeteritum kann nur zugelassen werden, wenn man aus der Beobachterperspektive urteilt und selbst nicht verstrickt war. Es sei denn, dass das Wunder geschieht, dass man aus Gnade zur Einsicht in die eigene Schuld befreit wird.
Nietzsche hat treffsicher beschrieben, wie das Erinnerungsvermögen überlistet wird: »›Das habe ich getan‹, sagt mein Gedächtnis. ›Das kann ich nicht getan haben‹ – sagt mein Stolz und bleibt unerbittlich. Endlich – gibt das Gedächtnis nach.«[7] Der Gedankensplitter ist unterschiedlich auslegbar. Dass Nietzsche im Gegensatz zu uns zur Vergesslichkeit ermutigen wollte, steht außer Frage: »[...] ein wenig Stille, ein wenig *tabula rasa* des Bewußtseins, damit wieder Platz wird für Neues, [...] kein Glück, keine Heiterkeit, keine Hoffnung, keinen Stolz, keine *Gegenwart* [...] ohne Vergeßlichkeit. Der Mensch, in dem dieser Hemmungsapparat beschädigt wird und aussetzt, ist einem Dyspeptiker [Verdauungsge-

6 Übersetzung nach *Ebeling*, Sündenblindheit, 275. Vgl. dazu den Text im Original: »Posset tamen peccatum ab effectibus suis cognosci utcunque, Nisi ratio etiam hic esset nimium caecutiens et obiectorum tam facile oblivisceretur« (WA 39/1, 85, Z. 16–18).
7 *Nietzsche*, Jenseits von Gut und Böse, in: Ders., Werke, 563–759, 625.

störten] zu vergleichen (und nicht nur zu vergleichen) – er wird mit nichts ›fertig‹ [...].«[8]

So kommen wir zu dem theologisch ernüchternden Befund, dass sich über die bloße Wahrnehmung von Schuldphänomenen schwerlich ein Erfahrungsweg zur Erkenntnis der Sünde und zur Erkenntnis des den Sünder rechtfertigenden Gottes bahnen lässt. Der Sünder, der nichtsahnend von Sünden spricht, ist hoffnungslos überfordert. Er weiß nicht einmal, *wovon* er redet. Da er die Erfahrungen der Schuld nicht zu deuten versteht, muss er die Realitäten verzerren. Nicht zufällig wird die Beobachterperspektive zur leitenden Wahrnehmungsform: Indem wir die Schuld anderer diskutieren und uns über sie entrüsten, fühlen wir uns der Frage nach unseren eigenen Verstrickungen in den Schuldzusammenhang enthoben. Schuld wird als ein Sachverhalt erlebt, der *andere* betrifft, aber mich persönlich nicht zum Subjekt hat. Erst der Mensch, der sich im Urteil Gottes als auf Gnade angewiesenen Sünder erfasst, wird in die Lage versetzt, sich selbst als verantwortliches Schuldsubjekt zu erkennen. Er wird dann bemerken, dass die authentischste Sprachform für das Reden von Schuld die 1. Person Singularis ist.

Die Verhaftung der Schuldwahrnehmung in der Beobachterperspektive tangiert in gleicher Weise das Schuldbewusstsein der Täter. Die Schwierigkeit, sich selbst angesichts erdrückender Beweise zu seiner Schuld zu stellen, einfach sagen zu können: »Das bin ich gewesen und dafür übernehme ich die Verantwortung«, ist durch die Unfähigkeit vorgegeben, Schuld als etwas mich existentiell Betreffendes zu realisieren. Jede Zuweisung von Schuld kann mit ihrer Abweisung gekontert werden; dem neuzeitlichen Bewusstsein sind es vorzugsweise die externen Umstände und gesellschaftlichen Bezüge, auf die die Schuld der Individuen projiziert wird.

Die Erfahrungszugänge zu den erfassbaren Wirkungen der Sünde bedürfen deshalb der Entschleierung und der Erleuchtung. Für sich genommen, führen sie unweigerlich von der Erkenntnis der Sünde und damit von der Erkenntnis meiner unverwechselbar eigenen Schuld weg. Für sich genommen, lenken sie uns von der Vergebungsbedürftigkeit unseres eigenen Handelns andauernd ab. Demzufolge ist die Erleuchtung menschlicher Schuldwahrnehmung an die Erkenntnis des Glaubens gebunden. Erst wenn der Mensch auf den Boden versetzt wird, auf dem die Realität aus ihrer fiktiven Isolation von Gottes Wirklichkeit heraustritt – wenn das Gegebene in der Erkenntnis des Evangeliums in seiner ganzen, ungeschönten Erlösungsbedürftigkeit sichtbar wird –, erst dann (und nur dann!) vermag Schulderfahrung konstruktiv zu werden, verliert sie ihre Ortlosigkeit und ihre chaotische Willkür. *Sub specie crucis,* unter Christi Kreuz ist es nicht ein Zeichen des Gerichts, sondern ein Zeichen der Gnade, wenn der Mensch sich als Sünder erkennt. Denn nur, wenn er sich als Sünder erkennt, kann er sich neu empfangen als das gesuchte

8 *Nietzsche,* Zur Genealogie der Moral, in: Ders., Werke, 761–900, 799.

Gegenüber Gottes, der ihn im Namen des Gekreuzigten zum Leben bestimmt hat. Auf diese Weise relativiert sich der moralische Druck, den die alles verzeichnende Außenperspektive des Redens von Schuld auf den Menschen ausübt. Selbst essentiell auf Gottes Gnade angewiesen, wird der Glaubende auch die Fremdschuld in ihrer Verwiesenheit auf Versöhnung erfassen. Nicht mehr der Horizont unserer Tribunale, sondern der Horizont der Versöhnung Gottes leitet sein Reden von Schuld, das sich in der Erkenntnis des Unglücks unserer Sünde vertieft.

4 Schuldabwehr

Die verbreitete Klage über den Mangel an Schuldeinsicht oder gar die Vergesslichkeit des kollektiven Unbewussten verrät wenig Realitätssinn. Die – oft auch öffentliche – Konfrontation mit der eigenen Schuld wird als tiefe Demütigung erlebt, als Schande und Scham, als zerstörerisches moralisches Gericht. Wer vermag das zu ertragen? Schuldverleugnung ist – menschlich betrachtet – das Verständliche. Sie wird erst dann überwunden, wenn der Schuldner auf Vergebung hoffen darf.

Es gehört zu einer tief verwurzelten Kondition des »alten Adams«, die eigene Schuldverstrickung von sich zu weisen oder sie doch wenigstens so zu relativieren, dass die Last der Schuld erträglich wird. Um auf das eingangs gewählte Beispiel zurückzukommen: Der Unfallverursacher könnte seine Unaufmerksamkeit auf den Termindruck zurückführen, unter dem er gerade gestanden habe, auf die besondere Eile, die ihn bei jener verhängnisvollen Fahrt zur überhöhten Geschwindigkeit trieb. Oder er könnte sagen, dass er unter dem Eindruck eines Konflikts im Kollegenkreis nicht auf die Kurvenführung und den Straßenzustand geachtet habe. Schwerer wiegen in diesem Fall die Unfallfolgen: Wie wird er mit dem Sachverhalt leben, für den Tod eines Menschen verantwortlich zu sein? Es ist vorstellbar, dass ihn das Wissen um die schlimmen Folgen seiner Unaufmerksamkeit in eine tiefe Depression treibt, aus der er nur durch geduldige therapeutische und seelsorgliche Begleitung geführt werden kann. Er könnte von heftigen Bestrafungswünschen heimgesucht werden, so dass er das Gerichtsverfahren und den Schuldspruch nicht als öffentliche Demütigung, sondern als gerechtfertigte Sühneaktion erlebt, die ihm das Weiterleben erleichtert. Er könnte aber auch den Sachverhalt des durch ihn verschuldeten Todes eines anderen so von sich abspalten, dass er gerade wegen des Schuldspruchs nichts mehr damit zu tun haben muss. Das Problem wurde rechtlich reguliert; er ist bestraft worden, was will man mehr?

Inwieweit in diesem Fall Scham im Spiel ist, kann man fragen. Das Unfallgeschehen lässt sich schließlich nicht leugnen, allenfalls können entlastende Gründe für die Verantwortung des Unfallverursachers nominiert werden. Zudem handelt es sich um einen Vorgang, der trotz der mit ihm verbundenen großen Tragik von der Gesellschaft als möglich hingenommen wird und deshalb nicht als peinlich empfunden werden muss. Es ist kaum zu befürchten, dass sich der Angeklagte vor Gericht hinter einem Aktendeckel verschanzt. Insofern scheint für die Entfaltung von Schamgefühlen wenig Raum zu bleiben. Oder doch? Vermutlich wird er später die Geschichte eher mit Stillschweigen behandeln und sich auch nicht gerne an sie erinnern lassen, so dass sich hier von einem nachklappenden Schamgefühl reden ließe.

Die Tatsache, dass sich die meisten Angeklagten dem Blick der Öffentlichkeit durch den vorgehaltenen Aktendeckel oder den über den Kopf gezogenen Pullover zu entziehen trachten, sagt als solche noch nichts über die tatsächlich erfahrene Scham dieser Personen aus. Sie bestreiten nicht ihre Tat; ja, sie sind es gewesen, die die Pistole abfeuerten oder das tödliche Messer zogen. Aber davon erzählen sie eigentümlich emotionslos. Das Eingeständnis der Täterschaft ist noch kein Schuldbekenntnis. »Hab' ich mein Messer gezogen, mich umgedreht und nach ihm gestochen. Hab' nich' so sehr versucht, den umzubringen, weißt du. Hab' nur versucht, dem was beizubringen, eins zu verpassen, daß der sich an mich erinnert. Weiß nich', wie oft ich nach dem gestochen hab' insgesamt, aber wird wohl schon 'n paarmal gewesen sein [...]«[9], so beschreibt ein Mörder seine Tat. Er wird seitdem von schlechten Träumen geplagt: »Der schlechte Traum, das is' die Wirklichkeit, das is', daß ich 'n Menschen umgebracht hab'.«[10] Das könnte als ein Indiz von Trauer und Reue gelten. Aber in vielen Fällen können Menschen nicht einmal bereuen. Entweder fehlt ihnen die erforderliche Gewissensbildung, oder sie blicken auch noch mit Stolz auf die Tat zurück. Das Register der eigenen Schandtaten wird so genussvoll repetiert wie eine Leporello-Arie. Unter Strafgefangenen können sich die gesellschaftlichen Werteordnungen so umkehren, dass die »schwersten Jungs« das größte Ansehen genießen und erst der als ein richtiger Mensch gilt, der einen anderen umbrachte: »Im Gefängnis [...] hörte ich, wie man von den furchtbarsten, unnatürlichsten Handlungen, von den ungeheuerlichsten Mordtaten mit ungehemmtem, kindlich heiterem Lachen erzählte«,[11] berichtet Dostojewskij in seinen »Aufzeichnungen aus einem Totenhaus«. Die DDR-Justiz machte sich diesen Umstand zunutze, indem sie die aus politischen Gründen Inhaftierten unter die gewöhnlichen Straftäter mischte, wobei das Kalkül, dass diese die ersteren schikanieren würden, mit ziemlicher Sicherheit aufging.

Alexander und Margarete Mitscherlich haben in ihren Studien »Die Unfähigkeit zu trauern«,[12] in denen sie sich mit dem Umgang mit der deut-

9 Art. »Furchtbare Träume«. Auszüge aus *Tony Parker*, Leben um Leben – 12 Gespräche mit Mördern, in: Der Spiegel, 25/1993, 187–188, 187.

10 Ebd.

11 *Fjodor Michailowitsch Dostojewskij*, Aufzeichnungen aus einem Totenhaus, Berlin/Weimar 1968, 23.

12 *Alexander u. Margarete Mitscherlich*, Die Unfähigkeit zu trauern. Grundlagen kollektiven Verhaltens, München [13]1980.

schen Schuld nach dem Zweiten Weltkrieg beschäftigten, auf die psychologischen und sozialpsychologischen Hintergründe aufmerksam gemacht und nachgezeichnet, weshalb die Menschen von sich aus nicht in der Lage sind, sich selbstkritisch mit ihrer Schuld zu beschäftigen, weshalb sie in der Regel die Strategien der Schuldabwehr und Schuldverleugnung bevorzugen, um sich mit ihrer Lebensgeschichte zu arrangieren. Man muss sich die Frage stellen, welche Chancen zur Schuldeinsicht bei den Deutschen bestanden hatten, die 1945 aus den Trümmern krochen oder auf der Flucht waren. Alle Interessen galten dem nackten Überleben, der physischen Zukunftssicherung. Die meisten waren froh, dass der Krieg vorbei war und dass sie ihn wenigstens überlebt hatten.
Die sozialpsychologische Analytik steht hier vor einer Aporie. Einerseits arbeitet sie unbestechlich die Folgen verleugneter Schuld heraus. Andererseits aber muss auch sie einräumen, dass die Verleugnung unvermeidlich war, dass sie sozusagen als vitaler Selbstschutz des Individuums gegen die Wucht der an sich wünschenswerten Schuldeinsicht wirkte. So heißt es bei den Mitscherlichs: »Hätten [...] nicht die Abwehrmechanismen der Verleugnung, der Isolierung, der Verkehrung ins Gegenteil, des Aufmerksamkeits- und Affektentzugs vor allem, also der Derealisation, der ganzen Periode des Dritten Reiches gegenüber eingesetzt, so wäre im Nachkriegsdeutschland der Zustand schwerer Melancholie für eine große Zahl von Menschen unausweichliche Konsequenz gewesen, als Konsequenz ihrer narzißtischen Liebe zum Führer und der in ihrem Dienst gewissenlos verübten Verbrechen.«[13] Oder: »Die Schuldlast, der wir uns danach gegenübersehen, ist mit unserem für ein Fortleben unerläßlichen Selbstgefühl so wenig vereinbar, daß wir (narzißtisch verwundet, wie wir sind) Melancholie abwenden müssen.«[14]
Der Befund einer »Unfähigkeit zu trauern« bestätigt nolens volens die theologische Erkenntnis, dass Schuldeinsicht auf ein Klima der Barmherzigkeit angewiesen ist, weil nur die Zuwendung der Gnade die selbstzerstörerischen Potenzen der Schuld, ihr in Melancholie ausartendes Scherbengericht, aufzufangen vermag. Solche Melancholie setzt dem Menschen ungleich härter zu als Scham. Sigmund Freud hatte sie so beschrieben: »Die Melancholie ist seelisch ausgezeichnet durch eine tief schmerzliche Verstimmung, eine Aufhebung des Interesses für die Außenwelt, durch den Verlust der Liebesfähigkeit, durch die Hemmung jeder Leistung und die Herabsetzung des Selbstgefühls, die sich in Selbstvorwürfen und Selbstbeschimpfungen äußert und bis zur wahnhaften Erwartung von Strafe steigert.«[15] Schärfer lässt sich für die säkulare Moderne gar nicht aussprechen, dass uneingeschränkte Schuldein-

13 Ebd., 79.
14 Ebd., 58.
15 *Sigmund Freud*, Trauer und Melancholie. in: Ders., Gesammelte Werke, chronologisch geordnet, Zehnter Band, Werke aus den Jahren 1913–1917, hg. von *Anna Freud* u.a., Frankfurt a. M. [5]1969, 427–446, 429.

sicht ohne die Vollmacht zur Sündenvergebung der *conditio humana* als tödliche Bedrohung erscheint. Die Last eigener Schuld ist ohne die Gewissheit, dass Schuld vergeben werden kann, untragbar. Schuldabwehr und Schuldverleugnung, so unakzeptabel sie ist, erscheint dann – menschlich geurteilt – als der einzige Ausweg.

Auch für die Nachgeborenen ist es nicht einfach, dem Blick in die Geschichte unseres Volkes zwischen 1933 und 1945 standzuhalten. »Auschwitz gehört zur Identität Deutschlands«,[16] sagte Joachim Gauck in seiner Gedenkrede zum 70. Jahrestag der Befreiung des Konzentrationslagers und fand damit nicht nur Zustimmung. Und weiter: »Solange ich lebe, werde ich darunter leiden, dass die deutsche Nation mit ihrer so achtenswerten Kultur zu den ungeheuerlichsten Menschheitsverbrechen fähig war«.[17] Selbst eine noch so überzeugende Deutung des »schrecklichen Kulturbruchs«[18] sei nicht imstande, sein Herz und seinen Verstand zur Ruhe zu bringen. Das ist nichts anderes als eine von höchster Stelle öffentlich bekundete Scham. Ihr entsprechen die Tränen, die den deutschen Abiturienten und Polizeischülern in die Augen traten, die 2014 durch die Auschwitzgedenkstätte geführt wurden und fassungslos vor den Schandmalen der nationalsozialistischen Tötungsindustrie standen.[19] Das ist Trauer über die Unermesslichkeit einer Schuld, die sich den Kategorien unseres Begreifens entzieht. Diese Trauer müssen die Nachgeborenen aushalten, und der mit ihr verknüpfte Vorgang des Trauerns ist in der Tat identitätsbildend.

5. Unter der Verheißung des Schuldvergessens

Solange die Erde steht, werden Sünde und Schuld Themen sein, die der Menschheit zu schaffen machen. Ihre wirkmächtige Überwindung bleibt dem Reich Gottes vorbehalten. Das ist eine ebenso nüchterne wie hoffnungsvolle Ansage. Nüchtern ist sie, weil wir uns auf die Realität der Sünde einstellen müssen und ihr nicht entfliehen können. Hoffnungsvoll ist sie, weil im Reich Gottes alle Schandmale der Schuld der Vergessenheit überantwortet sein werden.

Die christliche Hoffnung gründet sich darauf, dass Gott die vom Leiden und Sterben gezeichnete Schöpfung ihrer ursprünglichen Integrität zurückgeben wird. In der neuen Welt Gottes wird jegliche Entfremdung

16 Siehe unter: http://www.bundespraesident.de/SharedDocs/Reden/DE/Joachim-Gauck/Reden/2015/01/150127-Bundestag-Gedenken.html (zuletzt abgerufen am 06. Mai 2015).

17 Ebd.

18 Ebd.

19 In der von der ARD am 26.01.2015 ausgestrahlten Reportage »Ich fahre nach Auschwitz«. Siehe http://www.ardmediathek.de/tv/Reportage-Dokumentation/Die-Story-im-Ersten-Ich-fahre-nach-Ausc/Das-Erste/Video?documentId=26101630&bcastId=799280 (zuletzt abgerufen am 06. Mai 2015).

von Gottes Liebe, jegliches Unrecht und Leid, jegliche Schuld, jegliches Böse in der Vergessenheit versinken. Man kann den Einbruch des neuen Himmels und der neuen Erde (vgl. Jes 65,17ff., Apk 21,1ff.) – das Kommen des messianischen Gottesreichs – mit einem universalen Ostermorgen für die ganze Schöpfung vergleichen. Die Schöpfung wird nicht im Nichts verglühen oder in der unendlichen Kälte der Gottesfinsternis erstarren, sie wird bei der göttlichen Wirklichkeit ankommen, die sie liebend ins Dasein rief. Die Menschheit steht unter der Zusage, dass Gott bei den Menschen wohnen und ohne Distanz *mit* ihnen sein wird, »Gott wird abwischen alle Tränen von ihren Augen, und der Tod wird nicht mehr sein, noch Leid noch Geschrei noch Schmerz wird mehr sein; denn das Erste ist vergangen« (Apk 21,4).

Hier hat die Sünde wirklich ausgespielt. Ihre Hinterlassenschaften in Gestalt der Erinnerungslandschaften menschlicher Schuld klagen uns an. Sie können uns aber nicht so anklagen, dass wir vor Gott vergehen müssten, weil wir gänzlich unbrauchbar geworden wären für das Leben in seinem Licht. Wie der sterbende Gekreuzigte die Bitte des einen Schächers um gnädiges Gedenken mit dem »Wahrlich ich sage dir: Heute wirst du mit mir im Paradiese sein« erwidert (Lk 23,43), so wird er sich jedes Menschen annehmen, der unter dem Gericht der Erinnerung zusammenbricht. Die traditionelle Angst vor dem Jüngsten Gericht, dem ein für die Lebenden ungewisser Ausgang beschieden war, darf durch die Gewissheit abgelöst werden, dass Gottes Barmherzigkeit den Widerstand des Sünders gegen die *Existenz aus Gott* überwindet. Demzufolge ist keine Schuld vorstellbar, die dem Menschen um Christi willen nicht vergeben werden könnte.

Die heutige Theologie neigt dazu, die Vorstellung vom Jüngsten Gericht zu marginalisieren. Nicht selten gewinnt man den Eindruck, dass die Verharmlosung des Gerichtes Gottes aus einer allgewaltigen endzeitlichen Versöhnungsstimmung und einer unscharfen Bestimmung der Liebe Gottes resultiert. Wir werden die Liebe Gottes nicht mit einer ignoranten Milde und lässigen Nachsicht verwechseln dürfen. Mit der Sünde der Menschen wird sich Gott weder abfinden noch aussöhnen. Das Alte muss vergehen, damit das Neue Gestalt gewinnen kann. Das Alte kann nur vergehen, indem es überwunden, indem es – gerichtet wird. So gesehen ist das Endgericht eine unumgängliche Phase beim Kommen des Gottesreichs. Hier wird das Böse endgültig verneint, das Gottwidrige in der Schöpfung und in uns Menschen zerstört, Sünde und Schuld der Vergessenheit überantwortet und der Tod (samt seinen Helfershelfern) in den Sieg verschlungen (1. Kor 15,55). Indem ich gerichtet werde, sehe ich mich im Spiegel meines Versagens, wird alles an mir, was sich Gott in den Weg stellt, aufgehoben, damit »Gott alles in allem« (1 Kor 15,28) sein kann. Derart verstanden bedeutet Richten nicht nur Recht schaffen, nicht nur Böses von Gutem scheiden, nicht nur verurteilen, sondern auch *zurechtbringen*. Rechtfertigungstheologisch gedacht: Im Gericht Gottes wird die Sünde verneint und die Schuld verworfen, aber der Sünder bejaht und schöpferisch zurechtgebracht. So kann man sagen: Indem der Herr richtet, verurteilt er und bringt gleichzeitig »zurecht«, was verwirrt, was entstellt und vom Unrecht gezeichnet war. Er trennt uns von unserer Schuld, damit wir leben können.

Diese Trennung von unserer Schuld kommt als Vergebung in unser Leben. Insofern ragt das Reich Gottes mitten in die Gegenwart hinein. Ein wesentlicher Aspekt seines Kommens besteht darin, dass sich auch hier und jetzt schon die Überlegenheit der Kraft der Versöhnung über die Macht der schuldbelasteten Vergangenheit erweisen darf. Kein Mensch kann sich selbst von der Last seiner Schuld befreien. Aber diese Befreiung kann ihm geschenkt werden.

Sie setzt ein Gegenüber voraus, das ihm vollmächtig zuspricht: »*Dir sind deine Sünden vergeben*« (Mk 2,5 parr.), eine Vollmacht, die der gekommene Menschensohn im Auftrag des Vaters für sich in Anspruch genommen (vgl. Mk 2,10; Mt 9,6) und praktiziert hat und die er seiner Gemeinde anvertraute (Mt 18,18.21ff; Apg 2,38; Eph 4,32; Kol 3,13; 1. Joh 2,12). Menschen sind ihrer Sünde nicht mächtig. Er aber nimmt sie uns weg: »Er handelt nicht mit uns nach unseren Sünden und vergilt uns nicht nach unserer Missetat [...]. So fern der Morgen ist vom Abend, lässt er unsere Übertretungen von uns sein« (Ps 103,10.12).

Das Evangelium ist der Ort, an dem diese göttliche Befreiungstat in aller unzweideutigen Klarheit offenbar wird. Der tödliche Zirkel von Schuld und Schuldverleugnung kann von den Sündern weder entwirrt noch aufgebrochen werden. Aber im Lichtfeld des Evangeliums leuchtet ein, dass Vergebung die einzige zukunftsträchtige Strategie zur Überwindung der Schuldsituation darstellt und dass sie tatsächlich von der Last der Vergangenheit befreit. In seinem ganzen Wahrheitsgehalt wird das erst begriffen, wenn sich der Sünder mit seinem Stolz fallen lässt und vom gekreuzigten Christus gehalten wird. Evangelium – so hat Luther verdeutlicht – »heißet nichts anderes, denn eine Predigt und Geschrei von der Gnade und Barmherzigkeit Gottes, durch den Herrn Christus mit seinem Tod verdient und erworben [...]«[20] – Freispruch um Christi willen, wo ein Freispruch dem menschlichen Gerechtigkeitsempfinden widerspricht. Wenn man das einsieht, wird man zu der Feststellung geführt, dass sich jede aufs Ganze gehende Erkenntnis der Schuld übernimmt, wenn sie von der Vergebungszusage des Evangeliums absieht. Man kann sich auf den Problemfeldern von Schuld und Sünde überhaupt nur bewegen, weil man davon ausgehen darf, dass in Christi Namen die menschliche Schuldsituation bereits prinzipiell überwunden ist. In Christus hat sich Gott so auf die Seite der Sünder gestellt, dass er unser verwirktes Leben zu dem seinigen macht, das Nein über die Sünde auf sich zieht, um uns

20 Vgl. WA 12, 259, Z. 8–10: »[...] heysset nichts anders, denn ein predig und geschrey von der genad und barmherzikeytt Gottis, durch den herren Christum mit seynem todt verdienet und erworben [...].«

zu Teilhabern seines sündlosen Lebens zu machen und Ja zu uns zu sagen.

Die Vergebungszusage des Evangeliums hat kein Interesse an der Schuld um ihrer selbst willen. Sie will nicht dazu anleiten, Sündenregister zu ziehen und alle erdenklichen Verfehlungen zu geißeln. Das unterscheidet sie vom Aufbegehren des Moralismus, der sich von der Offenlegung der Schuld Einsicht und Besserung erhofft, aber de facto den Mechanismen der Beschämung und der Schuldabwehr zuarbeitet. Wahrhaftige Schulderkenntnis braucht Zeit, sie bildet sich nur in einem Klima der Vergebung. Erst dann, wenn Menschen von der Last ihrer Schuld nicht erdrückt werden, können sie sich mit ihrer Schuld befassen. Man kann sogar sagen: Ohne die Gewissheit, in der Schuld angenommen zu werden – so als existierte diese Schuld eigentlich nicht –, wird kaum ein Schuldbekenntnis gelingen. Es liegt in der erklärten Versöhnungsabsicht des Evangeliums begründet, dass es beharrlich von der *vergebenen* Schuld her auf Schuld zu sprechen kommt. An moralischer Buchführung ist es nicht interessiert. Wenn keine Barmherzigkeit zu erwarten ist, bleibt den Menschen nur der Weg der Selbstrechtfertigung. Wenn jedoch die Liebe des gekreuzigten Christus zwischen uns und unsere Schuld tritt, können wir akzeptieren, dass und wie wir schuldig wurden, weil wir erfahren, dass wir nicht an unserer Schuld gewogen werden.

Die Vergebungszusage des Evangeliums will den an der Schuld verzweifelnden Menschen von den ihn erdrückenden Verkettung an seine Vergangenheit frei machen. Nur aus diesem Grund wird die Allgemeinverstrickung *jedes* Menschen in die Macht der Sünde so scharfsichtig und ungeschönt thematisiert. Und schon das ist genaugenommen ein Akt, der unter dem Aspekt von Gnade steht: Im Bewusstsein dieser Allgemeinverstrickung kann sich niemand selbstgerecht über das Versagen der anderen erheben, weil er mit ihnen in der Solidarität der Schuld existiert: »Wer unter euch ohne Sünde ist, der werfe den ersten Stein auf diese Frau« (Joh 8,7). Die Theologie *kann* so illusionslos über den Sünder urteilen, weil sie weiß, dass es keine Schuld gibt, die Gott in seinem Erbarmen dem Sünder nicht vergeben kann.

Sündenerkenntnis ist final auf die Zukunft des Sünders gerichtet. Es geht also gerade nicht um eine Dekonstruktion des Menschen und des Menschlichen, sondern um ihre Zurechtbringung. Wie kommt der Mensch in die Lage der Partnerschaftsfähigkeit gegenüber seinem Schöpfer? Die Frage Luthers nach dem gnädigen Gott lässt sich göttlich umkehren – als Frage Gottes nach dem verlorenen Partner Mensch: Wie kommt Gott zu einem Menschen, der ihn erkennt und ihn über alle Dinge fürchtet und liebt? Denn dazu ist der Mensch ja geschaffen. Vor aller Kreatur ist er dadurch gewürdigt, dass er den Schöpfer aller Dinge erkennen kann. Die Sünde hat diese Bestimmung untergraben und zerstört. Nun ist der Mensch vor aller Kreatur dadurch ausgezeichnet, dass Gott sich seiner erbarmt und ihm bis in die tiefsten Tiefen seines Elends

nachgeht. Der seine geschöpfliche Bestimmung verfehlt habende Mensch kann nun nachgerade theologisch definiert werden als diejenige Kreatur, die nur so zur Gemeinschaft mit Gott zurückfindet, dass sie ohne jedes eigene Verdienst wieder in ihr Recht gesetzt – gerechtfertigt – wird. Mit anderen Worten: Der Sünder ist regelrecht dazu bestimmt, dass ihm seine Schuld vergeben wird: »Paulus Rom 3: Arbitramur hominem iustificari fide absque operibus, breviter hominis definitionem colligit, dicens, Hominem iustificari fide.[21] [Paulus faßt in Rm 3: ›Wir erachten, daß der Mensch durch Glauben unter Absehen von den Werken gerechtfertigt wird‹ in Kürze die Definition des Menschen dahin zusammen, daß der Mensch durch den Glauben gerechtfertigt werde.]«[22]
Vergebung ist der Vorgang, der in voller Ansehung der Schuld ihr Gewicht außer Kraft setzt und den Schuldner ohne Rücksicht auf seine Schuld annimmt. Das lösende »Dir sind deine Sünden vergeben« lässt sich dann so umschreiben: Weil du, Mensch, von Gott geliebt wirst und selbst in der schroffsten Entfernung von Gott, von deinen Mitmenschen und von dir selbst um Christi willen nicht aufhörst, ein Gegenstand der Liebe deines Schöpfers und Erbarmers zu sein, wirst du mit deiner Schuld nicht identifiziert. Dir wird jetzt gesagt: *Du bist nicht deine Schuld*, und deshalb bist du angenommen. Das ist kein billiger Freispruch, der zu nichts verpflichtet und alles beim Alten belässt. Entschuldigung ist nicht mit Vergebung zu verwechseln. Während nämlich die Entschuldigung faktisch die Schuld ignorieren muss, *sieht* die Vergebung die Schuld und legt gerade so die Basis für den neuen Anfang. Sie macht das Geschehene nicht ungeschehen, aber möchte die Voraussetzungen dafür schaffen, dass sich das Geschehene nicht wiederholen kann.
Das, was den Schuldner vor sich selbst, vor den Mitmenschen und vor Gott hassenswert macht, was ihn mit Scham erfüllt, aus der Gemeinschaft herausdrängt und ihn als *persona non grata* abstempelt, wird durch das Wort der Vergebung von ihm genommen. Das Wort der Vergebung erklärt den Sünder zum geliebten Gegenüber Gottes, verwandelt die *persona non grata* in eine *persona gratis amata*, will sagen eine *persona Dei grata*. Unübertroffen hat Luther diesen Vorgang in der Schlussthese der Heidelberger Disputation erläutert: »Die Liebe Gottes findet nicht vor, sondern schafft sich, was sie liebt [Amor Dei non invenit sed creat suum diligibile].«[23] Sie verfährt also in entgegengesetzter Richtung, wie der »amor hominis«, der »fit a suo diligibile« (nur an dem entsteht, was die Menschenliebe liebenswert findet). »Darum nämlich,

21 *Martin Luther*, Disputatio de homine 1536, These 32 (WA 39/1, 176, Z. 33–35).
22 Übersetzung nach *Gerhard Ebeling*, Lutherstudien II/1, Disputatio de homine, Text und Traditionshintergrund, Tübingen 1977, 22.
23 *Martin Luther*, Die Heidelberger Disputation, These 28, in: *Horst Beintker* u.a. (Hg.), Martin Luther Taschenausgabe, Auswahl in fünf Bänden, Bd. 1: Die Botschaft des Kreuzes, Berlin [2]1983, 37 und *Martin Luther*, Disputatio Heidelbergae habita (WA 1, 354, Z. 35f. und WA 1, 365, Z. 2f.).

weil sie geliebt werden, sind die Sünder ›schön‹, nicht aber werden sie geliebt, weil sie ›schön‹ sind.«[24] Luther fügt hinzu: »Menschliche Liebe [...] flieht daher die Sünder und Bösen [Ideo amor hominis fugit peccatores, malos]. Christus jedoch sagt: ›Ich bin nicht gekommen, die Gerechten zu rufen, sondern die Sünder‹ [Sic Christus: Non veni vocare iustos, sed peccatores] [Matth 9,13].«[25]

24 *Beintker*, Taschenausgabe, 37f. Vgl. dazu den Text im Original: »Ideo enim peccatores sunt pulchri, quia diliguntur, non ideo diliguntur, quia sunt pulchri« (WA 1, 365, Z. 11f.).
25 *Beintker*, Taschenausgabe, 38 und WA 1, 365, Z. 12f.

Julia Enxing

Schuld und Sünde in Marjorie Suchockis Werk *The Fall to Violence*

Einleitung

> *Whether we like it or not, we are bound up with one another's good, woven into one another's welfare.*[1]

Der vorliegende Beitrag will einen kommentierten Einblick in die Überlegungen zu Schuld und Sünde in Marjorie Suchockis Werk *The Fall to Violence. Original Sin in Relational Theology* geben. Suchockis Auseinandersetzungen mit den Phänomenen der Schuld und Sünde basieren auf ihrem Verständnis von Gott als sich im Wandel befindenden Wesen, das die Welt zu größerer Harmonie und einem Wohlergehen aller lockt. Dieses *prozesstheologische Gottesverständnis* geht davon aus, dass Gott mit der Welt interagiert und sich von allem Seienden berühren und bewegen lässt.[2] Im Anschluss an dieses soziale Gottesbild steht die mannigfaltige »Verwobenheit«[3] unserer Lebens- und Umwelten im Mittelpunkt ihrer Überlegungen. Diese Verwobenheit führt dazu, dass die Sünde und Schuld des oder der Anderen stets einen viel größeren Kreis als die unmittelbar betroffenen Entitäten berührt. Der »Radius« von Sünde und Schuld ist also nicht auf jenen Personenkreis beschränkt, der direkt »Täter*in« oder »Opfer« im Geschehen ist. Suchocki selbst fragt, nachdem sie in der örtlichen Zeitung von einem Gewaltverbrechen in ihrer Nachbarschaft liest: »How was my world interwoven with this? Where does sin and guilt start, and where does it stop? How is it that so many *webs of violence and violation are woven into our social structures*, and if they are so woven, then do they not affect all who share in

1 *Marjorie Suchocki*, The Fall to Violence. Original Sin in Relational Theology, New York 1994, 105; *dies.*, Original Sin Revisited, in: Process Studies 20/4 (1991), 233–243, 239.

2 Vgl. hierzu *Julia Enxing*, Gott im Werden: Die Prozesstheologie Charles Hartshornes (Ratio fidei 50), Regensburg 2013; *dies. / Klaus Müller*, Perfect Changes. Die Religionsphilosophie Charles Hartshornes (Ratio fidei 47), Regensburg 2012; *dies.*, Anything flows? Das dynamische Gottesbild der Prozesstheologie, in: Herder Korrespondenz 68/7 (2014), 166–170; *Suchocki*, Sin in Feminist and Process Thought, in: *Terence E. Fretheim / Curtis L. Thompson*, God, Evil, and Suffering: Essays in Honor of Paul R. Sponheim (Word & World Supplement Series 4), St. Paul 2000, 143–153.

3 *Suchocki*, The Fall to Violence, 12 (Übersetzung J.E.).

society? Am I not also a participant in these structures, even through my passivity? [...] Where does sin start and stop; where does guilt start and stop?«[4]

1 Sündig sind die Verhältnisse und Strukturen, in die wir hineingeboren werden und an denen wir partizipieren. Schuld entsteht dort, wo keine Verantwortung zur Überwindung dieser Strukturen übernommen wird

Suchockis Ansatz lässt eine Unterscheidung von Sünde als Fehltat vor Gott und Schuld als Fehltat vor Mitgeschöpfen nicht zu. Vielmehr differenziert sie beide Begriffe wie folgt: Unter *Sünde* ist das Verstrickt-Sein in und Bewegt-Sein von Üblem zu verstehen; *Schuld* bezeichnet einen verantwortungslosen Umgang damit: »Guilt, then, is associated with control, which is itself associated with the freedom of alternative choices. But sin and guilt are not necessarily co-terminous; one is implicated in sin prior to being implicated in guilt. While sin is participation in the ill-being of others, guilt involves the possibility of control over that participation.«[5]

1.1 Sünde und Böses

Einer näheren Explikation des Sünden- bzw. Schuldverständnisses Suchockis schalte ich ihre Unterscheidung von Sünde versus Böses vor, die sie im letzten Teil von *The Fall to Violence* darlegt und die mir als Grundlage für das Folgende wichtig scheint.
Während unter Bösem oder Übel eine »impersonale Kraft des Schicksals«[6] verstanden wird, enthält Sünde eine personal-menschliche Kategorie. Sündige Taten werden im Unterschied zum Übel durch Menschen herbeigeführt. Bezeichnet man etwas als Sünde, so drückt man damit aus, dass es »nicht hätte der Fall sein müssen«[7], dass also durchaus Alternativen zur sündigen Tat bestanden hätten.

1.2 Freiheit

Voraussetzung dafür, eine Tat als sündig zu bezeichnen, ist die Annahme, dass unsere Handlungen in Freiheit – also selbstbestimmt – vollzogen werden.[8] Eine *relationale Theologie*, wie sie Suchocki entwickelt,

4 Ebd. (Hervorhebung J.E.).
5 Ebd., 135. – Vgl. *dies.*, Original Sin Revisited, 238.
6 *Dies.*, The Fall to Violence, 130 (Übersetzung J.E.).
7 Ebd. (Übersetzung J.E.).
8 Vgl. ebd.

setzt unsere Freiheit und Freiwilligkeit im Handeln voraus. Das Moment der Anerkennung ist eng verknüpft mit der Übernahme der Verantwortung oder Teilverantwortung für etwas. Eine Welt, die aus einem Netzwerk und einer Vielfalt an Beziehungen besteht, die unser bewusstes Fassungsvermögen bei Weitem übersteigen, setzt die Möglichkeit einer Reaktion auf diese Beziehungen voraus. Die englische Sprache drückt mit ihren Termini für Antwort (response) und Ver-antwortung (responseability) das Gemeinte anschaulich aus. Es geht um die Fähigkeit (ability) zu antworten als Voraussetzung für die Übernahme von Verantwortung. Unser Handeln und ebenso unsere Antworten auf das Handeln anderer müssen somit als frei(willig) angenommen werden; wobei die Indeterminiertheit unserer Handlungen nicht bedeutet, dass diese frei von Beeinflussung und Manipulation wären.[9] Es ist hierbei von Bedeutung, dass Freiheit nur gegenwärtiges Handeln betreffen kann. Freiheit und Freiwilligkeit können niemals auf die Vergangenheit angewandt werden, da diese nicht mehr verändert werden kann und somit aus gegenwärtiger Perspektive gesetzt ist. Ebensowenig kann Freiheit unser zukünftiges Entscheiden und Handeln beschreiben, da die Zukunft nur aus Möglichkeiten, nicht aber aus Wirklichkeiten besteht. Dass etwas frei ist, kann demnach nur von Aktualem, von wirklich (und nicht möglich) Existierendem ausgesagt werden.[10]

1.3 Sünde, Schuld und Schuldgefühle

Unter Schuld versteht Suchocki ein »Konzept, das nicht nur zur Freiheit in Beziehung steht, sondern auch zu Kontrolle und einem Überschreiten von Grenzen«[11]. Hierbei darf *schuldig zu sein* bzw. *Schuld zu haben* keinesfalls mit *sich schuldig fühlen* oder *Schuldgefühle haben* gleichgesetzt werden. Eindrückliche Beispiele sind Fälle, bei denen von Inzest betroffene Kinder schildern, dass sie sich für die an ihnen begangene Gewalttat schuldig fühlen.[12]

9 Vgl. ebd., 132f.

10 »Freedom is not a quality particularly pertaining to the future, for that future has only possible, not actual, existence. Possibilities themselves exercise no freedom; they simply are what they are. Likewise, an examination of the past will not reveal freedom, for the past is the record of what was done with freedom as it itself became a determining influence for its successors« (*Suchocki,* The Fall to Violence, 133).

11 Ebd., 134 (Übersetzung J.E.).

12 Vgl. ebd., 138. – *Schaumberger* hingegen verweist – in Anlehnung an *Audre Lordes* Werk – auf eine andere Dimension von Schuldgefühlen, die Lorde als »Ausdruck von Impotenz« beschreibt. Durch Schuldgefühle würden insbesondere Frauen am Handeln gehindert. Schuldgefühle hätten deshalb oft eine Lethargie zur Folge, die vom eigentlichen Aktiv-Werden abhält (vgl. *Christine Schaumberger*, Subversive Bekehrung, in: *Dies. / Luise Schrottroff* [Hg.], Schuld und Macht. Studien zu einer feministischen Befreiungstheologie, München 1988, 153–288, 158). – Ebenfalls zu beachten ist *Regine Reichweins* Warnung vor der Verwechslung von Schuldgefühl

Schuld bzw. »personale Sünde« ist davon allerdings zu differenzieren. Sie besteht dort, wo sündige Strukturen – von Suchocki als »Ursünde« bezeichnet – nicht durchbrochen werden und Unrecht sich immer weiter reproduziert.[13] Suchocki verweist auf folgendes Paradox: Das Überwinden von sündigen Strukturen bedeutet häufig auch ein *Überschreiten von Grenzen*, die uns von außen gesetzt wurden. Beispielsweise gehöre es zu einem sündigen System, dieses nicht zu entlarven und nicht anzusprechen, was hieran sündig ist.[14] Überschreitet man nun notwendigerweise diese gesetzte Grenze, so kann es zu Schuldgefühlen kommen, die – wie bereits betont wurde – jedoch nichts mit der ontologischen Wirklichkeit einer Schuld zu tun haben. Dennoch birgt der Schmerz, den diese Gefühle auszulösen vermögen, die Gefahr, sich ihrer zu entziehen bzw. sich nicht auf diese einzulassen und somit aus Angst vor Schuldgefühlen in der wahren Schuld – nämlich in der Weigerung der Überwindung des Systems oder des Aussteigens aus diesem System – zu verharren.[15]
Suchocki zieht das Beispiel des Kindes heran, das dadurch an Sündigem teilhat, indem es in ein Umfeld hineingeboren wird, das in krankmachende Strukturen verwickelt ist. Dieses Kind ist deshalb noch nicht schuldig, da Schuld mit freiem Handeln und der Möglichkeit der Kontrolle zusammenhängt, beides jedoch bei einem Neugeborenen nicht ausreichend vorhanden ist. »Guilt evolves from the growth into greater freedom at a later stage in human development.«[16] Die Aufgabe dieses Menschen besteht dann darin, im reiferen Stadium die krankhaften Bedingungen zu überwinden und aus dem problematischen Wertsystem herauszufinden, in das es hineingeboren wurde. Kommt es jedoch nicht zu einer Überwindung dieser Strukturen, so lädt dieser Mensch Schuld auf sich.[17] Dadurch, dass das Überwinden von sündigen Strukturen immer auch bedeutet, ein Wertsystem zu überwinden, das die eigene Persön-

und Sühne (vgl. *Regine Reichwein*, Schuld als Sühne und andere Mißverständnisse. Beiträge zur Aufrechterhaltung patriarchaler Strukturen, in: *Eveline Valtink* [Hg.], Mütter und Töchter. Über die Schwierigkeiten einer Beziehung und die Bildung weiblicher Identität [Hofgeismarer Protokolle 241], Hofgeismar 1987, 111–160, bes. 130).

13 »*Original Sin* is the condition whereby, regardless of consent, we participate in and/or contribute to ill-being« (*Suchocki*, The Fall to Violence, 139; vgl. 137 [Hervorhebung J.E.]).

14 Bereits das Ansprechen eines Missverhältnisses sei ein erster Schritt aus der Schuld heraus, da hierdurch bereits Kontrolle und Verantwortung übernommen werde. – Vgl. *Rosemary R. Ruether*, Sexismus und die Rede von Gott. Schritte zu einer anderen Theologie, Gütersloh 1985, 193.

15 Vgl. *Suchocki*, The Fall to Violence, 141f. – Beachte: Suchocki negiert nicht, dass es echte und angemessene Schuldgefühle gibt. Sie warnt jedoch vor einer unzulässigen Gleichsetzung von Schuldgefühlen und Schuld.

16 Ebd., 135f.

17 Vgl. ebd., 136f.

lichkeit geprägt hat, kann dieses Transzendieren auch als »self-transcendence«[18] bezeichnet werden.
Die *strukturelle Sünde* wird dann zur *personalen Sünde*, wenn es zu keiner Infragestellung des sündigen Systems kommt. Die Weigerung, aus der eigenen Freiheit heraus Verantwortung und Kontrolle zu übernehmen, bezeichnet Suchocki demnach als Schuld: »I suggest that such ingrained attitudes of passive acceptance of a great social evil create the substructure that supports the horrors of torture and lynching when and where they occur. It is analogous to the one hundred stories of a building supporting the existence of the one hundred and first story. It is sin, and entails guilt. It is *original sin*, in that it is pre-given structure of ill-being through which we view the world, inherited as the very stuff that forms the world *as* world. It becomes *personal sin* when, having the ability to question the structure, we fail to do so, and thus support and perpetuate the structure. The freedom to question introduces the reality of *guilt*.«[19]
Suchockis Definitionen von Sünde in Abgrenzung zu Schuld zielen auf ein *Sündenverständnis* im Sinne der *strukturellen Sünde*, während ihr *Schuldverständnis* eine deutliche Nähe zum oftmals als *personale Sünde* beschriebenen Phänomen aufweist.[20]

2. Sünde ist keine allein gegen Gott gerichtete Tat, sondern betrifft immer ein Netz an Lebendigem

Suchocki führt sieben Gründe an, die die Gefahr verdeutlichen, die von einem Verständnis der Sünde als primär Gott betreffende Fehltat ausgehen:
Erstens: Wenn Sünde als Vergehen an Gott definiert wird, dann suggeriert dies eine Gottheit, die Gebote aufstellt und die Einhaltung bzw. Verletzung derselben überwacht. Eine Tat ist also insofern schlecht, als dass sie Gottes Gebote verletzt. Gott wird somit als gesetzgebend und über Gut und Böse richtend begriffen. Weiterhin erweckt ein solches Verständnis den Eindruck, als ob es klare Grenzen zwischen Gut und Böse gibt und es allein von unserem Willen abhängt, diese einzuhalten. In solch einem Verständnis werden kulturell und sozial bedingte Regeln aber allzu schnell als von Gott gegeben oder gewollt interpretiert. Eine solche Fehlinterpretation, in der die Mächtigen ihre Gesetze als vermeintlich gottgegebene ausgeben, muss jedoch möglichst verhindert werden, denn dies führt zu einer vorschnellen und leicht zu missbrauchenden moralischen Verurteilung »im Namen Gottes«.[21] Weiterhin ist es absurd, davon auszugehen, dass Schuld oder Sünde die Verletzung

18 Ebd., 141.
19 Ebd., 137; vgl. 138 (Hervorhebung J.E.).
20 Ebd., 135.
21 Vgl. ebd., 17.

von göttlichen Zielsetzungen ist. Auch manche Prozesstheolog*innen tendieren fälschlicherweise dazu, Sünde als die Verletzung von Gottes »initial aim«[22] zu deklarieren. Gottes Absichten für die Schöpfung sind allerdings nie abstrakt und unabhängig von der Gott-Welt-Beziehung zu denken, sondern stets in ihr verortet. Zum einen setzt Gott keine einseitig bestimmten Ziele, die es zu erreichen gilt, da ein relationales Gottesverständnis zwar von einer Beeinflussung Gottes auf die Schöpfung ausgeht, diese Beeinflussung jedoch ausschließlich im Kontext der Gott-Welt-Interaktion stattfindet – und zwar in Form eines göttlichen Lockens, das auf die Mitarbeit der Geschöpfe angewiesen ist. Weiterhin gibt es nicht das »eine Ziel« für die Schöpfung, sondern die Gott-Welt-Beziehung ist von einer Komplexität, die es nicht erlaubt, zwischen dem einen Guten und dem einen Bösen zu unterscheiden.[23] Es gibt unzählige Güter und ebenso unzählige schlechte Wege[24]: »God's guidance is not over and above the situation, but in and through the situation. Thus the limitations that God gives are constructive and flexible limitations rather than restrictive limitations; they are limitations that are contextualized in and through our world. The adaptation rather than adoption of God's aim is not necessarily a clear option, so that adaptation as opposed to adoption cannot automatically be construed as sin.«[25]
Zweitens besteht dort eine Gefahr, wo die herrschenden Verhältnisse als von Gott gewollte verstanden werden. Hier entsteht kein Engagement gegen Benachteiligung. Ungerechtigkeit und Unterdrückung zu bekämpfen wird dann schnell als »rebellion against God«[26] stigmatisiert.

22 *Dies.*, Sin in Feminist and Process Thought, 148; *dies.*, The Fall to Violence, 57.
23 Vgl. ebd., 57–59. – Vgl. auch folgende Zitate: »Thus God's creative acts in the world are influential rather than deterministic, and one can presume that influential acts are not intended to be deterministic. Hence one concludes that God builds no essential requirement for absolute conformity into influential aims. Thus deviation from the initial aim alone cannot constitute sin« (ebd., 58). »The aims of God are contextual, mediated through God's feelings of the world, and thus there is no necessity that either clarity or purity be mediated through God's creative influence upon the world. In some cases even conformity to the aim of God embroils one in evil. How, then, can simple deviation from God's aim constitute sin?« (ebd., 59).
24 *Suchocki* führt an dieser Stelle ein Beispiel aus dem Film *Sophie's Choice* (*Alan J. Pakula*, 1982) an: Der Film spielt im Zweiten Weltkrieg. Als Sophie im Konzentrationslager ankommt, wird sie aufgefordert zu entscheiden, welches ihrer beiden Kinder vergast werden soll und welches ins Lager soll. Für den Fall, dass sie eine Entscheidung verweigert, würden beide Kinder sofort getötet werden. Suchocki schließt der Schilderung folgende Fragen an, mit denen sie verdeutlicht, dass es in Sophies Fall unmöglich ist, von einer richtigen und einer falschen Entscheidung zu sprechen. Die Frage, welche der Entscheidungen die sündige wäre, lässt sich nicht stellen. »What kind of an ›aim‹ could God provide Sophie at such a point, and how would one judge a ›sinful‹ response? Does Sophie sin if she chooses her daughter instead of her son, or her son instead of her daughter? What could sin as ›deviation from the aim of God‹ possibly mean for Sophie in such a moment of horror?« (ebd.).
25 Ebd., 60.
26 Ebd., 17.

Drittens muss bedacht werden, dass ein Verständnis, das Sünde als Vergehen gegen Gott definiert, nicht mehr zwischen unterschiedlichen Qualitäten von Sünde zu differenzieren vermag. Die Verantwortung der Sünde und der Umgang mit dieser werden somit »zu Gottes Sache« und führen zu einer unverhältnismäßigen und nicht gerechtfertigten Gleichsetzung von Vergehen.

Viertens werden auch die »Opfer« von Sünde an Gott verwiesen, womit sich das Umfeld erneut verweigert, (soziale) Verantwortung wahrzunehmen.

Fünftens warnt Suchocki vor einer unzulässigen Hierarchisierung, die durch ein falsches Sündenverständnis entsteht und Sünde gegen Gott als »schlimmeres« Vergehen ansieht als den Aufstand gegen die Schöpfung – und Fehltaten gegenüber Menschen als gravierender als ein Vergehen an der übrigen Schöpfung. Menschen stellen sich somit über Gottes Schöpfung, anstatt sich als Teil dieser zu begreifen, was erneut dazu führt, dass sie nicht die ihnen zugewiesene Verantwortung für die ganze Schöpfung übernehmen, da diese vermeintlich *für sie* da ist.

Sechstens führt genau diese unzulässige Trennung und Stufung zwischen Gott – Mensch – Schöpfung dazu, dass im Menschen, der »Krone der Schöpfung«, hybrische Züge geweckt werden, die die Gottähnlichkeit des Menschen über Gebühr betonen. Suchocki nennt dies die »Selbst-Vergöttlichung des Menschen« und verdeutlicht, dass solch ein Verständnis eine »Einladung zum Sündigen« bedeutet.[27]

27 Ebd., 18 (Übersetzung J.E.). – Vgl. auch bei *Schottroff*: »Mit dieser Hybris ist die herrscherliche Anmaßung dessen gemeint, der annimmt, niemand [sic!] mehr über sich zu haben« (*Schottroff*, Sünde/Schuld [Neues Testament], in: *Elisabeth Gössmann* u.a. [Hg.], WFT, Gütersloh 1991, 385–387, 386). – Vgl. *Evi Krobath*, Sünde/Schuld (Feministisch-theologische Diskussion), in: *Gössmann* u.a. (Hg.): WFT, 387–390, 388. – *Schaumberger* verweist auf *Judith Plaskow* (Sex, Sin and Grace. Women's Experience and the Theologies of Reinhold Niebuhr and Paul Tillich, Lanham/London 1980), die sich gegen ein Verständnis von Sünde als Hybris wehrt: »Judith Plaskow weist die Benennung der Sünde als Hybris, Stolz, Selbstüberhebung für Frauen zurück. Selbst wenn Frauen diese Haltungen einnehmen, seien das sekundäre Erscheinungen. Dagegen charakterisiert sie die Frauensünde als Selbstverleugnung und Passivität, als Unfähigkeit, sich selbst zu bejahen. Sie kritisiert daher, dass Niebuhr zum Beispiel mit seiner Definition von Sünde – in religiöser Dimension – als Rebellion gegen Gott und – in moralischer Dimension – als Stolz nicht nur Frauensünde nicht in den Blick nimmt, sondern daß er gerade die Sünde von Frauen in ein christliches Ideal verkehrt – eine idealisierende Sichtweise, die sicher viele Frauen teilen. Gegen Niebuhrs Behauptung, daß Sünde immer eine aktive Dimension aufweise, die darin bestehe, sich von Gott abzuwenden und das Selbst an die Stelle Gottes zu setzen, wendet sie ein, dass Stolz keine angemessene Benennung für diese Dynamik der Abkehr von Gott ist. Bei der Frauensünde gehe die Abkehr von Gott als Abkehr von der Verantwortlichkeit gegenüber Gott und sich selbst mit Selbstverleugnung und Aufgehen im Alltäglichen einher« (*Schaumberger*, Subversive Bekehrung, 173). –*Klaus Blümlein*, Mündige und schuldige Welt. Überlegungen zum christlichen Verständnis von Schuld und Mündigkeit im Gespräch mit Paul Tillich und Karl Rahner (Forschungen zur systematischen und ökumenischen

Das *siebte* Argument richtet sich gegen die Übersetzungsleistung, die aufzubringen wäre, würde Sünde als Vergehen an Gott begriffen werden. In einer säkularen Gesellschaft, in der »Gott« oft als »fremd« anstatt als »identitätsstiftend« verstanden wird, ist es schwer, mit der Übertretung der göttlichen Gebote zu argumentieren. Zum einen würde dies ein Interesse für das voraussetzen, was unter dem »Willen Gottes« zu verstehen ist. Zum anderen impliziert es ein Bewusstsein über die mit der Sünde herbeigeführte Verletzung Gottes und der Gott-Mensch-Beziehung. Wo eine solche aber nicht aktiv gelebt wird, verliert dieses Sündenverständnis schnell seine Bedeutung.[28]

3 Da die gesamte Schöpfung Teil Gottes ist, verletzt jeder Aufstand gegen die Schöpfung Gott.

Aufgrund der Schwierigkeiten, die hier in aller Kürze dargestellt wurden, plädiert Suchocki für ein Verständnis von Sünde als *Aufstand gegen die Schöpfung*. Nochmals soll betont werden, dass ihr Verständnis mit einer starken Gott-Welt-Relationalität einhergeht, wodurch Gott ebenfalls in der Schöpfung präsent ist und somit Sünde nicht ohne ihre gottverletzende Dimension denkbar ist. »While the focus is on the violation of creation, in a relational universe the violation of creation is *also* a violation of God. If God feels the effects of every sin, then every sin is not only against creation, it is against God as well. Therefore, sin as rebellion against creation necessarily entails sin against God.«[29] Hierbei soll betont werden, dass ein*e Täter*in deshalb sündig ist, weil die Verletzung der Geschöpfe immer auch Gott verletzt. Die Sünde ist jedoch nicht deshalb Sünde, weil sie ein Vergehen an Gott ist, sondern ein Vergehen an der Schöpfung. Suchockis folgendes Zitat bringt das Dargelegte auf den Punkt: »Thus the nature of sin is primarily defined in relation to the well-being of creation, and not simply on the basis of an authoritarian command of God. Sin is rebellion against creation, violating the world's well-being. In so doing, it also necessarily violates God's well-being. The suffering of the world entails the suffering of God.«[30]
Das Netz von Gewalt, Sünde und Schuld lässt sich nicht auf einen bestimmten Aktionsradius beschränken; die Grenzen sind vielmehr fließend, sie umfassen ganze Mikro- und Makrosysteme.[31] Entscheidend ist hierbei, dass auch Gott nicht ausgegrenzt ist. Im *panentheistischen* Verständnis ist die Welt Teil Gottes, ohne dass Gott jedoch in der Welt voll-

Theologie 30), Göttingen 1974, 76f. – Vgl. *Suchocki*, Sin in Feminist and Process Thought.

28 Vgl. *dies.*, The Fall to Violence, 18f.

29 Ebd., 48; vgl. 57.

30 Ebd., 63.

31 Vgl. *dies.*, Original Sin Revisited, 238.

ständig aufgehen würde. Gott und Welt sind nicht identisch, vielmehr ist Gott mehr als die Welt. Eine relationale Theologie denkt das Gott-Welt-Geschehen als reziprokes Beziehungsgeschehen. Aufgrund der authentischen Gott-Welt-Beziehung ist Gott vom Weltgeschehen beeinflusst und berührt.[32] Unsere Schuld trifft daher immer auch Gott – sowohl unser Schuldigwerden als auch die Verletzungen, die uns durch andere zugefügt werden. Wir werden dann schuldig, wenn wir Anteil an »unnötiger Gewalt« haben – sei es durch eine aktive Mittäter*innenschaft oder durch unsere Absicht dazu – und so zur Schlechtigkeit der Welt beitragen.[33] Von besonderer Bedeutung ist, dass es keine Tat – und somit auch keine Fehltat – gibt, die Gott nicht tangiert. Im Gegenteil, in Gottes Relationalität und Interaktion mit der Welt ist Gott *immer auch* mitleidend: »I do not thereby assume that sin has no effect on God. Quite to the contrary; in a process-relational world, it is impossible for God not to be affected by that which happens in the world, be it sin or saintliness. I see this as a reversal of the tradition: rather than rebellion against God being the primary sin that engenders all others, I see rebellion against creation as the fundamental sin. Since God must experience the world, violence in creation also entails violence against God.«[34]

4 Besteht Gottes Ziel für die Schöpfung in dem Idealzustand des »allumfassenden Wohlergehens aller Kreaturen«, so gibt es kein Ohne-Sünde-Sein.[35]

Im Folgenden geht es darum, das angedeutete Kriterium zur Identifizierung von »Sünde« näher zu bestimmen. Suchocki schlägt als Kriterium ein »inclusive well-being«[36], d.h. ein »umfassendes Wohlergehen« vor. »Umfassend« beschreibt in diesem Kontext, dass das Kriterium des Wohlergehens aufgrund der Gott-Welt-Relationalität sowohl die Welt betrifft als auch Gott bzw. die Interdependenz innerhalb der Welt, in Gott und in der Gott-Welt-Beziehung.[37] Suchocki bedenkt hierbei, dass es sich im üblichen Sprachgebrauch von Wohlergehen nicht um einen

32 Vgl. *Enxing*, Gott im Werden; bes. Kap. 4; *dies.*, Perfect Changes; *dies.*, Anything Flows.

33 Vgl. *Suchocki*, The Fall to Violence, 12; 48.

34 Ebd., 13.

35 *Suchocki* bringt es auf den Punkt: »There simply are no innocents« (ebd., 149); vgl. 147–154. – Vgl. auch Suchockis Aussage: »The question is not whether one will sin, but how, when, and where« (ebd., 164).

36 »... all shall be well« (ebd., 66, 72 u.ö.). – Suchocki leitet ihr Verständnis von »umfassendem Wohlergehen« von der englischen Mysterikerin *Julian of Norwich* (1342–1413) her. Sie zitiert den berühmten Satz aus Julians Offenbarungen (Revelations of Divine Love): »That all shall be well, and all shall be well, and all manner of things shall be well« (ebd., 67; 73; 165).

37 Vgl. ebd., 66f.

kulturübergreifenden Begriff handelt. Was ein*e Bürger*in der westlich-weißen-Welt als Wohlergehen beschreiben würde, kann unter Umständen sehr weit von dem entfernt sein, was ein*e Bürger*in des globalen Südens hierunter versteht. Soll »umfassendes Wohlergehen« als Kriterium zur normativen Bestimmung von Sünde dienen, so muss ein Konsensbegriff herbeigeführt werden. Suchocki schlägt folgende Minimaldefinition vor, die sie sogleich erweitert: »The vision of well-being speaks minimally of a human world where the basic essentials for existence such as nourishment and shelter are available, and are also supplemented by the opportunity for labor, meaning, and emotional nourishment. While such a description of well-being most clearly has reference to the human community, the ›all‹ of the ›shall be well‹ goes beyond the human sphere to the whole range of interdependent existence, both organic and inorganic. The ›all‹ is comprehensive.«[38] Obwohl hier ein Versuch einer Minimaldefinition unternommen wird, ist dieser doch zugleich immer zu relativieren, da stets mitbedacht werden muss, dass es keine für alle existierenden Entitäten gültige Definition von Wohlergehen geben kann, da jede Entität nur befähigt ist, Wohlergehen aus ihrer subjektiven Perspektive zu beschreiben und somit gerade die Inklusivität des Begriffs nie befriedigt werden kann. Dies ist insofern tragisch, als dass gerade diese Allumfasstheit, die Interdependenz des Weltgeschehens im Fokus dieses Begriffs von Wohlergehen stehen soll.[39]
Suchocki weist jedoch darauf hin, dass ihr modifiziertes Sündenverständnis, dass die Schöpfung in den Vordergrund rückt, Hand in Hand mit einem modifizierten Kriterium für Sünde geht. Wird Sünde als Verletzung Gottes verstanden (im herkömmlichen Sinn), so muss gefragt werden: Hat diese Handlung (dieser Gedanke) Gott verletzt? Wird sie hingegen in erster Linie als Verletzung der Schöpfung (und dadurch immer auch als Verletzung Gottes, aber eben erst *dadurch*) verstanden, dann lautet die Frage: Hat diese Handlung (dieser Gedanke) die Schöpfung verletzt?

Es wird deutlich, dass im Zentrum des Kriteriums für Sünde, wie es Suchocki beschreibt, das unendliche Vernetzt-Sein aller Entitäten steht. Wohlergehen kann somit nur perspektivisch formuliert werden. Es kommt aber darauf an, dass Wohlergehen in jedem Fall nicht von einem Einzelding abhängt und nicht nur ein Einzelding betreffen kann, sondern jedes Netzwerk involviert und somit nicht zu begrenzen ist.[40] Sie ver-

38 Ebd., 67.
39 *Suchocki* formuliert treffend: »Interdependence is the very stuff of life. [...] Loving emotional interdependence is the stuff that makes for spirit; its lack is the stunting or perversion of spirit« (ebd., 69). – Vgl. auch: *dies.*, Sin, in: *Letty M. Russel / J. Shannon Clarkson*: Dictionary of Feminist Theologies, Louisville (KY) 1996, 261–262.
40 Unsere Relationalität sei nicht zu begrenzen, so *Suchocki*, sondern stelle uns mit dem gesamten Universum in Beziehung (vgl. *dies.*, The Fall to Violence).

deutlicht dies am Fall des Menschen: Ob es uns wohl ergeht, hängt nie nur von uns alleine ab. Wir leben in einem durch unzählige Wechselwirkungen bestimmten Umfeld, das beispielsweise davon beeinflusst ist, ob wir uns in unserer Umgebung sicher fühlen oder ob wir Angst haben müssen. Fehlt dieses Vertrauen in die Sicherheit unseres Umfelds, so können wir nicht mehr von Wohlergehen (im umfassenden Sinne) sprechen. Unser Wohlergehen ist somit verletzt, »[a]nd the violation of well-being is sin«[41].

Der Begriff des Wohlergehens ist jedoch von höchster Komplexität, selbst wenn die Sichtweise desjenigen berücksichtigt wird, nach dessen Wohlergehen gefragt wird. Gesteht man allen Entitäten ein Recht auf Wohlergehen zu, so kollidieren schnell unterschiedliche Wertsysteme. Während es Menschen beispielsweise nicht wohl ergeht, wenn sie von einem bestimmten Bakterienstamm befallen sind, mag es dem Bakterienstamm in diesem Fall außerordentlich wohl ergehen. Wessen Wohlergehen ist hier relevanter? Würde eine Priorisierung des Wohlergehens des Menschen nicht das Bemühen um die Gleichwertigkeit aller Geschöpfe nachträglich zerstören? Suchocki kommt es zunächst darauf an, ein Bewusstsein für diese Spannung zu evozieren. Somit wird aber auch deutlich, dass es sich bei dem Kriterium des »allumfassenden Wohlergehens« um einen *Idealzustand* handelt, der nicht erreichbar ist. Worauf es ankommt, ist, die Grenzen des Wohlergehens nicht derart abzustecken, dass sie ausschließlich menschliches Wohlergehen schützen. Auch die Gefährdung oder Verletzung des Wohlergehens anderer Entitäten ist schuldhaft. Natürlich haben wir – selbst als komplexe Lebewesen – nicht die Möglichkeit, das Wohlergehen aller Entitäten im Blick zu haben. Für gewöhnlich achten wir jedoch zu sehr auf unser eigenes Wohlergehen – zumeist auf Kosten anderer![42]

5 Die schuldhafte Solidarität im Sündig-Sein kann nur durch eine solidarische Verantwortungsübernahme transformiert werden.

Suchockis Schuld- bzw. Sündenbegriff ist eng mit ihrem Verständnis von Macht- und Gewaltausübung verbunden. Hierbei bezieht sich Suchocki vornehmlich auf jene Fälle, in denen physische oder psychische Gewalt hätte verhindert werden können.[43] Sie macht in diesem Zusammenhang ebenso auf das Schöpfungsverständnis relationaler Theologien aufmerksam, das nicht von einer *creatio ex nihilo* ausgeht, sondern von einer *creatio ex profundis et continua.* Die Idee, dass Gott aus dem Nichts geschaffen hat, muss erklären, wieso Gott gewalttätige Strukturen

41 Ebd., 70. Umgekehrt gilt auch: »the individualization of sin is the trivialization of sin«. – Vgl. *dies.*, Original Sin Revisited, 233.
42 Vgl. *dies.*, The Fall to Violence, 73.
43 Vgl. ebd., 85f; 101.

in den Menschen hineingelegt hat, die dann zur Übertretung der göttlichen Gebote, d.h. zu Schuld und Sünde führen. Das Postulat, welches die Möglichkeit der Gewaltausübung mit dem höheren Gut der Freiheit korreliert und somit Unheil mit dem Wert geschöpflicher Freiheit zu rechtfertigen sucht, ist nach Suchocki nur eine vermeintliche Lösung, die herangezogen werden musste, um Gottes Unschuld am Schuldgeschehen der Welt aufrechtzuerhalten.

Suchockis relationales Schöpfungsgeschehen negiert die Möglichkeit eines unilateralen Eingreifens Gottes in die Schöpfung und spricht stattdessen von einem permanenten Locken, Überzeugen und Interagieren zwischen Gott und Schöpfung. Das kontinuierliche Schöpfungsgeschehen ist als ein dreiseitiges zu verstehen: Zum einen nimmt die Vergangenheit Einfluss auf das, was in der Gegenwart entsteht bzw. entstehen kann; zum anderen lockt Gott die Kreaturen gemäß Gottes (grobem) Plan für die Schöpfung und kann einzelne Handlungen aufgrund von Gottes bestmöglichem Überblick in ausgezeichneter Weise ab- und einschätzen. Gottes Vision und Hoffnung für die Zukunft beeinflussen also ebenfalls die gegenwärtigen Aktionen. Der dritte Faktor, der über das gegenwärtige Geschehen mitentscheidet, ist die Reaktion einer jeden Entität auf eben diese Einflüsse von Vergangenheit und Gegenwart. Es wird deutlich: Von einem einseitigen Schöpfungsgeschehen Gottes wird Abstand genommen zugunsten eines in höchstem Maße durch die reziproke multilaterale Beziehung bestimmten Geschehens, in der jedes Individuum steht.[44] Gott hat demnach teil am Sündigen und Schuldigwerden der Schöpfung, ohne dafür verantwortlich zu sein oder es bewirkt zu haben. Vertreter*innen der creatio ex nihilo stehen streng genommen nach wie vor vor der Frage, wie es bei einer unilateral bewirkten Schöpfung eines guten Schöpfergottes sein kann, dass dem Menschen die Möglichkeit zu Gewalt und Widerstand gegen den göttlichen Plan implementiert ist.[45]

Suchocki stellt den Begriff von »Solidarität« in einen engen Zusammenhang mit ihrem Sünden- bzw. Schuldverständnis. Interessant ist hierbei, dass ihr Verständnis von »Solidarität« in erster Linie auf die negative Macht des Sündigens verweist. Hierbei geht es ihr vor allem um die negativen Strukturen, also die Vernetzung der gegenseitigen Sündigkeit, die uns in immer weitere Sündenzusammenhänge verstrickt, statt uns aus diesen zu befreien.

44 Vgl. ebd., 85f. – Vgl. *Enxing*, Gott im Werden, bes. 136f.

45 *Suchocki* geht nicht davon aus, dass die Ursünde Adams der Ausgangspunkt von Gewalt ist. Vielmehr vertritt sie die These, dass gewaltförmige Strukturen im Menschen der Ausgangspunkt für Schuld und Sünde sind. »Violence is the cause of anxiety, and the root of sin« (*Suchocki*, The Fall to Violence, 109). – Zur »Rolle« der Frau in diesem Zusammenhang vgl. *dies.*, Sin, 261f.; *dies.*, Original Sin Revisited; *dies.*, Sin in Feminist and Process Thought.

Unter »organic solidarity of race«[46] versteht Suchocki unser Verstrickt-Sein in die Sünden unserer Vorfahren und Mitmenschen. Indem diese gesündigt haben und wir in sündige Strukturen hineingeboren werden, bleibt uns oftmals kein anderer Ausweg, als (bewusst oder unbewusst) an diesen Sünden zu partizipieren. Diese Verwobenheit, die Komplizenschaft mit den Sünden unserer Umwelt, ist es, die Suchocki als *Solidarität* bezeichnet. Es wird deutlich, dass ein Bestreben, sich von den sündigen Strukturen zu befreien bzw. diese zu überwinden, nur durch die Anerkennung (!) der eigenen Verwobenheit und der eigenen Teilhabe am Bösen ermöglicht wird.[47]
Dadurch, dass Relationalität als Grundbaustein unseres Seins verstanden wird, können wir, insofern wir sind, nicht aus den unzähligen Beziehungen fliehen, die unser Sein bestimmen. Wir können sie womöglich bis zu einem bestimmten Grad aus*blenden*, nicht jedoch aus*löschen*. Hierbei gilt es stets mit zu bedenken, dass unsere Beziehungen die unmittelbar personelle Ebene unseres näheren Umfeldes bei Weitem überschreiten. Den größten Teil unserer Verwobenheit nehmen wir nicht bewusst wahr, dennoch werden wir durch ihn bestimmt. Unser Sündigen beeinflusst somit alle Lebewesen; vice versa hat das Sündigen der anderen Lebewesen einen Einfluss auf uns.[48] Wir sind also dadurch solidarisch vereint, dass alle mit allen in Verbindung stehen. Dies beschreibt unsere notwendige Solidarität im Sündig-Sein – nicht im Sündigen! –, verweist aber

46 *Dies.*, The Fall to Violence, 101.
47 *Suchocki* bezieht sich hierbei auf die Romanfigur Alyosha in *Fjodor M. Dostojewskij's* Werk »Die Brüder Karamasow«, der die eigene schuldhafte Verstrickung dadurch ausblendet, dass er zum Zeitpunkt der Gräueltat schläft und somit eine Verantwortungsübernahme verweigert. Eine Anerkennung der eigenen schuldhaften Vernetztheit setzt aber eine aktive und bewusste Reflexion derselben voraus: »Through this he [Alyosha!, J.E.] demonstrates the perversion of empathy into the idealized ›love of humanity‹ in abstraction rather than through attentive involvement. Love, to be love, must be conditioned by the thruthful seeing of that which is loved. To love is to discern the true condition of the other« (ebd., 103). – Vgl. *dies.*, Original Sin Revisited. – »The solidarity of the race is the means of mediating sin and also the means of mediating compassionate love« (*dies.*, The Fall to Violence, 103).
48 Vgl. ebd., 106–111. – Vgl. auch *Suchockis* Aussage im Zusammenhang mit ihrer Konzeption von Vergebung: »Everything affects everything else in a relational world, and one cannot know the multiple effects of any event beyond oneself. Furthermore, individuals are sufficiently complex that there is no guarantee that victims or violators know the fullness of the effects of any violation even within their own selves. And just as one cannot know the nature of a violation and its effects exhaustively, neither can one know the factors leading into the violation exhaustively. Thus while forgiveness means that we must recognize the nature of sin, there are limits as to how fully the sin can actually be known. What forgiveness requires is that we will the well-being of victim(s) and violator(s) in the fullest knowledge of the nature of the violation that is currently *possible*« (ebd., 151; vgl. 158–160). Dadurch, dass Suchocki Vergebung als »das Gute für jmd. wollen« bestimmt, partizipieren wir im Vergebungsprozess an der zum Guten lockenden Natur Gottes.

auch auf die notwendige Anerkennung der Solidarität im Überwinden oder Kämpfen gegen dieses:

> »The singularly important facet of relational reality is that the old views of the solidarity of the race have a basis in ontic fact. Whether we like it or not, we are bound up with one another's good, woven into one another's welfare. Such a reality is easy to acknowledge at the personal level, but the deeper reality is that our relationality extends far wider than our consciousness is capable of handling. To live in a relational universe is to be affected physically and psychically by everything and everyone that exists. We are bound up with one another throughout the earth, inexorably inheriting from each, inexorably influencing all. Our prized individuality exists through connectedness.«[49]

So essentiell die Anerkennung der eigenen Verstrickung in gewaltförmige Strukturen ist, so birgt sie dennoch die Gefahr, bei dieser Anerkennung stehen zu bleiben und sich den Strukturen anzupassen, sich von ihnen »konsumieren«[50] zu lassen oder mit ihnen so umzugehen, dass man sich in sie einfügt und selbst ein Teil davon wird. Das Moment der Anerkennung ist Voraussetzung für jede Handlung gegen diese Strukturen, also für den Versuch einer Überwindung der Sünde und eines Ausbrechens aus sündigen Strukturen. Der Anerkennungsakt kann jedoch nicht mit der Überwindung der Sünde gleichgesetzt werden. Es geht darum, von einem Solidarisch-Sein im Leiden zu einem teilnehmenden Mitfühlen zu gelangen. Und zwar weil man erkennt, dass der*die andere aufgrund unserer relationalen Verflechtungen Teil des eigenen Selbst ist, ohne dabei im eigenen Selbst aufzugehen. Unverkennbar wird die Parallele zum Christusgeschehen aufgezeigt: Christus identifizierte sich mit dem Schuldigsein aller und ermöglichte so eine Transformation hin zum Guten.[51]

6 Vergebung, verstanden als die Unterbrechung negativer Energien, fordert (auch) Opfer zur Verantwortung heraus.

Suchockis Ontologie der Schuld mündet in ihren Überlegungen zur Vergebung.[52] Ich möchte auf zwei Aspekte eingehen, die ebenfalls mit dem Gedanken der Solidarität zu tun haben und vor allem das Geschehen benennen, das Jüngel als »Drang in die Verhältnis- und Beziehungslosigkeit«[53] bezeichnet hat und das somit eine Bestimmung der Schuld als

49 Ebd., 105; vgl. *dies.*, Original Sin Revisited; vgl. *dies.*, Sin in Feminist and Process Thought, bes. 151.
50 *Dies.*, The Fall to Violence, 109.
51 Vgl. ebd., 110f; 129.
52 Vgl. ebd., 144–164.
53 Vgl. *Eberhard Jüngel*, Tod (Themen der Theologie 8), Gütersloh [5]1993, 99.

dissoziierende Macht[54] unterstützt. Eine mögliche Bestimmung von Schuld, die bereits vorgenommen wurde, ist die von »unnötiger Gewalt«. Im Fall von Gewaltverbrechen wird das Ausmaß der negativen Energien besonders deutlich, da Gewalt nicht endet, wenn das Verbrechen endet. Die Erfahrung von Gewalt verändert die Zukunft eines Lebewesens insofern, als dass alle zukünftigen Erfahrungen vor dem Hintergrund des erfahrenen Leids gemacht und gedeutet werden. Die Möglichkeit eines naiven im Sinne von vorbehaltlosen Herangehens an Zukünftiges wird der Person genommen. Dadurch, dass Opfer von Gewalt die Gewalttat immer wieder er- und durchleben, selbst wenn der*die Täter*in längst nicht mehr anwesend ist, setzt sich die Gewalt im Opfer bis zu ihrer Unterbrechung fort. Vorsichtig verweist Suchocki auf die Eigenverantwortung der Opfer in der Unterbrechung der wiederkehrenden Gewalterfahrung. Sie betont die Neuheit der Zukunft, die zwar durch die Erlebnisse der Vergangenheit gefärbt ist, diese deshalb jedoch nicht »löscht« oder »überschreibt«. Im ununterbrochenen Prozess der Gefühle besteht auch die Chance, neue Gefühle aufkommen zu lassen. Es geht nicht um eine Verkehrung der Täter*innen- und der Opferrolle – da das Opfer nicht bewusst und willentlich sein*ihr eigenes Leid fortsetzt –, sondern darum, auf die Übernahme, die Introjektion der erfahrenen Gewalt aufmerksam zu machen. Dadurch, dass das Opfer in einer Spirale der Retraumatisierung gefangen scheint, übernimmt es die Reinszenierung der Gewalt. Ein Schritt, aus dieser Gewalt- und Schmerzspirale auszusteigen, wird sein, einer Vermischung von Opfer und Täter*in vorzubeugen, damit es seitens der Opfer nicht zu einer selbst erzeugten Fortführung der Gewalt an sich selbst kommt. Wichtig ist hierbei jedoch das Bewusstsein darüber, dass man selbst nie nur Opfer und der*die Täter*in nie nur Täter*in ist. Wir sind immer Opfer und Täter*innen, aufgrund unserer Verstrickung in Strukturen der Sünde und Schuld.

Es ist die »soziale Sünde« und nicht nur die »personale Sünde«, die das Schuldgeschehen als Ganzes beschreibt und immer mitbedacht werden muss. Eine lebensbezogene Theologie kann sich nicht darauf beschränken, Sünde als einzig das Gott-Mensch-Verhältnis betreffende Tat zu qualifizieren. Denn sie vernachlässigt die zerstörerischen Ausmaße der sündigen Strukturen, die sich auf alle Lebensbereiche auswirken, und verlegt die Verantwortung allein auf Individuen. Da jedoch kein Geschöpf in Isolation existiert und unsere Lebenswirklichkeit immer reziprok mit unserer Umwelt – der unmittelbaren und der mittelbaren – verbunden ist, werden Sünden- und Schuldbegriffe benötigt, die diesem komplexen Beziehungsgeflecht Rechnung tragen. Nur so kann es zu einer solidarischen Transformation kommen.

54 Vgl. *Joachim von Soosten*, Die »Erfindung« der Sünde. Soziologische und semantische Aspekte zu der Rede von Sünde im alttestamentlichen Sprachgebrauch, in: *Michael Beintker / Louis Alonso Schökel / Ingo Baldermann* (Hg.), Sünde und Gericht (Jahrbuch für biblische Theologie 9), Neukirchen-Vluyn 1994, 87–110.

Dominik Gautier

»Als Beschämte stehen wir da«

Christologische Überlegungen zur Scham – mit Karl Barth und James H. Cone

Einleitung

Das Christentum beginnt mit einer Zurückweisung von Scham, erklärt Regina Ammicht Quinn. Auf die »peinliche« Situation hin, dass die frühen Christen einem öffentlich am Kreuz Beschämten nachfolgen, erklärt Paulus im Römerbrief (Röm 1,16): Wir schämen uns nicht des Evangeliums! Und dem Verständnis des Hebräerbriefs nach schämt sich Christus nicht, der Bruder seiner Nachfolgenden zu sein (Hebr 2,11) – und Gott schließlich schämt sich nicht, der Gott der Christinnen zu sein (Hebr 11,16).[1] Dieser Beitrag will dem Umgang mit Scham christologisch nachgehen. In einem ersten Teil wird das »giftige« Gefühl der Scham mit dem Sozialwissenschaftler Stephan Marks beobachtet. Hieran schließt der Beitrag die Frage an, welche theologischen Ressourcen die Theologie Karl Barths bereithält, um die Zurückweisung von Scham, aber auch heilsame Beschämung im Blick auf Jesus Christus zu durchdenken. Der Beitrag findet seinen Abschluss in einer schamtheologischen Betrachtung der Kreuzestheologie James H. Cones, der – so möchte dieser Aufsatz zeigen – eine schwarze Theologie der Aufrichtung der Beschämten geschrieben hat – und die Potentiale für ein politisch-theologisches, konkret rassismuskritisches Sprechen von Scham besitzt.

1 Das Phänomen der Scham – sozialwissenschaftlich betrachtet mit Stephan Marks

Scham ist ein Gefühl, das ausgelöst wird, wenn Menschen einen »Fehler« machen. Sie werden dann rot oder beginnen zu schwitzen. Vielleicht denken sie sogar, dass sie nicht nur einen Fehler gemacht haben, sondern dass sie selbst der »Fehler« sind. Der Mensch, der sich schämt, bricht die

1 Vgl. *Regina Ammicht Quinn*, Das Andere der Vollkommenheit. Versuch über eine Ethik der Scham, in: Meditation. Zeitschrift für christliche Spiritualität und Lebensgestaltung 3/2011, 18–19.

Beziehung mit anderen ab und sieht nur sich. Scham trennt und isoliert.[2] »Scham«, so Stephan Marks, »ist wie ein sensibles Sinnesorgan, das auf Verletzungen unserer Würde reagiert.«[3]

Wann ist dies der Fall? Scham entsteht, wenn das menschliche Grundbedürfnis nach Anerkennung nicht erfüllt oder verletzt wird, wenn Menschen mit ihrer Geschichte ignoriert werden oder wenn sie an den Rand gedrängt werden. Scham entsteht, wenn das Schutzbedürfnis von Menschen verletzt ist, wenn diese also aus sich heraus oder durch andere bloßgestellt werden. Hier ist auch die Scham der Opfer von Gewalt zu verorten, die ihre Intimität verletzt sehen. Scham entsteht, wenn Menschen zu »Anderen« gemacht werden, die als »fremd« konstruiert werden. Dann ist das Bedürfnis nach Zugehörigkeit nicht erfüllt. Hierzu zählt auch die Scham, die entsteht, wenn sich Menschen so verhalten, dass sie von den Mitmenschen ausgelacht und/oder diskriminiert werden. Scham entsteht, wenn Menschen schuldig geworden sind und ihre Integrität verletzt wurde. Hierbei handelt es sich um die Scham der Täter und Zuschauer, deren Leben durch die Scham beeinträchtigt ist und die nicht darüber sprechen können, was passiert ist.[4]

Das Gefühl zeigt also eine Verletzung der Würde von Menschen an. Scham darf aber nicht nur in ihrer negativen Konnotation gesehen werden. Gleichzeitig, so Marks, trägt sie eine Entwicklungsaufgabe in sich: Scham kann gerade ein Beweggrund dafür sein, dass wir für unsere Würde eintreten, für die Achtung unserer Grenzen. Scham schickt Menschen nicht nur in die Passivität, sondern kann sie zugleich aktivieren.[5]

Die Alltagsrealität bleibt allerdings die negative Scham, die Menschen isoliert und lebensfeindliches Verhalten bewirkt. Diese Scham wirkt, wenn Menschen Gewalt erlebt haben und daraufhin meinen, ihren Schutz nur noch durch zerstörerisches und/oder selbstzerstörerisches Verhalten sichern zu können. »Giftige« Scham wirkt dort, wo Menschen sich durch Abwertung anderer und Gewalt gegen Mitmenschen Anerkennung und Zugehörigkeit versprechen. Diese giftige Scham wirkt unter denen, die an menschenfeindlichen Aufmärschen teilnehmen oder Gewalt gegen geflüchtete Menschen billigen oder ausüben. Weiter kann die Scham, die aus Mangel an Anerkennung und Zugehörigkeit entsteht, bewirken, dass Menschen sich verstecken, um nicht wieder beschämt zu werden, was zu Depression und Suizid führen kann. Und schließlich kann die Scham zu Gewalt, Abhängigkeit und Selbstzerstörung führen, wenn die Integrität verletzt wurde und ein Leben mit zu verantwortender Schuld unmöglich erscheint. Marks macht hier auf Veteranen des Viet-

2 Vgl. *Stephan Marks*, Scham und Würde. Zugänge zu einer tabuisierten Emotion, in: Meditation 3/2011, 8. Hierzu insgesamt: *Ders.*, Scham – die tabuisierte Emotion, Ostfildern 2007.
3 *Ders.*, Scham und Würde, 8.
4 Vgl. ebd., 8–9.
5 Vgl. ebd., 10–11.

namkriegs aufmerksam, von denen mehr Menschen ihr Leben durch Suizid nach dem Krieg verloren haben, als im Krieg selbst ums Leben gekommen sind.[6]
Welche Perspektiven ergeben sich für den Umgang mit dieser krankmachenden und gewaltsam wirkenden Scham? Wichtig ist nach Marks vor allem, die Scham von Menschen anzuerkennen. Dies kann nur funktionieren, wenn zwischen dem Menschen, der sich schämt, und dem aus der Scham folgenden Verhalten unterschieden wird. Der Mensch darf nicht ausgegrenzt werden. Dies würde dazu führen, dass er nur erneut in die Schamspirale samt ihrer Konsequenzen gestoßen wird. Umso deutlicher jedoch muss sein Verhalten als falsch herausgestellt werden. Erst durch die Anerkennung der Schamgeschichte eines Menschen besteht die Möglichkeit, ihn dabei zu begleiten, aus der negativen Scham heraus zu gelangen, ihn zum Umgang mit den Konsequenzen seiner Scham zu befähigen und die lebensförderlichen Aspekte der Scham, die auf die Erhaltung der Würde der Menschen zielen, zu nutzen.[7] Marks erklärt im Blick auf die gute Scham: »[…] Scham ist die Hüterin der menschlichen Würde, die hilft, die vier Grundbedürfnisse [Anerkennung, Schutz, Zugehörigkeit und Integrität] wie in einem Mobile immer wieder aufs Neue auszubalancieren.«[8] Welchen Beitrag kann nun die Theologie, insbesondere die christologische Reflexion, leisten, Wege aus der negativen Scham zu weisen und Perspektiven des Umgangs mit ihren schuldhaften Konsequenzen aufzuzeigen?

2 Die Zurückweisung der Scham und die heilsame Beschämung – christologisch bedacht mit Karl Barth

Eine schamsensible Theologie findet sich bei Christina-Maria Bammel. Sie macht ihre Überlegungen unter anderem mit einer schamorientierten Interpretation der Theologie Karl Barths deutlich.[9] Bammel zeigt, dass mit Barth an einer Theologie der Aufrichtung in Scham gefangener Menschen gearbeitet werden kann, die als »Gegengift« gegen die »giftige Scham« verstanden werden kann. Wie sieht solch eine schamtheologische Lektüre Barths aus?

Die Erschaffung des Menschen stellt, so Barth, eine »Ehrung des Menschen« dar. Gott erweist den Menschen die Ehre, ihr Schöpfer zu sein. Als Mensch zu leben, als heilsam begrenztes Geschöpf Gottes, bedeutet,

6 Vgl. ebd., 11.
7 Vgl. ebd., 12.
8 Ebd., 10–11.
9 Vgl. *Christina-Maria Bammel*, Aufgetane Augen – Aufgedecktes Angesicht. Theologische Studien zur Scham im interdisziplinären Gespräch, Gütersloh 2005, 257–264.

von Grund auf wertgeschätzt zu sein durch die Beziehung mit Gott: »In seiner Beschränkung ist er [der Mensch] dieser Mensch, und eben in seiner Beschränkung erweist ihm Gott die Ehre, sein Schöpfer und Herr zu sein.«[10] Diese Wertschätzung verschafft sich nicht nur im Geschaffensein der Menschen Ausdruck, sondern auch in ihrer Berufung, aktive Partnerinnen Gottes zu sein – im Kampf Gottes gegen das Nichtige in der Welt: »Er [der Mensch] gilt jetzt nämlich als Einer, von dem Gott etwas, und zwar gleich das Höchste, erwartet: dies nämlich, daß er in Übereinstimmung und Gemeinschaft mit ihm existiere.«[11]
Wie sieht die menschliche Ehre Barths Vorstellungen zufolge aus? Die Ehre besteht darin, dass die Menschen zum *Zeugendienst* berufen sind: »Die Ehre, die Gott dem Menschen in und mit seinem Gebot als solchem antut, ist die Ehre des Dienstes, in den er ihn beruft.«[12] Die Menschen sollen Zeuginnen von Gottes »menschenfreundlichem« Handeln sein: Gott will nicht Gott sein ohne die Menschen. Gott schämt sich nicht, ihr Gott zu sein (Hebr 11,16). Jeder noch so isolierte Mensch ist nach seinem Dienst als Zeuge gefragt.[13]
Die Ehre der Menschen bedeutet weiter, dass sie eben diese Ehrung durch Gott als Menschen dankbar anerkennen und ein Leben der »Demut« und des »Humors« leben können – und kein Leben des Hochmuts oder der Trägheit.[14] Barth erklärt: »Was bleibt dem Menschen im Verhältnis zu ihr [der Ehrung durch Gott] schon übrig als reine Dankbarkeit? Sie wird ihm ja geschenkt. Sie gehörte ihm nicht, und nun gehört sie ihm, indem Gott sie ihm zugedacht hat und zuspricht [...]«.[15]
Die Ehrung der Menschen durch Gott begründet ihre Freiheit gegenüber den Verständnissen von Ehre, die unter den Menschen gelten – zum Beispiel gegenüber solchen Vorstellungen von Ehre, die, so Barth, in »meiner eigenen Gruppe oder Schicht«[16] propagiert werden. Gleichzeitig werden die Menschen aber durch die Freiheit befähigt, lebensförderliche, den Geboten Gottes entsprechende Ehrbegriffe zu würdigen.[17]
Schließlich besteht die Ehrung der Menschen durch Gott darin, dass diese letztlich unbekümmert damit umgehen können, wenn ihre Freiheit von Anderen angefragt ist. Die Freiheit ist ihnen von Gott geschenkt und wird nicht von Menschen garantiert. Aber es gibt Situationen, in denen sich Menschen, so Barth, der Verletzung ihrer Freiheit widersetzen müssen.[18] Dann müssen diese sich aber darüber bewusst sein, dass Gott auch

10 *Karl Barth*, Die Kirchliche Dogmatik, KD III/4. Die Lehre von der Schöpfung, Zürich 1957, 754.
11 Ebd., 747.
12 Ebd., 755.
13 Vgl. ebd., 755–762.
14 Vgl. ebd., 762–769.
15 Ebd., 764.
16 Ebd., 770–771.
17 Vgl. ebd., 769–780.
18 Vgl. ebd., 780–789.

diejenigen wertschätzt, welche die Ehre anderer missachten: »Wer sich selbst Respekt verschaffen will, ist also gefragt: Respektierst du selber? Mehr noch: Hast du zuerst respektiert, bevor du dir Respekt verschaffen willst? Mehr noch: Ist es dir wichtiger, dringlicher, notwendiger, selbst zu respektieren, als dir Respekt zu verschaffen?«[19] Diese Einsicht stellt keine Beschwichtigung dar, sondern eine Radikalisierung: Das Ringen um Würde ist nicht ein Ringen um die Würde Einzelner. Nach Barth geht es beim Widerstehen gegen die Verletzung Einzelner immer um die Ehre aller. Die Menschen nehmen in dieser Radikalität an Gottes Ehrung aller Menschen teil. Der Widerstand der schwarzen Bürgerrechtsbewegung in den USA, um die es noch gehen soll, versuchte genau diese Auffassung in die Tat umzusetzen: Sie verstand ihr Eintreten für den Respekt gegenüber Schwarzen und gegen Rassismus auch als ein Eintreten für die Würde Weißer, die ihre Menschlichkeit aufgrund einer rassistischen Identität unkenntlich werden ließen.[20]

»Ehren« stellt einen Gegenbegriff zu »Beschämen« dar. Scham lässt Menschen in der Isolation verbleiben, Beschämungen schicken sie ins Abseits.[21] Gott wirkt mit der Ehrung der Menschen gegen deren Schamerfahrungen an – vornehmlich ist hier an die Scham von Opfern zu denken – und holt sie aus der Isolation in die Beziehung mit sich. Bammel erklärt im Blick auf Barth: »Der Mensch ist nicht geschaffen, um sich Gott gegenüber zu schämen! Wofür sollte er sich schämen? Seine Kreatürlichkeit ist vor dem Hintergrund des ontologischen Ausgezeichnetseins [seiner Ehrung durch Gott] alles andere als beschämend, sondern vollkommen und sehr gut.«[22] Gott – so lässt sich sagen – bestätigt kontinuierlich das »Sehr gut« der Schöpfungstat. In diesem Bewusstsein können Menschen schließlich für gegenseitigen Respekt eintreten.
Zu einer Beschämung kommt es nur dann, wenn Menschen ihre Ehre verspielen oder selbst begründen wollen, wenn sie sich also im Zustand der Sünde befinden. Die Sünde geschieht im Vollzug des Lebens der Einzelnen und verschafft sich auch politischen Ausdruck. Es ließe sich zum Beispiel an »Blut und Ehre« denken. Wollen die Menschen also ihre Ehre selbst begründen, kommt es zu ihrer Beschämung und zur Aufdeckung der Sünde im Blick auf Jesus Christus: »Als die so Beschämten, in solcher Schande, stehen wir da, weil und indem der Mensch Jesus in unserer Mitte ist.«[23]
Inwiefern ist diese Beschämung durch Jesus Christus heilsam? In der Situation der Aufdeckung der Schande sind die Menschen tiefster Scham

19 Ebd., 787.
20 Vgl. *James Baldwin*, Nobody Knows My Name, New York 1967, 66.
21 Vgl. *Bammel*, Theologische Studien zur Scham, 261.
22 Ebd.
23 *Barth*, Die Kirchliche Dogmatik, KD IV/2. Die Lehre von der Versöhnung, Zürich 1955, 433.

ausgesetzt, die als das Gericht Gottes über sie verstanden werden kann. Wichtig ist es hier, zu betonen, dass Gott diese Beschämung nicht beabsichtigt, sondern dass diese sich aufgrund der bleibenden Ehrung der Menschen durch Gott faktisch einstellt. Es ist Gottes radikale Zuwendung, die sich im Gekreuzigten und Auferstanden zeigt, welche die hassenden und mitgelaufenen Menschen dann beschämt. Deutlich wird so: Gericht und Gnade Gottes gehören zusammen. Diese Zuwendung ist ein »Licht der Überwindung«, so Barth, in dem das, was mit den Menschen nicht stimmt, deutlich sichtbar wird: »Das Licht, in welchem dieser [der alte Mensch] sichtbar und verständlich wird, ist aber kein anderes als das Licht der Überwindung.«[24] Die Menschen schämen sich, aber müssen nicht erneut in die Scham fliehen, denn Gottes bleibende Zuwendung lässt sie die Scham ertragen.[25] Das Stehen im »Licht der Überwindung« ist somit ein transformativer, heilsamer Vorgang, der die Menschen in Gottes »aufrichtender Gnade«[26] zu neuen Menschen werden lässt und – so lässt sich deuten – zu solchen macht, die mit ihrem Leben, ihren Gefühlen umgehen lernen und durch Scham verhinderte Beziehungen wieder aufnehmen können.

Nun stellt die Ehrung und Aufrichtung der Menschen nicht nur ein Ereignis dar, was einfach an ihnen geschieht. Das Ereignis der Ehrung und Aufrichtung durch Gott als Schöpfer und Versöhner vergeht, wenn es sich die Menschen nicht aktiv aneignen und nicht wahrnehmen, dass Gott immer genau jetzt für die Ehrung aller eintritt. In diesem Bewusstsein können diejenigen, die kontinuierlich im Blick auf Jesus Christus im »Licht der Überwindung« stehen und »aufgerichtet« werden, ihr Leben als Menschen gestalten.[27] Bammel erklärt hierzu: »Menschsein als Geschöpf heißt darum, eine Geschichte der Ehre gestalten, in der die Freiheit in der Beschränkung immer auch ein Prozess des Freiwerdens ist.«[28] Die Menschen können in dieser »Geschichte der Ehre« dann die konkreten Schamgeschichten angehen und die Wunden, die diese geschlagen haben, behandeln – und sie treten für Verhältnisse ein, in denen (systematische) Beschämungen beendet und wiedergutgemacht werden, indem Bedingungen für die Pflege der »guten Scham« geschaffen werden, die auf die Achtung, die Ehrung aller Menschen zielen.[29]

24 Ebd., 424.
25 Vgl. ebd., 433–434.
26 Ebd., 453.
27 Vgl. ebd., 432–433.
28 *Bammel*, Studien, 262.
29 Vgl. *Ammicht Quinn*, Das Andere, 19.

3 Scham und rassistische Gewaltgeschichte – kreuzestheologisch reflektiert mit James H. Cone

James H. Cone hat mit der Black Theology eine Theologie geschaffen, die ausgehend von den historischen Beschämungs- und Gewalterfahrungen Schwarzer auf die »Aufrichtung schwarzer Menschen« zielt – und die in der Kontinuität der US-amerikanischen Bürgerrechtsbewegung sowie der Black-Power-Bewegung steht. Schwarze Theologie kann helfen, eine rassismussensible, machtkritische Theologie der Scham zu denken.[30]

In seiner jüngsten Arbeit, *The Cross and the Lynching Tree*, bringt Cone das Symbol des *lynching tree*, das für die rassistischen Hinrichtungen an tausenden Schwarzen an Bäumen steht, und das Symbol des Kreuzes in ein gegenseitiges Interpretationsverhältnis. Das Kreuz interpretiert den *lynching tree*: Die Beschämungsgeschichte der Lynchmorde an Schwarzen repräsentiert die »Kreuzigung schwarzer Menschen« in der US-amerikanischen Geschichte: »The lynching tree is a metaphor for white America's crucifixion of black people.«[31] Der *lynching tree* interpretiert das Kreuz: Die Kreuzigung war ein schamvoller Lynchmord. Das Kreuz tritt so – gegen alle Abstrahierungen – als politisches Beschämungs- und Gewaltinstrument zu Tage, das es historisch wirklich war. So ist das zentrale Symbol des Christentums für Cone ohne das kritische zur-Sprache-Bringen der rassistischen Beschämungsgeschichte nicht zu denken. Er zeigt erstens, dass das Projekt schwarzer Selbstbestimmung dem Evangelium entspricht, und zweitens fordert seine Theologie weiße Menschen heraus, sich dem Problem ihrer rassistischen Geschichte zu stellen, indem sie sich einer befreienden Beschämung des vor dem Hintergrund der Lynchgeschichte verstandenen Kreuzes aussetzen.[32]

Wie entfaltet Cone seine Gedanken konkret? Hierzu ist ein Blick auf eine Lynchfotografie hilfreich, an der sich seine Gedanken nachvollziehen lassen. Fotos waren selbst Teil des Lynchmordes, um die Beschämung Schwarzer auch visuell festzuhalten und mit anderen zu teilen. Das Bild zeigt den Gelynchten Rubin Stacy 1935 in Florida mit einem weißen Mob aus Männern, Frauen und Kindern. Stacy hatte zuvor eine weiße Frau um Essen gebeten. Eine Bürgerrechtsorganisation veröffentlichte dieses Bild, um Menschen für den Kampf gegen die Lynchpraxis zu gewinnen.[33]

Cone verbindet biblische Erzählung und schwarze Erfahrung. Der Gekreuzigte und die Gelynchten teilen die gleiche Geschichte der öffentlichen Beschämung, der Nacktheit, der äußersten Gewalt. Diente die

30 Vgl. *James H. Cone*, Schwarze Theologie, in: EKL, Band IV ³1996, 139–143.

31 *Cone*, The Cross and the Lynching Tree, 166.

32 Vgl. ebd.

33 Vgl. *James Allen* (Hg.), Without Sanctuary. Lynching Photography in America, Santa Fe 2000, 185 (Bildunterschrift).

Kreuzigung historisch der Durchsetzung und Demonstration der Macht Roms, so diente die Praxis des Lynchmords dem Aufrechterhalten und Sichtbarmachen weißer Vorherrschaft. Die Kreuzigung stellt für Cone einen Lynchmord des ersten Jahrhunderts dar.[34]
So wie sich schwarze Menschen inmitten ihrer Schamgeschichte immer wieder mit dem Gekreuzigten und in seiner Geschichte wiederfinden, identifiziert sich der Gekreuzigte mit den Gelynchten – und ihren heute weiter unter Beschämung und Polizeigewalt leidenden Nachfahren. Christus schämt sich nicht, ihr Bruder zu sein (Hebr 2,11). Durch diese Identifikation mit den Gelynchten zeigt Gott durch Jesus Christus Gottes – mit Barth gesprochen – »Ehrung« Schwarzer – und richtet schwarze Menschen aus ihrer Opferscham hin zur Schönheit auf: »Jesus could not only identify with hanging and burning Black bodies on the lynching tree but also redeem Black suffering and make beautiful what white supremacy made ugly.«[35]
Hier wirkt das Geheimnis der »schrecklichen Schönheit des Kreuzes«[36], eine theologische Wendung, die Cone von Reinhold Niebuhr übernimmt: Mithilfe tiefer religiöser Imagination gewinnen Schwarze mitten in ihrer »schrecklichen« Beschämungserfahrung die »schöne« Gewissheit darüber, dass sie von Gott durch dessen Solidarität gewürdigt sind. Diese Ehrung Schwarzer durch Jesus Christus begründet ihre kulturelle, soziale und politische Selbstbestimmung und ihr Recht, sich Respekt zu verschaffen, wenn diese angefragt wird. Hier wird das Erbe der *Black-Power*-Bewegung deutlich.[37] So kann gesagt werden: Wo Schwarze für ihre Würde eintreten und für die Achtung ihrer Schamgrenzen arbeiten, partizipieren sie an Gottes Kämpfen gegen das Verachten von Menschen. Bei Cone wird hier die Verbindung von Glaube und Geschichte, das Ineinanderfallen von Gottes Handeln und dem Handeln der Menschen stärker betont als bei Barth.

Diese Bejahung schwarzer Menschen geht mit einer Beschämung Weißer einher. »God has chosen what is black in America to shame the whites«[38], so kontextualisiert Cone das paulinische »Wort vom Kreuz« (1Kor 1, 18–31). Gottes Parteinahme für Schwarze enttarnt das Verhalten Weißer, die ihre weiße »Ehre« durch das Umbringen von Schwarzen begründen wollen, als Schuld gegenüber Gott und den Menschen. Immer wenn sie Schwarze lynchten, brachten sie durch Gott gewürdigte Menschen um. Cone kann sagen, durch das Lynchen brachten sie Jesus

34 Vgl. *Cone*, Lynching Tree, 161.

35 *Cone*, Strange Fruit. The Cross and the Lynching Tree, in: *Dwight N. Hopkins / Linda E. Thomas* (Hg.), Walk Together Children: Black and Womanist Theologies, Church and Theological Education, Eugene 2010, 318–329, 327.

36 Vgl. *Reinhold Niebuhr*, The Terrible Beauty of the Cross, in: The Christian Century, 21. März 1929, 386.

37 Vgl. *Cone*, Black Theology and Black Power, New York 1969, 34–38.

38 *Ders.*, God of the Oppressed, New York 1975, 206.

Christus selbst um: »Every time a white mob lynched a black person, they lynched Jesus.«[39] Hier ist noch einmal die Verbindung von Glaube und Geschichte stärker herausgearbeitet als bei Barth.
Diese Beschämung soll weiße Menschen nicht ins Abseits stoßen, sondern sie in einen heilsamen Prozess des Umgangs mit ihrer Schuld bringen. Dies ist möglich, weil Gott sie in ihrer Täterscham, die jetzt eine Art »Erlösungsscham« ist, nicht allein lässt und sie vor einem erneuten Sturz in die Schamspirale und ihrer Konsequenzen bewahrt. Insofern erfahren auch sie eine »Ehrung«, eine Bejahung ihrer Menschlichkeit durch Gott. Diese Bejahung holt sie in die Beziehung mit Gott und den Mitmenschen zurück. Weiße Menschen eignen sich diese Bejahung an, indem sie die »Werte« ihrer »Gruppe und Schicht« verraten und sich stattdessen am schwarzen Ringen um Würde beteiligen – zum Beispiel durch Teilnehmen an Protesten gegen rassistische Polizeigewalt.[40] Aus Cones Theologie spricht an dieser Stelle der Optimismus der Bürgerrechtsbewegung, die mit dem Offenlegen von Gewalt und durch das Wecken von Schamgefühlen bei den Tätern und Zuschauerinnen eine Veränderung weißer Menschen erhoffte.[41] So endet Cones kreuzestheologische Arbeit auch mit der Hoffnung, dass die Menschen das bezeugen, was in Gott »beschlossene Sache« ist und worauf Gott hinwirkt, dass nämlich Schwarz und Weiß zusammengehören: »We were made brothers and sisters by the blood of the lynching tree [...], and the blood of the cross of Jesus. [...] What God joined together, no one can tear apart.«[42]

4 Ansätze einer politischen Theologie der Scham – zusammenfassend betrachtet

Was lässt sich nach diesen schamtheologischen Überlegungen festhalten?
Erstens: Eine lebensweltbezogene Theologie nimmt die Gefühle von Menschen ernst und nimmt die Einsichten der Emotionsforschung, etwa die von Marks, auf.
Zweitens: Sie stellt heraus, dass es im theologischen Arbeiten nie um einen Beitrag zur »Gottesvergiftung« (Tilmann Moser) gehen kann, sondern es in der bedachten Gottesbeziehung immer um die Ehrung der Menschen geht.
Drittens: Eine schamsensible Christologie betont mit Barth, dass die Wertschätzung nicht unkritisch bedacht sein will, sondern durch befrei-

39 *Ders.*, Lynching Tree, 158.
40 Vgl. *ders.*, Black Theology, 151–152.
41 Vgl. *Martin Luther King*, My Pilgrimage to Nonviolence, in: The Christian Century, 13. April 1960, 439–441.
42 *Cone*, Lynching Tree, 166.

ende Beschämung auf das Neuwerden der Menschen setzt – im Interesse der Anerkennung aller.
Viertens: Sie macht deutlich, dass die Menschen hierbei aktiv sind. Sie betont, dass das christologische Reden vom Überwinden der Scham und einem erneuerten Leben ineffektiv ist, wenn Menschen dieses Reden nicht »ins Leben ziehen«: Indem sie also (als Opfer) für ihre eigene Würde eintreten, indem sie (als Täter) die schuldhaften Konsequenzen negativer Scham angehen, und indem sie gemeinsam am Abbau von Beschämungsmustern arbeiten. Dies – so kann gesagt werden – bedeutet dann, sich nicht des Evangeliums zu schämen (Röm 1,16).
Fünftens: Eine solche Theologie der Scham ist schließlich – mit Cone – machtkritisch »angeschärft«: Sie hat das Bewusstsein für Gottes Solidarität mit den wie Christus Beschämten, von denen ausgehend der Weg für ein kritisches, politisch-theologisches Reden von Scham und das entsprechend solidarische Handeln gewiesen wird.

[43]

43 »The Lynching of Rubin Stacy« (1935), in: *Allen*, Without Sanctuary, 185.

Ruth Poser

Scham in der Hebräischen Bibel

1 Hinführung: Bedeutung des Themas

Das Schamempfinden gilt zumeist als kulturübergreifende menschliche Konstante, es wird als zur menschlichen Grundausstattung gehörend verstanden. Auch die Hebräische Bibel weiß um Scham als einem sozialen Gefühl, »das sich«, so Dorothea Baudy, »beim Gewahrwerden eines Defizits einstellt, an dem andere Anstoß nehmen könnten«.[1] Und mehr noch – auch in der Hebräischen Bibel ist Scham, in Übereinstimmung mit der universal wahrnehmbaren psychologischen Ausdrucksform dieses Gefühls, gekennzeichnet erstens durch ein erhöhtes Bewusstsein der eigenen Person und des eigenen Gesichts und zweitens durch ein Bedürfnis, sich aus der schamvollen Situation zurückzuziehen.[2] Eine für mich selbst wesentliche Feststellung bei der Analyse des Themas Scham im Ezechielbuch war die Entdeckung, dass die Hebräische Bibel verschiedene Formen von Scham kennt. Auch bezogen auf das Alte Testament kann man also differenzieren kann zwischen »richtiger« und »falscher« Scham bzw. besser: zwischen schützenden, lebensförderlichen Scham-Formen einerseits und traumatischen, vernichtenden Scham-Formen andererseits.[3] Auch wenn das, was in einem bestimmten sozialen Kontext als ›schändlich‹ bzw. ›scham-induzierend‹ gilt, sehr unterschiedlich sein

1 *Dorothea Baudy*, Art. Scham I. Religionswissenschaftlich, RGG^4 7 (2004), 861f., 861.

2 Dies wird, so *Paul A. Kruger* (vgl. ders., Gefühle und Gefühlsäußerungen im Alten Testament. Einige einführende Bemerkungen, in: *Bernd Janowski / Kathrin Liess* [Hg.], Der Mensch im alten Israel. Neue Forschungen zur alttestamentlichen Anthropologie [HBS 59], Freiburg i.Br. u.a. 2009, 243–262, 248f.), etwa in der Rede vom Bedecken oder Abwenden des (göttlichen) Gesichts deutlich. Kruger geht dabei von einem – durchaus nicht unumstrittenen – »kulturübergreifenden psychologischen Grundsatz« aus, »der auf der Prämisse einer psychischen Einheit des Menschen basiert« (vgl. ebd., 246.248). Zu den Möglichkeiten und Grenzen einer »Historischen Psychologie« vgl. allgemeiner auch *Petra von Gemünden*, Methodische Überlegungen zur historischen Psychologie exemplifiziert am Themenkomplex der Trauer in der Bibel und ihrer Umwelt, in: *Janowski/Liess* (Hg.), Der Mensch im alten Israel, 41–68, passim.

3 Vgl. hierzu *Ruth Poser,* Das Ezechielbuch als Trauma-Literatur (VTS 154), Leiden/Boston 2012, 517–541. Zur Differenzierung verschiedener Scham-Formen vgl. *Stephan Marks,* Scham – die tabuisierte Emotion, Düsseldorf 2007, 13–35, und hierzu unten Anm. 24.

kann – das bisher Gesagte erweist die Rede von Beschämung und Scham in der Hebräischen Bibel als gesprächsfähig mit zeitgenössischen psychologischen und soziologischen Scham-Diskursen.

2 Überblick: »Scham« im Alten Israel und in der Hebräischen Bibel

Es ist nicht ganz einfach, sich dem Thema »Scham im Alten Testament« begrifflich anzunähern. Die hebräischen Hauptbegriffe des Wortfelds Scham/Schande nämlich, zu denen die Verbalwurzeln בושׁ: »sich schämen (müssen) / zuschanden werden«, חפר: »sich schämen / beschämt sein«, חרף: »schmähen«, כלם: »gekränkt, beschimpft sein, sich beschimpft fühlen / sich schämen / zuschanden werden« und קלה: »verächtlich sein/werden« gehören,[4] sind in den biblischen Texten schwer voneinander zu trennen. Darüber hinaus bezeichnen sie zumeist »sowohl die subjektive Scham als auch die soziale Beschämung«;[5] zwischen dem Gefühl der Scham und der Situation der Schande wird also nicht deutlich differenziert.

Sozialgeschichtlich ist davon auszugehen, dass in den stärker familienbzw. sippenbezogenen Gesellschaftsformen des Alten Israel die Vermeidung von Beschämung und Schande eine zentrale Rolle spielte; dies bezeugen auch die Auseinandersetzungen um Scham-Schande-Konflikte in den ersttestamentlichen Schriften. In den letzten Jahrzehnten hat man das Alte Israel häufig als mediterrane Schamkultur (im Unterschied zu den westlichen Schuldkulturen) betrachtet.[6] Diesem Konzept zufolge wird

4 Eine etymologische Differenzierung der Begriffe ist aber gleichwohl möglich und aufschlussreich – so hängt etwa die hebräische Verbalwurzel בושׁ mit den akkadischen Begriffen *būštu*, »Schamhaftigkeit«, »Zurückhaltung«, »Selbstbeherrschung«, »Bescheidenheit«, und *bāštu*, »was den Respekt der Mitmenschen bewirkt«, »Lebensfülle«, »Lebenskraft«, »dignity«, zusammen (vgl. hierzu *Thomas Staubli / Silvia Schroer*, Menschenbilder der Bibel, Düsseldorf 2014, 393; *Horst Seebaß*, Art. בושׁ, ThWAT I (1973), 568–580, 568–570). Die hebräische Verbalwurzel כלם lässt sich mit dem akkadischen Verb kullumu, »gekränkt, beschimpft sein«, »sich beschimpft fühlen«, »sich schämen«, »zuschanden werden«, zusammen bringen (vgl. hierzu *Siegfried Wagner*, Art. *calam*, ThWAT IV [1984], 196–208, 196). קלה stellt eine Nebenform zu קלל, »leicht, gering, unbedeutend sein«, dar (vgl. hierzu *Johannes Marböck*, Art. קלה II, ThWAT VII [1993], 34–40, 34f). Zu חפר vgl. darüber hinaus *Johann Gamberoni / Johannes Botterweck*, Art. חפר, ThWAT III (1982), 116–121, passim; zu חרף *Ernst Kutsch*, Art. חרף II, ThWAT III (1982), 223–229, passim.

5 *Alexandra Grund*, Art. Scham, in: *Michael Fieger / Jutta Krispenz / Jörg Lanckau* (Hg.), Wörterbuch alttestamentlicher Motive, Darmstadt 2013, 347–350, 347.

6 Vgl. hierzu *Lyn M. Bechtel*, Shame as a Sanction of Social Control in Biblical Israel: Judicial, Political, and Social Shaming, JSOT 49 (1991), 47–76, 50f. Die heute schematisch anmutende Unterscheidung von ›primitiven‹, antiken, östlichen Schamkulturen und vermeintlich moralisch und technisch fortgeschrittenen, westlichen Schuldkulturen geht auf die us-amerikanischen Kulturanthropologinnen *Ruth Benedict* (1887–1948, vgl. dies., The Chrysanthemum and the Sword. Patterns of

das Gemeinschaftsleben in den mediterranen Schamkulturen vorrangig durch die Werte Ehre und Schande geprägt und geregelt, wobei Männern und Frauen diesbezüglich unterschiedliche Rollen zugeteilt werden: Danach, so Claudia Janssen und Rainer Kessler im *Sozialgeschichtlichen Wörterbuch zur Bibel*, bedeute Ehre für Männer »Stärke und Mut zu zeigen, großzügig und mit Weisheit zu agieren, während Ehre für Frauen vor allem auf den privaten Raum der Intimität bezogen sei: Ehre betreffe ihre personale und sexuelle Integrität, die nach außen hin verteidigt werden müsse«.[7] Mit ›Schande/Scham‹ würden dagegen Verletzungen dieser Vorstellungen von Männlichkeit bzw. Weiblichkeit verbunden. Dabei unterstelle das Konzept allerdings, so Claudia Janssen und Rainer Kessler weiter, »dass auch in einer Klassengesellschaft die handelnden Subjekte frei agieren und ihr Verhalten auf Ehrbarkeit ausrichten können«; es werde nicht gefragt, »wer sich ›Ehre‹ leisten kann und wer nicht«.[8] Nicht nur dies, auch die Texte selbst zeigen, dass das Konzept »Schamkultur versus Schuldkultur« nicht der alleinige hermeneutische Schlüssel sein kann, um das, was in der Hebräischen Bibel über Scham und Schande gesagt wird, präzise zu erfassen. Nur wenige Erzählungen wie Gen 34 und 2 Sam 13 (vgl. Dtn 22,13–21) spiegeln den »unterstellten [...] Ehrenkodex des unbedingten Schutzes der durch sexuelle Reinheit symbolisierten, für den Ruf der Familie ausschlaggebenden weiblichen Ehre«[9] wider. Sie erweisen sich dabei aber gleichzeitig als kritische Reflexionen dieses Ehrenkodex, indem sie die Dina und Tamar angetane sexuelle Gewalt und die infolge dieser Verbrechen entstehende männliche Gewalteskalation erzählerisch bezeugen. Nicht wenige Texte, nicht zuletzt das Hohelied,[10] lassen Abweichungen erkennen. Mehrfach ist es etwa auch die Schmach der Kinderlosigkeit, die Frauen zu einem Handeln führt, welches vor dem Hintergrund des unterstellten Ehrenkodex jedenfalls teilweise als ›problematisch‹ zu beurteilen ist (vgl. z.B. Gen 16; 30).

Japanese Culture, New York 1946, deutschsprachige Übersetzung: dies., Chrysantheme und Schwert. Formen der japanischen Kultur, Frankfurt a.M. 2006, passim) und *Margaret Mead* (1901–1978, vgl. dies., Interpretive Statement, in: Dies., Cooperation and Competition among Primitive Peoples, New York 1937, 493–505, passim) zurück. Sie wurde bei *Ruth Benedict* nicht durch Feldforschung, sondern vor allem in Auseinandersetzung mit japanischen Kriegsgefangenen sowie Emigrant_innen und Remigrant_innen gewonnen. Vgl. hierzu auch *Kunio Nojima,* Ehre und Schande in Kulturanthropologie und biblischer Theologie, Wuppertal/Wien 2011, 61–77; zum Ganzen vgl. ebd., 15–142.

7 *Claudia Janssen / Rainer Kessler,* Art. Ehre/Schande, in: *Frank Crüsemann* u.a. (Hg.), Sozialgeschichtliches Wörterbuch zur Bibel, Gütersloh 2009, 97–100, 98.

8 Ebd.

9 *Grund,* Art. Scham, 347.

10 Zu Scham im Hohelied vgl. *Diane Bergant,* ›My Beloved is Mine and I Am His‹ (Song 2:16): The Song of Songs and Honor and Shame, Semeia 68 (1994), 23–40, passim.

Insgesamt orientieren sich die alttestamentlichen Aussagen über Scham und Ehre nicht an einem geschlechtlichen Dualismus;[11] was »richtige« und was »falsche« Scham ist, erweist sich vielmehr ›theanthropologisch‹, d.h. im Zusammenhang gemeinschaftlicher Beziehungen *angesichts Gottes* und im Zusammenhang der (gemeinschaftlichen) Gottesbeziehung selbst.[12] Dennoch und gegen vorschnelle Verallgemeinerungen bleibt festzuhalten, dass es, bezogen auf das, was bei wem, unter welchen Umständen, warum beschämend ist, innerhalb der alttestamentlichen Überlieferungen eine große Bandbreite an verschiedenen, auch sich widersprechenden Formen gibt, die es zu differenzieren gilt.[13] In diesem Sinne müssen die verschiedenen Literaturen der Hebräischen Bibel zunächst je für sich auf ihr ›Schamverständnis‹ hin befragt werden. Dies will ich im Folgenden tun, indem ich – punktuell und exemplarisch – je einen ›Schamtext‹ aus den drei Teilen des *Tanak* (*Tora*, *Nebiim*, *Ketubim*) genauer betrachte.

3 »Sündenfall« oder »Fall in die Scham«? – Gen 2–3

In den Erzähltexten des Pentateuch und der Vorderen Prophetie werden die Phänomene Scham und Beschämung nur selten explizit thematisiert; wesentlich häufiger geschieht dies in den Texten der Hinteren Prophetie, in den Psalmen und im Buch der Sprichwörter, also im Kontext der Poesie.
Dennoch gibt es gleich am Anfang der Bibel eine Erzählung, die das Thema »Scham« prominent in Szene setzt, prominenter vielleicht, als dies die Auslegenden im Laufe der Geschichte gemeinhin wahrgenommen haben. Ich meine die sog. Sündenfallerzählung in Gen 3, die – so hat zuletzt Frank Crüsemann deutlich gemacht – eher vom »Fall in die Scham« handelt.[14] Frank Crüsemanns Ansatz will ich im Folgenden nachgehen.

11 Vgl. hierzu *W. Dennis Tucker*, Is Shame a Matter of Patronage in the Communal Laments?, JSOT 31/4 (2007), 465–480, 465, wo es – allerdings (nur) bezogen auf die Psalmen – heißt: »Within the Hebrew Bible, the concept of shame in both narrative and prophetic texts has received significant treatment. Typically, connections between gender identity and the shame/honor value complex are highlighted. In the Psalms, however, shame does not necessarily appear to be predicated upon gender identity.«

12 Vgl. *Grund*, Art. Scham, 347.

13 Vgl. *Jan Dietrich*, Über Ehre und Ehrgefühl im Alten Testament, in: *Janowski/Liess* (Hg.), Der Mensch im alten Israel, 419–452, 421.

14 Vgl. hierzu und zum Folgenden *Frank Crüsemann*, Was ist und wonach fragt die erste Frage der Bibel? Oder: das Thema Scham als »Schlüssel zur Paradiesgeschichte«, in: *Kerstin Schiffner* u.a. (Hg.), Fragen wider die Antworten, Gütersloh 2010, 63–79, passim.

Wesentlich ist zunächst, dass es am Ende der Erzählung von der Erschaffung der Menschen in Gen 2,25 heißt: »Und obwohl die beiden nichts anhatten, der Mensch als Mann und seine Frau, schämten sie sich nicht.« Hier kommt ein Schambegriff vor, בוֹשׁ, wichtig sind aber auch das »Nichts-Anhaben« bzw. »Nackt-Sein« (hebr. ערומים) und die ausdrückliche Erwähnung der »beiden« (hebr. שׁניהם), die auch fehlen könnte – steht doch der Plural des Verbs auch so da. In Verbindung mit der Verbalform von בוֹשׁ, dem Hitpolel, zielt das betonte »die beiden« auf ein reziprokes Geschehen: »Und obwohl die beiden nichts anhatten, [...] schämten sie sich nicht *voreinander*.«[15]

Die Konflikterzählung nimmt in Gen 3,1 aus Gen 2,25 zunächst das Motiv des »Nichts-Anhabens« bzw. des »Nackt-Seins« auf – jedenfalls charakterisiert sie die nun ins Spiel kommende Schlange mit einem Adjektiv, das denselben Konsonantenbestand aufweist wie »nackt«, im Deutschen aber in der Regel mit »listig«, »klug« oder »schlau« wiedergegeben wird. Die Übersetzung Frank Crüsemanns in der *Bibel in gerechter Sprache* bringt das hebräische Wortspiel auf gelungene Weise zum Ausdruck: »Die Schlange hatte weniger an, aber mehr drauf als alle anderen Tiere des Feldes [...].« Was die Schlange dann zur Frau sagt, ist nicht die erste Frage der Bibel, auch wenn häufig als Frage übersetzt wird. Die erste Frage der Bibel wird vielmehr, darauf komme ich noch zurück, in V. 9 von Gott gestellt. Was die Schlange sagt, ist vom Hebräischen her nicht als Frage, sondern als betonte Feststellung oder als erstaunter Ausruf zu begreifen: »Da hat doch tatsächlich Gott gesagt: ›Ihr dürft von allen Bäumen des Gartens nichts essen‹!« (Gen 3,1) »Die Schlange fragt nicht, sie will nicht etwas wissen, was sie noch nicht weiß. Sie hebt etwas hervor, macht auf etwas aufmerksam und löst dadurch ein Gespräch und eine veränderte Wahrnehmung aus«,[16] heißt es bei Frank Crüsemann. Die Schlange verbindet das Essen von den Früchten des Baums in der Mitte des Gartens mit der Möglichkeit eines menschlichen ›Erkenntnisgewinns‹: »Vielmehr weiß Gott genau, dass an dem Tag, an dem ihr davon esst, eure Augen geöffnet und ihr so wie Gott sein werdet, wissend um gut und böse« (Gen 3,5). Um welche Art von Erkennen (im Hebräischen steht ידע) geht es hier? Jedenfalls um eine, die gegessen wird, die durch den Magen geht und also nicht so sehr aus dem Kopf als vielmehr aus dem Bauch kommt. Genaueren Aufschluss gibt V. 7, der Vers, der sich unmittelbar an das Essen der Frucht durch die Frau und den Mann anschließt: »Da wurden beiden die Augen

15 So auch *Friedhelm Hartenstein*, ›Und sie erkannten, dass sie nackt waren ...‹ (Gen 3,7). Beobachtungen zur Anthropologie des Paradieserzählung, EvTh 65 (2005), 277–293, 286–288, kritisch hierzu *Grund*, »Und sie schämten sich nicht ...« (Gen 2,25). Zur alttestamentlichen Anthropologie der Scham im Spiegel von Genesis 2–3, in: *Michaela Bauks* u.a. (Hg.), Was ist der Mensch, dass du seiner gedenkst? (Psalm 8,5) Aspekte einer theologischen Anthropologie, FS Bernd Janowski, Neukirchen-Vluyn 2008, 115–122, 118.

16 *Crüsemann*, Frage, 64.

geöffnet und sie erkannten [wieder steht ידע], dass sie nichts anhatten. Sie hefteten Feigenblätter aneinander und machten sich Schurze.« Der ›Erkenntnisgewinn‹ wird hier mit den entscheidenden Vokabeln aus Gen 2,25 umschrieben: Sie erkennen, dass sie nichts anhaben, dass sie nackt, ערומים, sind – das, was vor dem Essen der Frucht ›Anlass‹ und Inhalt des Sich-nicht-voreinander-Schämens war. Und wieder ist – und wieder könnte das Wort fehlen – von »den beiden« (hebr. שׁניהם), genauer von »den Augen der beiden« die Rede; wie in Gen 2,25 ist deshalb von einer Gegenseitigkeit des Vorgangs, hier des Sehens, auszugehen: »Da wurden ihnen die Augen *füreinander* geöffnet [...].« Frank Crüsemann schreibt: »Sie sehen sich gegenseitig, sehen, dass sie sich sehen, und diese Erkenntnis ist eine, für die sie sich schämen.«[17] Es ist der Blick des oder der Anderen, der für elementare Schamvorgänge entscheidend ist. Dabei geht es um mehr als körperliche Entblößung in einem sexuellen Sinn; es geht, so sagt es der Psychoanalytiker Léon Wurmser, um »archaischere Formen von Bloßstellung und Enthüllung«.[18] Scham hat damit zu tun, dass mich der (imaginierte) Blick des oder der Anderen *unter* die Haut trifft, mich als die, die ich bin – und die Tatsache, dass ich bin – abgrundtief in Frage stellt. Wer sich der eigenen Existenz schämt, möchte am liebsten unsichtbar sein; Scham wirft Menschen auf sich selbst zurück, führt in Vereinzelung, Beziehungslosigkeit.
Das zeigt auch der weitere Verlauf der Erzählung; diese bleibt von der Scham bestimmt. Denn obwohl der Mann und die Frau ihre Blöße doch schon notdürftig bedeckt haben, verstecken sie sich, verstecken sich vor Gott. Gott stellt ihnen die erste Frage der Bibel überhaupt: »Wo bist du?« (V. 9), die Frank Crüsemann zufolge im Sinne von »Was ist mit dir passiert?« zu verstehen ist. Er erläutert dies folgendermaßen: »Diese Frage ist Gottes Reaktion auf das veränderte Verhalten der Menschen. Sachlich fragt die erste Frage somit nach der Scham, und so wird sie auch beantwortet. Damit ist schon Gottes erste Reaktion auf die Veränderung der Menschen eine Reaktion auf die Scham als ihren ersten und entscheidenden Ausdruck.«[19] Und sowohl in der Antwort des Mannes als auch in den weiteren Fragen Gottes geht es um das, was V. 7 als elementares gegenseitiges Erkennen vor Augen gestellt hatte, das Nackt-Sein. »Ich fürchtete mich, denn ich habe nichts an [...]« (V. 10) – »Wer hat dir denn gesagt, dass du nichts anhast [...]?« (V. 11) Die schamvolle Vereinzelung zeigt sich u.a. daran, dass die Menschen die Verantwortung für das Geschehene abzuschieben versuchen – der Mann auf die Frau, die Frau auf die Schlange (V. 12f.).

17 Ebd., 73; vgl. auch *Grund*, Anthropologie, 120f.
18 *Léon Wurmser*, Die Maske der Scham. Die Psychoanalyse von Schamaffekten und Schamkonflikten (1981), deutsche Übersetzung, Berlin u.a. 1990, 124.
19 *Crüsemann*, Frage, 65.

Was bedeutet es, dass die Paradieserzählung die Erkenntnis von Gut und Böse und das Nackt-Sein, das schamvoll-beschämende Nichts-Anhaben, derart ineinssetzt (vgl. Gen 3,5.22)? Ich denke, es geht in erster Linie um zwei Aspekte, die sich im Rückblick auf zwei jeweils andere Aussagen der Erzählung verdeutlichen lassen.

(a) Der erste Rückblick ist auf Gen 2,18 zu richten. Dort hatte Gott ja bereits gesagt, was nicht gut ist – »Es ist nicht gut, dass der Mensch allein ist« –, und hatte sich, gemeinsam mit dem Menschen, auf eine schließlich erfolgreiche kreative Suche nach einem Gegenüber für das Menschenwesen gemacht. Vor diesem Hintergrund ist das schaminduzierende Erkennen von Gut und Böse wohl in der Erkenntnis des Getrenntseins, des Alleinseins, des An-Beziehung-Scheiterns zu sehen. Erkennen, dass ich nackt bin, heißt erfahren, dass ich zutiefst verletzlich bin, so verletzlich, dass ich nicht bedingungslos vertrauen kann; heißt erfahren, dass ich mit Verletzungen durch andere Lebewesen rechne, rechnen muss.

(b) Der zweite Rückblick geht – erneut mit Frank Crüsemann – zu Gen 3,1 und damit zu dem die Schlange charakterisierenden Wortspiel um »nackt« (ערוֹם)[20] und »listig« bzw. »klug« (ערוּם). Im Singular unterscheiden sich die beiden Adjektive durch ein »Vokalisationspünktchen«; die Pluralform ist völlig identisch (עֲרוּמִּים, Gen 2,25). Wenn die Menschen mit dem Essen der verbotenen Frucht erkennen, dass sie »nackt« sind, so entdecken sie darin auch, dass sie wie die Schlange sind. »Die Scham, die sie überfällt, hängt auch mit dieser Ähnlichkeit zusammen.«[21] Erkennen, dass ich nackt bin, heißt erfahren, dass ich verletzen, dass ich Misstrauen säen, dass ich Beziehung zerstören kann.

Die Paradieserzählung ist mit der Entdeckung der Nacktheit – vor den Augen des/der jeweils Anderen und vor den Augen Gottes – noch nicht am Ende. In Gen 3,14–19 folgen die sog. Strafankündigungen an die Schlange, an die Frau und an den Mann. Frank Crüsemann deutet diese »Strafen«, die wohl eher als Konsequenzen zu begreifen sind, als Gegenmittel gegen die Scham unter ›nichtparadiesischen Bedingungen‹.[22] Definitiv ein Gegenmittel gegen die Scham ist jedenfalls das, was Gott Gen 3,21 zufolge tut: »Und ˀAdonajˀ, also Gott, machte selbst für den Menschen als Mann und für seine Frau Gewänder für die Haut und bekleidete sie.« Geschildert wird dies als göttlicher Schöpfungsakt, der das notdürftige Tun der Menschen aus Gen 3,7 (»Schurze«) aufnimmt und

20 Im weiteren Verlauf der Erzählung werden die verwandten (ebenfalls von עור II abzuleitenden) Adjektivformen עירמם (Plural, Gen 3,7) und ערם/ערום (Singular, Gen 3,10.11) gebraucht. Dieser Wechsel lässt das Wortspiel um ערום (Gen 2,25) und ערוֹם (Gen 3,1) noch einmal besonders hervortreten. Vgl. hierzu auch *Herbert Niehr,* Art. ערום, ThWAT VI (1989), 375–380, 377f.

21 *Crüsemann*, Frage, 75.

22 Vgl. ebd., 77–79.

weiterführt. Gott wendet sich darin den Menschen liebevoll zu, bedeckt, bekleidet sie und lehrt sie dadurch, »mit der Scham umzugehen, mit der Scham zu leben«.[23]

Vielleicht aber – und damit möchte ich über Frank Crüsemanns Deutung hinausgehen – zeigt die Erzählung nicht nur (gottgegebene) Möglichkeiten auf, »mit der Scham zu leben« – m.E. will sie vielmehr zur Darstellung bringen, dass und wie menschenwürdiges Leben angesichts Gottes (nur) vor dem Hintergrund erlernter bzw. entwickelter Scham möglich ist. Wenn nämlich, wie dies den ›Wortspielereien‹ in Gen 2,25; 3,1.5.7.22 zu entnehmen ist, Scham und die Erkenntnis von Gut und Böse zusammenfallen, kommt darin wiederum ein Doppeltes zum Ausdruck:

(a) Erst auf der Grundlage des Schamempfindens, im Bewusstsein der eigenen Verletzlichkeit wie des eigenen Verletzen-Könnens, werden Menschen in die Lage versetzt, die Äußerung Gottes »Es ist nicht gut, dass der Mensch allein ist« (Gen 2,18) zu begreifen und mitmenschliche Beziehung (und Gottesbeziehung) ›bewusst‹ und würdevoll zu gestalten.

(b) Erst auf der Grundlage des Schamempfindens, im Bewusstsein der eigenen Verletzlichkeit wie des eigenen Verletzen-Könnens, werden Menschen in die Lage versetzt, das Gebot Gottes – Gottes Weisung in ihrer Lebensförderlichkeit (vgl. Gen 2,16f.) – zu begreifen und ihr Dasein in der Schöpfung und mit den Mitgeschöpfen ›bewusst‹ und würdevoll zu gestalten.

Verkürzt gesagt: Ohne Scham (und zwar im Sinne von Intimitäts-, empathischer und Gewissensscham[24]) gibt es kein wirklich menschliches Miteinander im Angesicht Gottes![25] Das Erlernen von (lebensförderlicher) Scham wird dabei nicht als etwas von außen ›Aufoktroyiertes‹,

23 Ebd., 76. Zur Auslegung von Gen 3,21 vgl. auch *Benno Jacob*, Das Buch Genesis: Das Erste Buch der Tora, übersetzt und erklärt, Stuttgart 2000 (Berlin 1934), 123–125.

24 Diese drei Schamformen sind *Stephan Marks* zufolge (vgl. ders., Scham, 13–35) jeweils die konstruktiven ›Anteile‹ eines dreifachen ›Spektrums‹ der Scham. »Intimitäts-Scham oder Schamhaftigkeit hat die Aufgabe, die körperlichen und seelischen Grenzen und die Identität des Menschen zu wahren« (ebd., 28), »[e]mpathische Scham ist die Scham, die wir mit-fühlen, wenn wir Zeuge der Scham eines Mitmenschen sind, etwa wenn dieser erniedrigt wird« (ebd., 27), während Gewissensscham die Aufgabe hat, »die eigene Integrität zu schützen« (ebd., 34). Auf der anderen Seite des Spektrums stehen der Intimitätsscham die traumatische Scham, der empathischen Scham die Gruppenscham und der Gewissensscham die Anpassungsscham gegenüber.

25 Vgl. hierzu die Aussagen des Psychologen und Schamforschers *Wolfgang Hantel-Quitmann* (gefunden auf: http://www.wissen.de/podcast/warum-wir-uns-schaemen-podcast-165, letzter Aufruf am 06.05.2015): »Scham ist ein soziales Gefühl. Sie erinnert uns daran, dass wir soziale Wesen sind, die einander brauchen und aufeinander achten sollten«; und: »Ohne die Scham würden wir uns egoistisch und narzisstisch verhalten – mit einem Wort: unsozial.«

sondern im Sinne einer (aktiv-passiven) ›Ent-deckung‹ geschildert,[26] die nicht als *Beschämung* zu missdeuten ist – Gott nämlich stellt »Adam und Eva nicht bloß, sondern bedeckt ihre Scham«[27] (Gen 3,21). ›Fortan‹ sind Menschen aufgefordert, in Auseinandersetzung mit dem Gefühl der Scham Leben zu gestalten – und haben mit dem Gefühl der Scham zugleich eine ›Grundausstattung‹, wie dies würdevoll gelingen kann.[28] Was geschehen kann, wenn Menschen sich nicht anerkannt bzw. beschämt fühlen und wenn sie keinen Umgang mit diesen Empfindungen finden (können), zeigt eindrucksvoll die Erzählung von Kain und Abel in Gen 4,1–16 auf: Ein Nicht-Umgehen(-Können) mit dem Gefühl der Scham führt zur (in diesem Zusammenhang biblisch erstmals erwähnten) »Sünde« (חטאת), zur Eskalation von Gewalt (Gen 4,5–8).[29]

26 *Konrad Schüttauf* geht davon aus, dass die Ausprägung des Schamempfindens (das er in erster Linie im Sinne eines normierenden, regulierenden ›Gefühls‹ für das Leben in Gemeinschaften betrachtet) über einen Vorläufer, die sog. Proto-Scham geschieht. Er schreibt (ders., Die zwei Gesichter der Scham, Psyche 62 (2008), 840–865, 850f.): »Voll ausgebildete Scham deckt ein Ungenügen auf, das vorher verborgen wurde, es trifft also, wie wir sagen können, keinen ›Unschuldigen‹. Bei der Proto-Scham dagegen hat das Kind von den Normen und Idealen, nach denen es verworfen wird, noch gar keine Ahnung. Es weiß nicht, wie es sein soll, was es zu zeigen und was es zu verbergen hat. Die Tragik der Proto-Scham ist, daß sie *notwendig* einen Unschuldigen trifft: Man zwingt das Kind, sich zu schämen, indem man es mit einem ›Schäm dich!‹ konfrontiert, das es nicht verstehen kann, das zu verstehen ihm aber gleichwohl harsch angesonnen wird. Es liegt eine tiefe Ungerechtigkeit in der Art, wie uns Normen und Ideale als verbindlich beigebracht werden, eine Ungerechtigkeit, mit der wir vielleicht alle ein Leben lang nicht aufhören können zu hadern.« Mir scheint dies gut zur Paradieserzählung in Gen 2–3 zu passen – die Frau übertritt ja das von JHWH gegebene Gebot, gleichzeitig aber wird in ihrem Dialog mit der Schlange zum Ausdruck gebracht, dass sie es noch nicht ›begriffen‹ hat, noch nicht damit umzugehen weiß.

27 *Marks*, Scham, 53. Zum Ganzen vgl. ebd., 51–53.

28 Vgl. hierzu auch *Ulrike Wagner-Rau,* Scham. Blickwechsel zwischen Theologie und Psychoanalyse, Pastoraltheologie 100 (2011), 184–197, 188, wo es zur sog. Sündenfallerzählung heißt: »Aber die Menschen haben auch viel gewonnen: Sie sind herausgetreten aus dem Stand der träumenden Unschuld in die Erkenntnis und in das Unterscheidungsvermögen: Es ist nicht alles eins, und es ist nicht alles gut. Das ist die Voraussetzung dafür, dass sie die Welt verantwortlich und in endlicher Freiheit gestalten können. Die Scham hat etwas in Gang gesetzt, was ohne sie nicht wäre.«

29 Vgl. hierzu auch ebd., 193: »Kains Missachtung lässt seine Gesichtszüge ›zerfallen‹ […]. Er verliert sich, und seine Beschämung wird sichtbar. Die Ohnmacht verwandelt sich in mörderischen Zorn. Gott appelliert an Kain, sich diesem Zorn und den daraus erwachsenden Untaten zu entziehen. Aber der Appell verfehlt sein Ziel, weil die Wunde im Selbst so tief und bedrohlich ist. Kain erschlägt seinen Bruder Abel. Diese Geschichte handelt vom Ursprung menschlicher Destruktivität. Eine übermäßige Beschämung, eine Verweigerung des freundlichen Ansehens steht in ihrem Zentrum. […] Grenzenlose Gewalt und grenzenlose Beschämung sind Geschwister.«
Zur Abwehr von Scham mittels Zorn, Wut und Gewalt vgl. auch *Marks*, Scham, 91–94; zu weiteren Formen der Schamabwehr vgl. ausführlich ebd., 71–101.

4 Traumatische Scham und Gewissensscham – Ez 16 und Ez 36

In der Schriftprophetie verbinden sich die Themen Beschämung und Scham mit wesentlichen Themen prophetischer Verkündigung. Dieser gelten die verfehlte JHWH-Verehrung und die Hinwendung zu anderen Gottheiten als ebenso »schändlich« und »blamabel« wie die verkehrte Außen- und Bündnispolitik (vgl. z.B. Hos 4,18; 9,10; 10,6).[30]
Insbesondere das Ezechielbuch, das sich als Ganzes als Trauma-Literatur in Reaktion auf die Kriegskatastrophe von 589–587 v.u.Z. begreifen lässt,[31] hält dabei auch Erfahrungen traumatischer Scham fest. So heißt es etwa in Ez 7, wo die Kriegskatastrophe und deren Folgen als Gerichtstag JHWHs beschrieben werden:

> (16) Die, die davonkommen, ziehen in den Bergen umher wie die Tauben der Täler. Alle stöhnen sie angesichts ihrer Schuld. (17) Alle Hände hängen schlaff herunter, alle Schenkel triefen von Urin. (18) Sie ziehen Trauerkleider an, Schrecken bedeckt sie, auf all ihren Gesichtern liegt Scham (בושׁה), alle Köpfe: kahl geschoren.

Besonders eindrücklich erscheint in diesem Zusammenhang die metaphorische Biographie der Stadtfrau Jerusalem in Ez 16,[32] die sich auch als eine Art Scham-Geschichte beschreiben lässt. Jerusalem wird zunächst als Mädchen dargestellt, das am Tag seiner Geburt nackt aufs Feld geworfen, also ausgesetzt wird – und damit ein vernichtendes Trauma erfährt. Auch die spätere Zuwendung JHWHs, der sie ›ehelicht‹ und sie als Königin ausstaffiert, vermag Jerusalem nicht davon abzuhalten, sich mit fremden politischen Bündnispartnern und deren Gottheiten ›einzulassen‹. Die Strafe, die sie dafür erfährt, ist mehr als grausam: Gott entblößt (גלה) sie – ein Begriff, mit dem in anderen Zusammenhängen Vergewaltigung beschrieben wird – vor ›aller Welt‹. Ich denke, dass darin der babylonische Angriff auf Jerusalem ins Bild gesetzt wird, in ein Bild, das die Schrecken des antiken Belagerungskrieges, mit denen alle Bewohner_innen Jerusalems, Männer und Frauen, Kinder und Alte, Soldaten und Zivilpersonen, konfrontiert waren, im wahrsten Sinne des Wortes anschaulich macht. Die metaphorische Biographie der Stadtfrau macht dabei auch greifbar, dass und wie Erfahrungen von intrusiver Gewalt, Kriegsgräueln oder Folter bei den Betroffenen tiefste Schamgefühle auslösen können, Schamgefühle, die derart traumatisch sind, dass sie

30 Zum Ganzen vgl. *Grund*, Art. Scham, 348. Zur Scham im Ezechielbuch vgl. *Margaret S. Odell*, The Inversion of Shame and Forgiveness in Ezekiel 16.59–63, JSOT 56 (1992), 101–112, passim; *Jacqueline E. Lapsley*, Shame and Self-Knowledge: The Positive Role of Shame in Ezekiel's View of the Moral Self, in: *Margaret S. Odell / John T. Strong* (Hg.), The Book of Ezekiel: Theological and Anthropological Perspectives (SBL.SS 9), Atlanta 2000, 143–173, passim; *Johanna Stiebert*, The Construction of Shame in the Hebrew Bible: The Prophetic Contribution, New York / London 2002, 129–162; *Poser*, Ezechielbuch, 517–541.
31 Vgl. hierzu *Poser*, Ezechielbuch, 249–339.
32 Zu Ez 16 vgl. ebd., 371–409.

einer Vernichtung gleichkommen. So massiv ist jedenfalls die Scham Jerusalems, dass sie auch durch die von Gott großmütig gewährte Vergebung nicht aufgehoben wird – im Gegenteil scheint die Vergebung sogar noch tiefer in die Scham hineinzuführen:[33] »So wirst du dich erinnern und dich schämen. Mundtot wirst du sein angesichts deiner Demütigung, wenn ich dich von all dem, was du getan hast, losspreche [...]« (16,63).

Wird also, wie Alexandra Grund es formuliert, im Ezechielbuch »kein Ausweg aus Scham und Beschämung gewiesen«?[34] In der Tat muss sich in dieser biblischen Schrift, so sagt es Jürgen Ebach, »das Heil [...] lange durcharbeiten durch das Unheil«.[35] Doch an späterer Stelle wird das Thema der Scham noch einmal nuanciert aufgenommen. Im Zuge der – vorsichtigen – Heilsverheißungen in den hinteren Kapiteln des Buches ist Folgendes zu lesen (Ez 36,27–32):

(27) Meine Geistkraft will ich in eure Mitte geben und euch zu Menschen machen, die meinen Bestimmungen folgen und mein Recht bewahren und verwirklichen. (28) In dem Land werdet ihr leben, das ich euren Vorfahren gegeben habe. Ihr werdet zum Volk für mich werden, und ich, ich werde für euch Gott sein. (29) Ich befreie euch von all eurer Verstrickung. Ich rufe dem Getreide zu und lasse es üppig wachsen. Hunger werde ich nicht wieder über euch hereinbrechen lassen. (30) Ich mehre die Frucht der Bäume und den Ertrag der Felder, damit euch die Nationen nicht länger verhöhnen, weil ihr hungern müsst. (31) Ihr aber sollt euch Gedanken machen über eure Lebensweise, die unheilvoll war, und eure Handlungen, die nicht gut gewesen sind! Entsetzt werdet ihr sein über euch selbst wegen eurer Schuldverstrickung, weil ihr verachtet habt, was heilig ist. (32) Nicht um euretwillen handle ich [...], das soll euch bewusst werden! Errötet, schämt euch wegen eurer Lebensweise, Haus Israel!

Im Kontext der hier gemachten Zusagen geht es auch, das ist nicht zu übersehen, um die Wiederherstellung der Ehre Gottes, die durch die Niederlage seines Volkes gleichsam mit ›in den Schmutz gezogen‹ wurde. Gleichzeitig aber zielen die hier formulierten Verheißungen darauf, dass ›angemessene‹ Scham an die Stelle der ›falschen‹ Scham tritt: Gott verspricht, Israel aus der traumatischen Erstarrung zu befreien, macht es durch die Gabe göttlicher Geistkraft neu handlungsfähig im Sinne seiner Lebensweisung. Die traumatische Scham, ausgelöst durch die Verhöhnung durch die Nationen, soll aufhören; das Gottesvolk soll unter menschenwürdigen Bedingungen im Land Israel leben können. Vor diesem Hintergrund ist die sich anschließende Aufforderung, sich zu schämen, m.E. nicht als neuerliche traumatische Beschämung zu lesen. Im Gegenteil verstehe ich den zitierten Abschnitt als Reflexion darüber,

33 Vgl. hierzu auch *Odell*, Inversion, 111f.

34 *Grund*, Art. Scham, 348.

35 *Jürgen Ebach*, Ezechiel isst ein Buch – Ezechiel ist ein Buch, in: ders., »Iss dieses Buch!« Theologische Reden 8, Wittingen 2008, 11–24, 23.

was es zur Entwicklung schützender Intimitätsscham und lebensförderlicher Gewissensscham braucht.

5 Auseinandersetzung mit Scham und Beschämung: ein »theopolitisches Geschehen« – Psalm 69

Statistisch betrachtet, kommen die genannten Verbalwurzeln für »schämen« und deren Derivate im Psalter in besonderer Häufung vor.[36] Dabei fällt zweierlei auf:

(a) Zum einen finden sich die weitaus meisten Belege, nämlich 63, in der ersten Hälfte des Psalmenbuchs, die bis Ps 78,36 reicht, die zweite Hälfte des Psalmenbuchs weist mit 26 Belegen wesentlich weniger Vorkommen auf. Ähnlich wie das Psalmenbuch insgesamt einen Meditationsweg von der Klage zum Lob beschreitet, zeichnet sich in ihm auch (und mit Ersterem zusammenhängend) ein Weg von (falscher) Scham und Beschämung hin zu »Ehre« und »Würde« ab. Ehre und Verehrung, Würde und Würdigung der Gottheit Israels erweisen sich dabei immer wieder auch als abhängig vom »Status« der Beterinnen und Beter und des Volkes Israel, zu dem sie gehören. Erst, wo Letztere von »falscher Scham« und entwürdigender Beschämung frei werden, wird die Würdigung Gottes und seines Willens möglich. In diesem Sinne heißt es schließlich in Ps 119,46: »Vor Königen werde ich sprechen von dem, was dich [Gott] bezeugt, und ich schäme mich nicht.«

(b) Was die Verteilung der Scham-Belege im Psalter angeht, fällt noch ein Zweites auf: Die knapp 90 Vorkommen von Scham-Begriffen konzentrieren sich auf insgesamt 30 der 150 Psalmen, darüber hinaus kommt es nochmals zu deutlichen Häufungen in einzelnen Psalmen. Ps 35, Ps 69, Ps 71 und (der bekanntermaßen außerordentlich lange) Ps 119 weisen jeweils sieben bis zehn Belege auf; Ps 35, Ps 69 und Ps 71 lassen sich deshalb als regelrechte »Scham-Psalmen« betrachten. Ich will im Folgenden Psalm 69 etwas genauer in den Blick nehmen – in keinem anderen Psalm, so heißt es bei Alexandra Grund

36 Zu Scham in den Psalmen vgl. u.a. *Odell*, An Exploratory Study of Shame and Dependence in the Bible and Selected Near Eastern Parallels, in: *K. Lawson Younger / William W. Hallo / Bernard F. Batto* (Hg.), The Biblical Canon in Comparative Perspective: Scripture in Context IV (= ANETS 11), Lewiston u.a. 1991, 217–233, 224–229 (insbesondere Ps 22); *Phil J. Botha*, Shame and the Social Setting of Psalm 119, OTE 12 (1999), 389–400, passim (Ps 119); *ders.*›The Honour of the Righteous Will Be Restored‹: Psalm 75 in Its Social Context, OTE 15 (2002), 320–334; *Stiebert*, Construction, 162–164 (Exkurs); *Tucker*, Shame, passim (Klagelieder des Volkes); *Nojima*, Ehre, 303–335; *Grund*, »Schmähungen der dich Schmähenden sind auf mich gefallen«. Kulturanthropologische und sozialpsychologische Aspekte von Ehre und Scham in Ps 69, EvTh 72 (2012), 174–193, passim (insbesondere Ps 69).

zu diesem Text – »werden die sozialen Mechanismen von Demütigung und Scham so facettenreich erfasst«.[37]

Bei Psalm 69 handelt es sich um ein Klagelied eines/einer Einzelnen; Erich Zenger spricht von einem »Hilferuf eines unschuldig Verfolgten«.[38] Der Text gliedert sich in zwei Klagegänge, die von V. 2–13 und von V. 14–30 reichen, und in ein Lobversprechen (V. 31–37). Die beiden Klagegänge sind beide nochmals zweigeteilt – die jeweils ersten Abschnitte, V. 2–5 und V. 14–19, operieren »mit einem ganzen Netz verschiedener Leitworte, das um das Bildfeld des Versinkens in tiefem Wasser/Schlamm und die Feindnot kreist«.[39] Die jeweils zweiten Abschnitte, V. 6–13 und V. 20–30, die pointiert mit »Du, (Gott,) du weißt« eingeleitet werden, arbeitet »stilistisch abweichend fast nur mit dem Wortfeld Schmach, Schande, Scham.«[40] Diesen Abschnitten, die (die) insgesamt zehn Scham-Begriffe des Psalms enthalten, will ich mich nun zuwenden. Ps 69,6–13 lautet (*Zürcher Bibel 2007*):

(6) Gott, du allein weißt um meine Torheit,
und meine Schuld ist vor dir nicht verborgen.
(7) Mögen durch mich nicht zuschanden werden (בוש), die auf dich hoffen,
Herr, du Herr der Heerscharen.
Mögen durch mich nicht in Schande geraten (כלם), die dich suchen,
Gott Israels.
(8) Denn um deinetwillen trage ich Schmach (חרפה),
bedeckt Schande (כלמה) mein Angesicht.

37 *Grund*, Schmähungen, 180.

38 *Erich Zenger*, Die Psalmen, in: Ders. (Hg.), Stuttgarter Altes Testament. Einheitsübersetzung mit Kommentar und Lexikon, Stuttgart [3]2005, 1036–1219, 1115.

39 *Grund*, Schmähungen, 181.

40 Die stilistische und metaphorische Differenz – das Bildfeld des Versinkens in den jeweils ersten Abschnitten der beiden Klagegänge (V. 2–5.14–19) und das Wortfeld Scham/Schande/Schmach in den jeweils zweiten Abschnitten (V. 6–13.20–30) – hat man im Verlaufe der Auslegungsgeschichte und zuletzt wieder vermehrt als Hinweis auf eine mehrstufige Entstehung des Psalms gewertet. Danach stelle V. 2–5.14–19.31 den ursprünglichen Grundbestand des Psalms dar, »der durch V. 6–13.20–30, zugleich oder später mit V. 32–34 fortgeschrieben wurde« (*Grund*, Schmähungen, 181; vgl. *Zenger / Frank-Lothar Hossfeld*, Psalmen 51–100 [HThK], Freiburg i.Br. / Basel / Wien 2000, 266–268; *Norbert Tillmann*, Das Wasser bis zum Hals!: Gestalt, Geschichte und Theologie des 69. Psalms [MThA 20], Altenberge 1993, 112–141). Vor dem Hintergrund, dass – für diesen Hinweis bin ich *Stephan Marks* sehr dankbar – übermäßige Scham und (reales) Ertrinken sich – bezogen auf die neurophysiologische und -psychologische Phänomenologie – sehr ähnlich sind, sind die jeweils beiden Abschnitte der beiden Klagegänge kaum so eindeutig voneinander zu trennen (auch in der deutschen Sprache gibt es ja die Formulierung »vor Scham im Boden versinken«). Es scheint mir von daher (jedenfalls zunächst) geboten, von der Einheitlichkeit des Textes (diese nimmt z.B. *Hans-Joachim Kraus*, Die Psalmen [BK 15/1], Neukirchen-Vluyn [6]1989, 641 an) auszugehen und den Versuch zu unternehmen, die verschiedenen Bildwelten/Wortfelder aufeinander zu beziehen. Zur Neurobiologie traumatischer Scham vgl. allgemeiner auch *Marks*, Scham, 66–69.

(9) Entfremdet bin ich meinen Brüdern,
ein Fremder den Söhnen meiner Mutter.
(10) Denn der Eifer für dein Haus hat mich verzehrt,
und die Schmähungen (חרפה) derer, die dich schmähen (חרף), sind auf mich gefallen.
(11) Ich weinte und fastete,
und es brachte mir Schmach (חרפה).
(12) Ich nahm als Kleid den Sack
und wurde ihnen zum Gespött.
(13) Es reden über mich, die im Tor sitzen,
und mit Liedern die Zecher beim Wein.

Wichtig erscheint mir in diesen Versen zunächst dies: Zwischen Schuld und Scham wird deutlich getrennt. Es ist, so beschreibt es Alexandra Grund, »nicht Anlass von Scham, dass JHWH um Torheit und Schuld [und damit um die ›Unvollkommenheit‹, R.P.] des betenden Ich weiß. Im Gegenteil bezeugt es gerade diejenige große Vertrautheit zum persönlichen Gott, die als Grundlage der folgenden Klagen dient.«[41]
Darüber hinaus zeichnet der Abschnitt gleich drei verschiedene Scham-Schande-Konflikte, in deren Zentrum das betende Ich steht und die miteinander verwoben erscheinen:

(a) Das betende Ich sympathisiert mit der Gruppe derer, die auf die Gottheit Israels hoffen, die sie suchen. Es bittet daher darum, dass diese Gruppe nicht beschämt werden möge, dass die Schmach, die das betende Ich selbst erfährt, nicht auch diese Gruppe treffen möge (V. 7).
(b) Das betende Ich erfährt Beschämung ›um Gottes willen‹ (V. 8), weil es sich leidenschaftlich für den Tempel Gottes eingesetzt hat (V. 10a); diese Beschämung erlebt es als Entfremdung, als Getrenntsein von denen, denen es nahesteht und nahestehen möchte (V. 9). V. 8b zeigt dabei »das Gesicht als leiblichen Ort der Scham«.[42]
(c) Die Schmach, die das betende Ich erleidet, hängt mit einer Gruppe zusammen, die JHWH schmäht; diese auf Gott bezogene Schmähung fällt auf den Beter / die Beterin selbst zurück (V. 10b: »Schmähungen derer, die dich schmähen, sind auf mich gefallen«). Unter den Spöttern sind V. 13 zufolge Personen, die – so Erich Zenger – »sich den Luxus von Trinkgelagen leisten können« und »im Stadttor, dem Ort des öffentlichen Lebens sitzen (wo der sitzt, der etwas ›zu sagen‹ hat, sei es in gesellschaftlicher, wirtschaftlicher oder auch juristischer Hinsicht)«.[43]

Gezeichnet wird ein sich potenzierendes Geflecht aus Scham und Beschämung, das das betende Ich selbst nicht mehr zu unterbrechen vermag; die Reaktionen der Trauer, die es gezeigt, die Selbstminderungsriten, die es durchgeführt hat, haben ihm nur weitere Schmach eingebracht (V. 11f.). Und diese Schmach droht nicht nur auf andere Anhängerinnen

41 *Grund*, Schmähungen, 188.
42 Ebd.
43 *Zenger/Hossfeld*, Psalmen, 273.

und Anhänger der Gottheit Israels überzugehen – sie trifft, auch wenn dies nicht explizit gesagt wird, auch JHWH selbst. Dies hängt u.a. damit zusammen, dass die Beziehung zwischen einer persönlichen Schutzgottheit und den sie Verehrenden im Alten Orient im Sinne einer Beziehung zwischen einem Patron / einer Patronin und Klienten und Klientinnen vorgestellt wurde, in der »beide Seiten Verpflichtungen verschiedener Art [hatten]«.[44] »Klienten waren dem Patron zur Unterstützung etwa durch Abgaben und zu Treue verpflichtet. Der Patron hingegen war zu ihrem Schutz verpflichtet – nicht nur für Leib und Leben, sondern auch vor Demütigung.«[45] Gelingt dieser Schutz nicht, fällt die Verhöhnung der Klienten und Klientinnen auf den Patron bzw. die Patronin selbst zurück. Mit der Ehre der ihn Verehrenden steht also zugleich die Ehre Gottes auf dem Spiel. Wenn die zu JHWH Gehörenden sich in einer gesellschaftlichen, wirtschaftlichen, juristischen Situation befinden, die dem Willen JHWHs widerspricht und in der und für die sie JHWH nicht loben und ehren können, dann wird JHWH kein Lob, keine Ehre zuteil. Erst – und das ist oftmals das *argumentum ad deo* der Psalmbeterinnen und -beter – wenn deren Notlage (hier die massive Beschämung) beendet wird, sich Gott zu dieser Notlage in Beziehung setzt, können Gotteslob und Ehre Gottes neu Raum bekommen.
Dies bezeugt auch der weitere Verlauf von Psalm 69. Nach einem Klage- und Bittabschnitt, in dem das Bildfeld der vernichtenden Wasser und des verschlingenden Schlamms noch einmal aufgegriffen und Gott um Befreiung angegangen wird, kommt das betende Ich ab V. 20 noch einmal – und mit noch massiveren Worten – auf das Phänomen der Schmach zurück:

(20) Du [Gott] kennst meine Schmach (חרפה) und meine Schande (כלמה),
vor Augen sind dir alle meine Widersacher.
(21) Die Schmach (חרפה) hat mir das Herz gebrochen,
ich sieche dahin.
Ich hoffte auf Mitleid, doch da war keines,
auf Tröster, doch ich fand sie nicht.
(22) Gift gaben sie mir zur Speise
und Essig zu trinken für meinen Durst.

Sehr eindrücklich werden in diesen Versen die lebensmindernden, ja: tödlichen Konsequenzen traumatischer Beschämung und Scham zur Sprache gebracht; auch die völlige soziale Isolation und Degradierung kommen noch einmal zum Ausdruck. Ähnlich heißt es etwa in Ps 42,11: »Wie Mord ist es in meinen Gebeinen, wenn meine Gegner mich verhöhnen, da sie allezeit zu mir sagen: Wo ist dein Gott?«, und auch bei

44 *Grund*, Schmähungen, 186.
45 Ebd. Vgl. hierzu auch *Saul M. Olyan*, Honor, Shame, and Covenant Relations in Ancient Israel and its Environment, JBL 115/2 (1996), 201–218, passim; *Tucker*, Shame, passim.

den Rabbinen werden traumatische Beschämung und die Auslöschung von Leben parallelisiert: »Wenn jemand seinen Nächsten öffentlich beschämt, so ist es ebenso, als würde er Blut vergießen. [...] wir sehen auch wie die Röte schwindet und die Blässe kommt«,[46] lautet eine Aussage in Baba Mezia 58b. Gerade im Zusammenhang intrusiver Gewalterfahrungen kommt es – wie Stephan Marks vermutet, aufgrund der Zertrümmerung der schützenden Intimitäts-Scham[47] – häufig dazu, dass Gewaltopfer von Schamgefühlen bestimmt werden – Schamgefühle, die eigentlich der Gewalttäter, die Gewalttäterin haben müsste. Die Psalmen sind hier sehr eindeutig: Schämen sollen sich, dies zeigt etwa Ps 35,4, die Täter und Täterinnen, nicht die Opfer von Gewalt: »In Schmach und Schande sollen geraten, die mir nach dem Leben trachten, zurückweichen und beschämt werden, die auf mein Unglück sinnen.« Oft sind solche und ähnliche ›Feindschädigungsbitten‹ im Sinne einer Eskalation von Gewalt betrachtet worden, so, als würde hier einer Endlosspirale aus Scham und Beschämung das Wort geredet. Dass dies nicht intendiert ist, lässt sich m.E. auch und gerade am weiteren Verlauf von Psalm 69 gut aufzeigen, der in V. 23–29 mit massiven ›Feindschädigungsbitten‹ fortsetzt. Diese lauten u.a.:

(24) Ihre Augen sollen dunkel werden, dass sie nicht sehen,[48]
und ihre Hüften lass immerfort wanken.
(25) Gieß aus über sie deinen Grimm,
und die Glut deines Zornes erfasse sie.
(26) Veröden möge ihr Lagerplatz,
und niemand wohne in ihren Zelten.

Und schließlich:

(29) Sie sollen getilgt werden aus dem Buch des Lebens,
sie sollen nicht aufgeschrieben werden bei den Gerechten.

Drei Aspekte scheinen mir bezogen auf diese Feindschädigungsbitten zentral:

(a) Auffällig ist zunächst, dass hier – anders als in anderen Psalmen – nicht direkt um eine Beschämung der Feinde gebeten wird. Vielmehr sollen die Feinde die psycho-physische und soziale Lebensminderung erfahren, die das tödlich beschämte betende Ich erlebt. Dies zeigt einmal mehr die Schwere der Schmach, der der Beter / die Beterin ausgesetzt ist; es macht aber auch noch einmal deutlich, dass

46 Der babylonische Talmud, neu übertragen durch *Lazarus Goldschmidt*, Band 7: Baba Qamma und Baba Mezia, Berlin 1933, 634.
47 Vgl. *Marks*, Scham, 29–33.38–43.
48 In V. 24a wird der Zusammenhang von Scham und (imaginiertem) Blick des oder der Anderen noch einmal besonders augenfällig. Der Beter / die Beterin wünscht sich (allererst!), dass der Scham induzierende Blick der Widersacher_innen aufhören möge.

und wie Beschämung Menschen vernichten kann – und dass die Hebräische Bibel um diese Konsequenzen weiß.

(b) Des Weiteren ist wichtig, dass hier nicht auf die Wieder-Beschämung der Feinde durch Menschen gezielt ist; vielmehr wird diese Wieder-Beschämung Gott anheimgestellt. JHWH wird als der zuständige Rechtshelfer aufgerufen.

(c) Schließlich ist bezogen auf das aggressive Moment, das den Feindschädigungsbitten unverkennbar innewohnt, festzuhalten: Expressiv-affektive Äußerungen von Beschämungs- und Rachewünschen gehen nicht zwangsläufig mit einer tatsächlichen Schädigungsabsicht einher. Ulrike Bail formuliert mit Bezug auf die sog. Rachepsalmen: »Menschen, die so beten, tun dies in Situationen tiefster Erniedrigung und Ohnmacht. Sie schreien verzweifelt um ein Ende der Gewalt, und ihre Rachewünsche sind als Protest, Anklage und Hilfeschrei zu hören. Die Äußerungen von Vergeltung und Rache können ein wirksames Mittel sein, Traumata und Verletzungen zu verarbeiten, sie in Sprache zu fassen und dadurch an einer Bewältigung zu arbeiten, die nicht auf Rache und erwiderte Gewalt hinauslaufen muss.«[49]

Psalm 69 zufolge gelingt dieser Weg – zwar sind Demütigung und Schmerzen nicht einfach verschwunden, dennoch wird das betende Ich, nachdem es sich durch die Versprachlichung der Lebensminderungswünsche ein Stück weit aus der Umklammerung durch die Feinde gelöst hat, wieder handlungsfähig. Der Beter / die Beterin verspricht, Gott mit einem Loblied die Ehre zu geben. Er/sie bleibt darin nicht für sich, sondern geht – und es fällt auf, dass dies auch in anderen Psalmen, die von massiver Beschämung des betenden Ich berichten, der Fall ist – mit diesem Gotteslob an die Öffentlichkeit; es weiß sich reintegriert in die Gruppe der Gott Suchenden. Der Psalm mündet in seinen letzten Versen in eine politische Vision, die aufnimmt und übersteigt, was Anlass für die Schmähung des Beters / der Beterin war: der Eifer für das Haus JHWHs:

(36) Denn Gott wird Zion helfen
und die Städte Judas aufbauen,
und dort werden sie sich niederlassen und es in Besitz nehmen;
(37) und die Nachkommen seiner Diener werden es erben,
und die seinen Namen lieben, werden darin wohnen.

Ob ein ›konstruktiver‹ Weg aus Beschämung und Scham gelingt, hat, so Stephan Marks, damit zu tun, dass Beschämung und Scham bewusst wahrgenommen, zugelassen und als das, was sie sind, ausgehalten werden können. Schamgefühle aber können in aller Regel nur offenbart

49 *Ulrike Bail,* Art. *nakam* (hebr.) – rächen, vergelten, ahnden, in: Dies. u.a. (Hg.), Bibel in gerechter Sprache, Gütersloh 2006, 2370f.; vgl. auch *Grund*, Schmähungen, 191f.

werden, wenn der oder die Beschämte darauf vertrauen kann, dass Offenheit nicht zu neuerlicher Verletzung führt – es bedarf also einer vertrauensvollen Beziehung und eines geschützten Raums, damit Schamgefühle gezeigt werden können.[50] Psalm 69 zufolge ist dies die Beziehung zur Gottheit Israels, von der das betende Ich in V. 34 sagt (vgl. Ps 22,25): »Denn JHWH erhört die Armen, und seine Gefangenen verachtet er nicht (בזה).«

6 Fazit oder: Scham und Schuld

Eine wesentliche Einsicht ist m.E. schon, dass das Erste Testament die Phänomene Beschämung und Scham sehr differenziert und ›feinfühlig‹ wahrnimmt. Zu dieser ›Feinfühligkeit‹ gehört in besonderer Weise die Differenzierung von Scham und Schuld. Die Paradieserzählung, für die diese Differenzierung vielleicht allererst noch entdeckt werden muss, erweist die menschliche Möglichkeit von Scham und Beschämung – nicht Schuld oder Sünde – als entscheidenden ›Störfaktor‹ (aber auch als konstruktives Moment!) in dem, was gelingende Beziehung Gott, Menschen und Welt gegenüber ausmacht.
Das Ezechielbuch macht deutlich, dass Vergebung von Schuld nicht unbedingt zum Freiwerden von traumatischer Scham führt – und dass umgekehrt würdige Lebensbedingungen entscheidende Voraussetzung dafür sind, dass lebensförderliche Initmitäts- und Gewissensscham entwickelt werden können.
Psalm 69 zeigt: Das Wissen um eigene Schuld und die Möglichkeit eigenen Schuldigwerdens ist nicht zwingend ein Anlass zur Scham. Die Opfer von Gewalt dürfen nicht die Scham tragen, die die Gewalttäterinnen und -täter aufgrund ihres Tuns empfinden müssten. Die Gottheit Israels selbst wird als Garantin angerufen, die diesbezüglich für Gerechtigkeit sorgt – und zu sorgen hat. Darin wird nicht nur allem *Blaming-the-Victim* eine überdeutliche Absage erteilt. Psalm 69 lässt darüber hinaus erkennen, dass genau diese ›Zu-Recht-Bringung‹ das betende Ich von lähmender, isolierender Scham befreit, es in Gemeinschaft re-integriert und neu handlungsfähig werden lässt. Dass der Beter, die Beterin Gott vollmundig zu loben und sich so für die Zukunft Gottes und eine Welt im Shalom zu engagieren beginnt, macht einmal mehr deutlich, dass es sich sowohl bei Beschämung und Scham als auch beim Freiwerden von vernichtenden Schamgefühlen um ein gemeinschaftliches, um ein theopolitisches Geschehen handelt.

50 Vgl. *Marks*, Scham, 157.

Moisés Mayordomo[1]

Zwischenmenschliche Vergebung in der Perspektive des Matthäusevangeliums

1 Tout est pardonné? Von Charlie Hebdo zu Hannah Arendt

Das Bild ist bekannt und wird sich der kollektiven Erinnerung wohl einprägen: Der Prophet Mohammed weint. Er steht vor einem grünen Hintergrund mit einem Schild, auf dem zu lesen ist: »Je suis Charlie«. Das Titelblatt der Nummer 1178 des Satireblatts »Charlie Hebdo« vom 14. Januar 2015 markiert auf eindrückliche Weise den Abstand zwischen dem Islam und den Attentätern von Paris. Es ist Trauer und nicht Wut, Mitgefühl und nicht Rachsucht, die sich im Gesicht des Propheten abzeichnen. Mit seinen Tränen stellt er sich auf die Seite der Opfer. Doch das eigentlich Verblüffende, ja vielleicht Schockierende, steht *über* dem Kopf des Propheten geschrieben: *Tout est pardonné*. Alles ist vergeben!

Wer spricht diese Vergebung aus? Wer *kann* überhaupt einen solchen Satz sprechen? Wer ist Subjekt und wer ist Objekt? Vergibt der Prophet den Karikaturisten für ihre Verletzung religiöser Gefühle? Vergibt der Prophet den Attentätern für ihre fehlgeleitete Berufung auf seinen Namen? Vergeben die Überlebenden aus der Redaktion von Charlie Hebdo den Gewalttätern? Oder deutet die Passivform eine Generalamnestie an? Rächt unsere Toten nicht! Lasst uns einen Schlussstrich ziehen. Wir stellen die Uhr wieder auf Null. Alles ist vergeben!

Mit diesen Fragen berühren wir ein Grundanliegen der philosophisch-politischen Überlegungen von Hannah Arendt in ihrem Hauptwerk *Vita*

1 Ich danke Dr. Esther Kobel und Jörg Röder (beide Basel) für kritische Lektüre des Textes. Der Vortragsstil ist soweit wie möglich beibehalten.

activa.[2] Darin benennt sie als eine zentrale Aporie menschlichen Handelns die schwer widerlegbare Tatsache, dass die Folgen unseres Handelns *unabsehbar* sind (241). Gegen diese tragische »Unwiderruflichkeit des Getanen« (300)[3] gibt es ein Heilmittel, welches »in der menschlichen Fähigkeit, zu verzeihen« liegt (301).[4] Nur dadurch kann vermieden werden, dass Schuld von Generation zu Generation aufgehäuft wird:

»Könnten wir einander nicht vergeben, d.h. uns gegenseitig von den Folgen unserer Taten wieder entbinden, so beschränkte sich unsere Fähigkeit zu handeln gewissermaßen auf eine einzige Tat, deren Folgen uns bis an unser Lebensende im wahrsten Sinne des Wortes verfolgen würde.« (302)

Vergebung ist in dieser Perspektive nicht eine moralische Norm, sondern eine Ausdrucksform menschlicher Freiheit, um den Kreislauf der Unumkehrbarkeit vergangener Taten zu unterbrechen. In klarer Abweichung von den Hauptlinien abendländischer Tradition erhebt Arendt Vergebung zu einem Prinzip politischen Handelns (303) und führt dies dezidiert auf Jesus von Nazareth zurück:

»Was das Verzeihen innerhalb des Bereiches menschlicher Angelegenheiten vermag, hat wohl Jesus von Nazareth zuerst gesehen und entdeckt.« (304) »Entscheidend in unserm Zusammenhang ist, daß Jesus gegen die ›Schriftgelehrten und Pharisäer‹ die Ansicht vertritt, daß nicht nur Gott die Macht habe, Sünden zu vergeben, ja daß diese Fähigkeit unter den Menschen noch nicht einmal auf die göttliche Barmherzigkeit zurückzuführen sei [...], sondern umgekehrt von den Menschen in ihrem Miteinander mobilisiert werden muß, damit dann auch Gott ihnen verzeihen könne. Jesus spricht sich in dieser Hinsicht mit aller Schärfe und Deutlichkeit aus.« (306)

2 Vgl. *Hannah Arendt*, Vita activa oder Vom tätigen Leben (Orig. 1958), dt.: München/Zürich [11]2011. Eingeklammerte Seitenzahlen im Haupttext beziehen sich darauf. Für einen ersten Überblick vgl. *Brigitte Gess*, Art. Verzeihen, in: *Wolfgang Heuer / Bernd Heiter / Stefanie Rosenmüller* (Hg.), Arendt-Handbuch. Leben – Werk – Wirkung, Stuttgart/Weimar 2011, 330–331. Eine eingehende Analyse bietet *Thomas Dürr*, Hannah Arendts Begriff des Verzeihens (Alber-Reihe Thesen 38), Freiburg i.Br. 2009.

3 Nietzsche bringt es im Zarathustra auf unnachahmliche Weise zur Sprache: »Kann es Erlösung geben, wenn es ein ewiges Recht giebt? Ach, unwälzbar ist der Stein ›Es war‹: ewig müssen auch alle Strafen sein! [...] Keine That kann vernichtet werden: wie könnte sie durch die Strafe ungethan werden! Diess, diess ist das Ewige an der Strafe ›Dasein‹, dass das Dasein auch ewig wieder That und Schuld sein muss!« (*Friedrich Nietzsche*, Also sprach Zarathustra, Kritische Studienausgabe 4, Berlin [2]1988, 181).

4 *Arendt* verwendet die Begriffe »Verzeihen« und »Vergebung« synonym. Dies kritisiert *Dürr*, Begriff, 193–198, der mithilfe der Etymologie zwischen göttlicher Vergebung und menschlichem Verzeihen unterscheiden will. Abgesehen von der Frage nach dem Begründungswert etymologischer Herleitungen (gerade auch im Hinblick auf das englische Original von Arendts Text) ist diese Unterscheidung für das Verständnis neutestamentlicher Texte – wie sich noch zeigen wird – wenig hilfreich.

Arendt wirft drei für den weiteren Verlauf meiner Ausführungen wichtige Fragen auf:

1. Wenn Vergebung eine *Handlung* ist, wie wird sie vollzogen? Was sind die Bedingungen ihres Gelingens?
2. Ist christliche Vergebung, historisch betrachtet, etwas Neuartiges?
3. Wie ist das Verhältnis von zwischenmenschlicher und göttlicher Vergebung im Vaterunser bzw. im Matthäusevangelium zu verstehen?

Das Thema »Vergebung« ist als Forschungsgegenstand keinem Fachgebiet eindeutig zuzuordnen. Die christliche Theologie hat sich von jeher mit der Frage der Sündenvergebung beschäftigt. Allerdings ist ihre gesellschaftliche Relevanz gegenwärtig eher begrenzt. Die Psychologie hat sich in jüngster Zeit dem Thema zwischenmenschlicher Vergebung vermehrt zugewandt und entsprechend Phasen-Modelle ausgearbeitet, die am Nutzen therapeutischer Praxis orientiert sind. Die Philosophie und besonders die Ethik versuchen das Wesen von Vergebung in Abgrenzung zu ähnlichen Prozessen (wie Entschuldigung, Verzeihung, Versöhnung usw.) zu erfassen. In den politischen Wissenschaften spielt Vergebung eine Rolle, wenn gesellschaftliche Transformationsprozesse beschrieben oder sogar beeinflusst werden sollen oder wenn im Dialog mit der Rechtswissenschaft alternative Modelle des Strafvollzugs im Sinne von Wiedergutmachung diskutiert werden. Über alle Fachdisziplinen hinaus bleibt Vergebung in hohem Maße alltagsrelevant, weil alle menschlichen Beziehungen von der Möglichkeit betroffen sind, durch Vergebung zu heilen bzw. durch Unversöhnlichkeit zu zerfallen. Diese Betroffenheit lässt sich m.E. aus der wissenschaftlichen Betrachtung nicht ausschalten.[5]

2 Vergebung im Vollzug: Philosophische Erkundungen

Die erste Frage möchte ich zunächst im Rahmen der aktuellen philosophischen Vergebungsdiskussion ausloten.[6] Dabei springen einige Grundlinien ins Auge:

5 Vgl. zum gesamten Feld *Everett L. Worthington* (Hg.), Handbook of Forgiveness, London / New York 2005. Einen für die Praktische Theologie hin angelegten Überblick bietet die gehaltvolle empirische Studie von *Beate M. Weingardt*, … wie auch wir vergeben unseren Schuldigern. Der Prozeß des Vergebens in Theorie und Empirie, Stuttgart ²2003, 40–104. Eine an der 5. Vaterunserbitte orientierte systematisch-theologische Untersuchung bietet *Magdalene L. Frettlöh*, »Der Mensch heißt Mensch, weil er … vergibt«? Philosophisch-politische und anthropologische Vergebungs-Diskurse im Licht der fünften Vaterunserbitte, in: *Jürgen Ebach* u.a. (Hg.), »Wie? Auch wir vergeben unsern Schuldigern?« Mit Schuld leben (Jabboq 5), Gütersloh 2004, 179–215.

6 Vgl. bes. *Mariano Crespo*, Das Verzeihen. Eine philosophische Untersuchung (Philosophie und realistische Phänomenologie 13), Heidelberg 2002; *Charles L.*

1. Der Begriff der »Vergebung« muss in erster Linie von einer Reihe ähnlicher Begriffe unterschieden werden. Das ist angesichts der vielfachen semantischen Überlagerungen in der Alltagssprache nicht ganz einfach, aber für die philosophische Analyse unumgänglich. Vergebung ist *nicht*[7]: die Zurücknahme eines moralischen Urteils, die Beschönigung einer Tat, die rechtliche Aufhebung einer Strafe (Begnadigung, Straferlass), die Überwindung von persönlichen Ressentiments oder das Nachlassen negativer Gefühle, die Duldung von Unrecht, eine wechselseitige Versöhnung, eine »intellektuelle Entschuldigung« oder »emotionale Verjährung«. Echte Vergebung ist – und das hat Paul Ricœur besonders hervorgehoben – das Gegenteil des passiven Vergessens.[8]
2. Ist die Bedeutung von »Vergebung« in diesem Sinne präzisiert, wird die Handlung meistens als ein Sprechakt verstanden.[9] Es handelt sich daher nicht um eine innere Haltung oder einen intrapsychischen Prozess, sondern um eine sprachliche Handlung bzw. einen performativen Sprechakt. Ähnlich wie der Satz »Hiermit erkläre ich euch zu Mann und Frau« Menschen verbindet, vollzieht sich in dem Satz »Ich vergebe dir« zwischenmenschliche Vergebung.
3. »Vergebung« bezeichnet den Abschluss eines Prozesses, der mit einer schädigenden Tat seinen Anfang genommen hat. Damit eine Sprechhandlung als »Vergebung« gelingen kann, muss eine Reihe von Bedingungen erfüllt sein. Diese können wie folgt formuliert werden:

(1) Person X hat Handlung A durchgeführt.
(2) Handlung A war, moralisch betrachtet, eine Fehlhandlung.
(3) Person X war für die Ausführung von Handlung A verantwortlich.
(4) S wurde persönlich verletzt durch die Handlung A und damit von Person X.
(5) S trägt X nach, dass er ihn durch die Handlung A verletzt hat.
(6a) S ist über sein Ressentiment hinweggekommen oder ist zumindest bereit, dies zu tun.
(6b) S ist bereit dies zu tun, weil X seine Fehlhandlung bereut hat.[10]

Griswold, Forgiveness. A Philosophical Exploration, Cambridge: Cambridge 2007; *Joram Graf Haber*, Forgiveness, Savage 1991; *Margaret R. Holmgren*, Forgiveness and Retribution. Responding to Wrongdoing, Cambridge 2012. An den philosophischen Diskurs knüpft auch die Arbeit von *Karin Scheiber*, Vergebung. Eine systematisch-theologische Untersuchung (RPT 21), Tübingen 2006 an.
7 *Crespo*, Verzeihen, 17–50; *Haber*, Forgiveness, 11–27, 59–65; *Scheiber*, Vergebung, 266–275. *Paul Ricœur*, Das Rätsel der Vergangenheit. Erinnern – Vergessen – Verzeihen (Essener Kulturwissenschaftliche Vorträge 2), Göttingen [4]2006, 147–148 unterscheidet »leichtes« und »schweres Verzeihen« und kritisiert »leichtes« Verzeihen aus Selbstgefälligkeit, aus Wohlwollen oder aus Nachsicht.
8 Vgl. *Ricœur*, Rätsel der Vergangenheit, 145.
9 Vgl. etwa *Haber*, Forgiveness, 6, *passim* und, besonders ausführlich, *Scheiber*, Vergebung, 163–218.
10 In Anlehnung an *Haber*, Forgiveness, 29–57. *Crespo*, Verzeihen, 52–58, formuliert etwas einfacher drei Grundbedingungen: (1) Ein objektives Übel ist mir absichtlich zugefügt worden. (2) Das Übel verfolgt die konkrete Absicht, mich (direkt oder indirekt) zu treffen. (3) Das Übel hat ein gewisses »Gewicht«, eine gewisse Qualität.

Neben der Verantwortbarkeit für eine konkrete Fehlhandlung ist die persönliche Verletzung, die sich in Gefühlen wie Wut, Ärger, Rachegelüsten usw. manifestiert, besonders bedeutsam. Diese Verletzung ist jedoch weit mehr als Ausdruck einer rein individuellen Deutung; sie ist das Ergebnis einer normativen Erwartung, die sich zugleich auf gesellschaftliche Konventionen und Normen bezieht.[11] Vergebung kann zudem nur als solche gelten, wenn sie freiwillig geschieht (obwohl Eltern manchmal Kinder zur Vergebung »zwingen«), im Wissen um das zugefügte Übel und mit der aufrichtigen Bereitschaft, die negativen Gefühle danach nicht mehr geltend zu machen.[12]
Die philosophische Debatte wirft viele wichtige Fragen auf: Wie wird eine moralische Fehlhandlung als zwischenmenschliche Störung eindeutig bestimmt? Setzt Verantwortung für eine schädigende Handlung die Intention der Schädigung voraus? Kann Vergebung auch ohne eine konkrete Sprachhandlung vollzogen werden? Geht es bei Vergebung in erster Linie um die Beseitigung einer objektiven moralischen Fehlhandlung, um die Neubewertung des Täters als Person oder um die Beilegung der eigenen negativen Gefühle? Anders gefragt: Was genau oder wem genau wird vergeben? Wie verträgt sich Vergebung mit Grundprinzipien von Recht und Gerechtigkeit, vor allem wenn sie die Anwendung rechtlicher Strafen unterläuft?[13] Welche Rolle spielt die Einstellung der beteiligten Personen? Was ist z.B., wenn jemand eine Handlung als Fehlhandlung betrachtet, die vermeintlich davon betroffene Person sich davon aber gar nicht tangiert fühlt? Oder umgekehrt: Wenn sich jemand durch etwas verletzt fühlt, wofür die handelnde Person keine Verantwortung übernehmen kann oder will? Ist für einen gelingenden Sprechakt Reue und Bitte um Vergebung vonseiten der »schuldigen« Partei unerlässlich oder gibt es auch so etwas wie »einseitiges« Vergeben?[14] Kann man sich selbst vergeben? Kann man den Toten vergeben? Kann man stellvertretend für vergebungsunfähige Menschen vergeben? Gibt es unverzeihliche Handlungen? Sind Vergebungshandlungen überhaupt auf politische Zusammenhänge anwendbar? Wer verantwortet ihr Gelingen? Wie können sie scheitern?[15]
Diese Fragen bilden einen wichtigen Hintergrund für den exegetischen Dialog mit den neutestamentlichen Texten. Ich werde am Ende auf einige zurückkommen.

11 *Jürgen Habermas*, Diskursethik. Notizen zu einem Begründungsprogramm, in: Ders., Moralbewußtsein und kommunikatives Handeln, Frankfurt a.M. ^{6}1996, 58.
12 *Crespo*, Verzeihen, 60–66.
13 Es gibt in dieser Argumentationslinie seit den Stoikern durchaus auch vergebungskritische Stimmen.
14 Für *Haber*, Forgiveness, 90–95, ist Ressentiment (Groll, Ärger) die angemessene Reaktion auf eine persönliche Verletzung, von der es nur einen Grund gibt abzulassen: wenn der Übeltäter seine Tat bereut.
15 Zum Beispiel Bill Clintons Bitte um Vergebung nach Aufdeckung der Affäre mit Monica Lewinsky: Wer kann ihm diese Vergebung zusprechen?

3 Historische Vergleichsmomente: Wie kam Vergebung in die antike Welt?

Die zweite von Hannah Arendt aufgeworfene Frage ist angesichts der Schwierigkeiten religions- bzw. philosophiegeschichtlicher Vergleiche nicht ganz einfach zu beantworten: Findet sich in der Verkündigung Jesu ein neues, vorher nicht bekanntes Verständnis von Vergebung?

3.1 Vergebung in der griechisch-römischen Antike

Der griechische Hauptbegriff für Vergebung *syngnômê* (συγγνώμη, als Verb: συγγιγνώσκω) fehlt im Neuen Testament.[16] Vergebung geschieht im griechischen Kontext durch Einsicht in die menschlich nachvollziehbaren Gründe und Umstände einer Fehlhandlung. Unwissenheit oder Eifersucht gelten dabei als die zentralen Motive, die eine Entlastung bzw. Ent-schuldigung des Täters zulassen.

Xenophon erzählt eine kurze Geschichte, die viele dieser Aspekte veranschaulicht (Kyrupädie III,1,38–40):[17] Kyros gibt ein Festmahl für den Armenierkönig und seinen Sohn Tigranes. Bei dieser Gelegenheit erkundigt er sich nach dem Philosophenlehrer des Tigranes und erfährt, dass der König ihn hat töten lassen. Kyros fragt: »›Welches Unrecht hatte er ihm denn vorzuwerfen?‹ ›Mein Vater behauptete, der Mann verderbe mich (διαφθείρειν). Und er war doch, mein Kyros, ein so edler und guter Mensch, dass er mich sogar noch kurz vor seinem Tod zu sich kommen ließ und zu mir sagte: ›Tigranes, grolle deinem Vater nicht, weil er mich tötet. Denn er tut dies nicht, weil er dir etwas Böses will, sondern aus Unwissenheit (ἀγνοία). Alle Fehler aber, die man aus Unwissenheit begeht, halte ich für ungewollt (ἀκούσια).‹« Der Armenierkönig bekennt daraufhin: »›Ich war auf jenen weisen Mann einfach eifersüchtig (ἐφθόνουν), weil ich glaubte, dass er meinen Sohn dazu brachte, ihn selbst mehr zu bewundern als mich.‹ Dazu sagte Kyros: ›Aber du hast doch, bei den Göttern, einen durchaus menschlichen Fehler begangen, Armenier. Und du, Tigranes, verzeih (συγγίνωσκε) deinem Vater.‹ Nachdem sie damals so miteinander gesprochen hatten und freundlich zueinander gewesen waren, wie es nach einer Versöhnung (συναλλαγή) selbstverständlich ist, bestiegen sie mit ihren Frauen ihre Wagen und fuhren frohen Herzens davon.«

Der Altphilologe Konrad Gaiser schließt daraus:

Der Begriff »bezeichnet das einsehende Erkennen der Lage und der Absicht des anderen in seiner menschlichen Schwäche und von da aus das verstehende, auf den anderen eingehende, mitfühlende Entschuldigen. Im übrigen wird das Zustandekommen der συγγνώμη [*syggnômê*] hier wie sonst dadurch erleichtert, dass derjenige, der sich vergangen hat, seinen Fehler einsieht und bereut.«[18]

16 Mit einer Ausnahme (1Kor 7,6), dort allerdings im Sinne von »Erlaubnis«.
17 Übersetzung nach *Xenophon*, Kyrupädie. Die Erziehung des Kyros, hg. und übers. *Rainer Nickel* (Tusculum-Bücherei), München/Zürich 1992, 188–189.
18 *Konrad Gaiser*, Griechisches und christliches Verzeihen: Xenophon, Kyrupädie 3,1,38–40 und Lukas 23,34a, in: *Herbert Bannert / Johannes Divjak* (Hg.), Latinität

Dieses Verständnis von Verzeihen findet sich m.E. nur an einer Stelle im Neuen Testament, nämlich in Lk 23,34: »Vater, vergib ihnen, denn sie wissen nicht, was sie tun.« (ἄφες αὐτοῖς, οὐ γὰρ οἴδασιν τί ποιοῦσιν.)[19] Ob daraus ein fundamentaler Gegensatz zwischen griechischem und christlichem Verzeihen abgeleitet werden darf, ist fraglich.[20] Es kann aber m.E. von einer Gewichtung gesprochen werden, die unterschiedliche Tendenzen anzeigt.

Zu diesem Ergebnis gelangt die Studie von Karin Metzler, die 1000 Jahre Begriffsgeschichte aufarbeitet und zu dem Ergebnis kommt:

> »Man kann von einem spezifisch griechischen Verzeihensbegriff sprechen, sofern man ihn nicht als defizitär auf eine bestimmte Form eingrenzt [...]. Im lebendigsten, produktivsten Kern besteht συγγνώμη tatsächlich in einem Vorgang des Verstehens: des Verständnisses für die Situation des Gegenübers, in erster Linie für die Bedingungen der zurückliegenden schädigenden Handlung, aber auch für seine jetzige Abhängigkeit von der zu erteilenden Verzeihung. Was zu ›verstehen‹ ist, steht dabei in einer besonderen Spannung: Es sind einerseits die ganz besonderen, individuellen Umstände, vor allem diejenigen, die die Freiwilligkeit einschränkten – also die Diagnose eines ›krankhaften‹ Ursprungs der unglückstiftenden Tat. Andererseits kann der Täter verstanden werden, weil er als Mensch ähnlichen Einschränkungen seines freien Willens unterworfen ist, wie sie der Verzeihende an sich selbst kennt. Die Verwendung von συγγνώμη kann daher auf das Individuelle abzielen und das Allgemein-Menschliche heranholen.«[21]

Der Gebrauch des Wortfelds gerade in der rhetorischen und juristischen Fachsprache macht deutlich, wie stark das Verzeihen mit dem Begriff des Unfreiwilligen zusammenhängt. Verzeihlich ist nur, was nicht mit bösem Vorsatz getan wurde.[22] Vorsätzliche Taten sind moralisch zu tadeln und juristisch zu strafen. Das Verzeihen im Sinne empathischer

und Alte Kirche (FS Rudolf Hanslik), Wiener Studien Beih. 8, Wien/Köln/Graz 1977, 78–100, Fazit auf S. 83.

19 *Scheiber*, Vergebung, 65–67, steht hier vor theologischen Schwierigkeiten, weil ihrer Ansicht nach nur wirkliche Schuld vergeben werden kann, der Hinweis auf Unwissen jedoch Schuld relativiert. Vgl. auch die Überlegungen in *Jeffrie G. Murphy / Jean Hampton*, Forgiveness and Mercy, Cambridge 1988, 20.

20 In diesem Sinne jedoch *Ludger Oeing-Hanhoff*, Verzeihen, Ent-schuldigen, Wiedergutmachen. Philologisch-philosophische Klärungsversuche, in: Gießener Universitätsblätter 11 (1978) 68–80, abgedr. in: Metaphysik und Freiheit. Ausgewählte Abhandlungen, München 1988, 45–56. Zusammenfassend (69): Griechisches Verzeihen ist kein echtes Verzeihen, sondern nur ein »Ent-schuldigen [...], das in Mit-Einsicht (SYNGNOME) in die Motive oder die Situation des scheinbar Unrecht-Tuenden oder des scheinbar Sich-Verfehlenden gründet. Versetzt man sich in die Situation des anderen, wird man mit ihm einer Meinung über das, was er tun konnte oder sollte. Man entschuldigt ihn derart.«

21 *Karin Metzler*, Der griechische Begriff des Verzeihens, untersucht am Wortstamm συγγνώμη von den ersten Belegen bis zum vierten Jahrhundert n.Chr. (WUNT 2:44), Tübingen: Mohr Siebeck, 1991, 305f.

22 *Metzler*, Begriff des Verzeihens, 75ff.

Nachsicht wurde in der Antike daher ganz unterschiedlich beurteilt:[23] Sokrates und Platon sahen darin eine Verletzung des Vollkommenen,[24] Aristoteles eine Notwendigkeit aufgrund der empirischen Unwissenheit und Schwäche der Menschen. Während Nachsichtigkeit bei den Epikuräern zur philosophischen Kultur gehörte, galt in der Stoa: «Der Weise verzeiht nicht!», denn dies würde zu einer Lockerung der Sitten und einer Aushöhlung des Rechts führen. Insgesamt zeigt das Umfeld des frühen Christentums, dass es kulturell vielfältige Formen gab, um mit den negativen Folgen einer Tat affektiv und kognitiv umzugehen.[25] Das Gewicht liegt mehrheitlich auf der intellektuellen Einsicht in die Gründe einer Handlung. Folgt man vielen philosophischen Definitionen von Vergebung, wäre hier jedoch von Entschuldigung oder Rechtfertigung und nicht von Vergebung oder Verzeihen die Rede.

3.2 Zur Sprache der Vergebung im Neuen Testament

Rein sprachlich legt das Neue Testament ein anders gewichtetes Verständnis von Vergebung an den Tag.[26] Nicht »Einsicht« in die Gründe der Tat steht im Zentrum, sondern »Schuldenerlass«. Bereits die Septuaginta übersetzt wichtige hebräische Begriffe für (göttliche) Vergebung mit dem religiös und philosophisch kaum konnotierten Verb ἀφίημι (Substantiv: ἄφεσις). Dieses Allerweltswort bedeutet schlicht »lassen, loslassen«, »aufheben, erlassen«.[27]

23 Zum Folgenden *Metzler*, Begriff des Verzeihens. Zur Vertiefung vgl. *Charles L. Griswold / David Konstan* (Hg.), Ancient Forgiveness. Classical, Judaic, and Christian, Cambridge: Cambridge University Press, 2011. Diese wichtige Sammlung geht über den engen sprachlichen Rahmen hinaus und versucht unterschiedliche kulturelle Praktiken zu beleuchten, die zum »Feld« des Vergebens in der Antike gerechnet werden können. Die Ergebnisse belegen, wie heterogen das Material insgesamt ist. Auf die These von *David Konstan*, Before Forgiveness. The Origins of a Moral Idea, Cambridge: Cambridge University Press, 2010, dass Vergebung im modernen Sinne erst sehr viel später in der Entwicklung des Christentums anzutreffen ist, kann ich hier nicht eingehen.

24 Vgl. *Charles L. Griswold*, Plato and Forgiveness as a Virtue, in: Ancient Philosophy 27 (2007) 269–287.

25 Im zweiten Buch der Rhetorik des Aristoteles (Rhet. II,2–3) finden sich ein ganzer Katalog an Ausdrucksformen von Zorn und verschiedene Strategien zu dessen Eindämmung. Von Vergebung ist dort allerdings nicht die Rede. Vgl. dazu *David Konstan*, Assuaging Rage. Remorse, Repentance, and Forgiveness in the Classical World, in: *Griswold / Konstan*, Ancient Forgiveness, 17–30, bes. 17–19.

26 Die neutestamentlichen Autoren sind dabei Erben des Sprachgebrauchs des griechischsprachigen Judentums. Vgl. in den Wörterbüchern *Rudolf Bultmann*, Art. ἀφίημι κτλ., ThWNT 1 (1933), 506–509; *Herbert Leroy*, Art. ἀφίημι κτλ., EWNT 1 (^{2}1992), 436–441; *Cilliers Breytenbach*, Art. Vergebung, ThBLNT 2 (2000), 1737–1742.

27 Dieses »Ablassen« von Rechten, die einem Geschädigten als solchem rechtlich und moralisch zustehen, ist in der nicht-religiösen Verwendung von ἀφίημι gut er-

Wie lässt sich Vergebung in dieser Perspektive genauer verstehen? Die neutestamentliche Sprache geht von einer Störung der interpersonalen Beziehung durch menschliches Fehlverhalten aus. Diese »Störung« lässt sich als Verletzung der Ehre (also als aggressionsfördernde Scham[28]) oder als Schuld*last* auffassen. In jedem Fall verlangt ein solches Ungleichgewicht in der sozialen Matrix nach einem Ausgleich. Das kann durch Rache geschehen, durch Strafe oder durch Vergebung. Im Akt des Vergebens wird nicht der Mensch entschuldigt oder aus der Verantwortung für das Böse entlassen. Es wird auch nicht die konkrete Fehlhandlung aufgehoben, sondern die »Störung« wird *gewaltfrei* suspendiert. Deswegen gibt es im Neuen Testament keinerlei Verbindung zwischen Vergeben und Vergessen.[29] Leitend ist der freiwillige Verzicht auf Wiederherstellung der sozialen Ordnung durch Strafe, Rache, öffentliche Demütigung, Rückzahlung oder einer besonderen Bußleistung.

Die philologische Konzentration auf ἀφίημι/ἄφεσις geschieht im Hinblick auf die Beschäftigung mit dem Matthäusevangelium. Darüber hinaus kennt das Neue Testament ein reiches semantisches Sprachfeld für Akte der Vergebung: Das Verb χαρίζομαι, das wohl nicht zufälligerweise in der paulinischen Literatur bevorzugt wird (2Kor 2,7.10; 12,13; Eph 4,32 // Kol 2,13; 3,13), betont den besonderen Gabecharakter der Vergebung und verbindet diese mit der gnädigen Gesinnung gegenüber dem Anderen.[30] Eine Nähe zur finanziellen Bildwelt ist weniger naheliegend, aber – wie Lk 7,41–43 zeigt – keineswegs ausgeschlossen. Weitere Begriffe des Vergebens (im weitesten Sinne) sind: ἀπολύω (freigeben, trennen, scheiden, entsenden, lösen; im Sinne von »vergeben« in Lk 6,37 [ohne Objekt]), ἱλάσκομαι (der Akt des Vergebens unter besonderer

kennbar: Das Verb bedeutet schlicht »lassen« (Mt 4,20; 5,24.40; 8,22; 13,30; 15,14; 22,22; 24,40f.; 26,44; 27,49), »zulassen, erlauben« (Mt 3,15; 7,4; 19,14; 23,13), »ablassen, verlassen« (Mt 4,11.22; 8,15; 18,12; 19,27.29; 23,23; 26,56), »wegschicken, entlassen« (Mt 13,36; 27,50), »hinterlassen« (Mt 22,25; 23,38; 24,2). In der *Finanzsprache*: »ein Darlehen erlassen« (Mt 18,27: τὸ δάνειον ἀφῆκεν αὐτῷ). *Leroy*, Art. ἀφίημι κτλ., 437: »Der juristische Sprachgebrauch ist ebenfalls oft belegt: [...] jemanden aus einem rechtlichen Verhältnis entlassen, sei es Amt, Ehe, Haft, Schuld oder Strafe.«

28 Scham ist auch in der gegenwärtigen Gewaltforschung von hoher Bedeutung; vgl *John Braithwaite*, Repentance Rituals and Restorative Justice, in: Journal of Political Philosophy 8 (2000), 115–131.

29 *Ricœur*, Rätsel der Vergangenheit, 145: Das Verzeihen ist kein Vergessen der Ereignisse selbst, vergessen wird vielmehr »die *Schuld*, deren Last das Gedächtnis und folglich auch das Vermögen lähmt, sich in schöpferischer Weise auf die Zukunft zu entwerfen.« Er spricht entsprechend von der »Heilung des verletzten Gedächtnisses« (145).

30 Die Verbindung von Vergeben und Gabe ist in vielen europäischen Sprachen Bestandteil der Wortbildung (franz. »par-don«, dt. »ver-geben«, span. »per-donar«), was wiederum für die philosophische Reflexion von Interesse ist (vgl. *Ricœur*, Rätsel der Vergangenheit, 148–153).

Hervorhebung der »Instrumentalität«, die Vergebung ermöglicht, »sühnen«: Hebr 2,17), ἱλασμός (das Mittel zur Ermöglichung von Sündenvergebung, Sühne, Entsühnung: 1Joh 2,2; 4,10), ἱλαστήριον (der Ort der Sündenvergebung, Sühnedeckel des Tempels: Röm 3,25; Hebr 9,5), ἐπικαλύπτω (wörtlich »bedecken, überdecken«, kausativ: dafür sorgen, dass Vergebung ermöglicht wird, in Röm 4,7 [AT-Zitat] parallel zu ἀφίημι: »Glückselig die, deren Gesetzlosigkeiten vergeben und deren Sünden bedeckt sind!«).

Die Nähe der neutestamentlichen Schuld- und Vergebungssprache zum Bereich finanzieller Schuld ist im Matthäusevangelium besonders auffällig.[31] Dies hängt teilweise damit zusammen, dass in den Spätschichten des Alten Testaments und im frühen Judentum ökonomische Metaphern zunehmend für das Verständnis von Sünde bedeutend werden.[32] Damit liegt auch die Metapher der Schuldentilgung für die Vergebung von zwischenmenschlicher Schuld nahe. Diese metaphorische Interaktion von zwei Bildfeldern kann als Verstehenshilfe genutzt werden:[33]

Wenn X durch eine Fehlhandlung Y Schaden zufügt, steht X *auf ähnliche Weise* in der »Schuld« von Y, wie wenn X Y eine bestimmte Geldsumme schulden würde. Das bedeutet auch, dass die interpersonale Schuld zwischen X und Y wahrgenommen wird als ein Akt, durch den Y von X etwas Wertvolles genommen oder »entliehen« worden ist. Durch diese Schädigung wird Y ins Recht gesetzt, geeignete Maßnahmen für die Wiederherstellung des Gleichgewichts zu ergreifen. Die »schuldige« Partei X hat kein Anrecht auf Schuldenerlass/Vergebung: X kann entweder die Schulden begleichen (so in Mt 5,26), um Erlass oder Tilgung bitten (so in Mt 18,32) oder seine persönliche Reue äußern (so in Lk 17,3f). Dieser »Erlass« geschieht nicht aus Einsicht und Bewertung der persönlichen Motive von X, sondern aus Mitgefühl oder »von Herzen« (Mt 18,26–27.35).

»Vergebung« bedeutet also (sowohl im finanziellen wie im zwischenmenschlichen Bereich) den *freiwilligen Erlass von Schulden, Verzicht auf Wiederherstellungsansprüche, Ablassen von legitimen Forderun-*

31 Diesem Zusammenhang geht die Studie von *Nathan Eubank*, Wages of Cross-Bearing and Debt of Sin. The Economy of Heaven in Matthew's Gospel (BZNW 196), Berlin u.a. 2013, nach. Der Rückgriff auf Metaphern der Finanzsprache umgeht in gewisser Weise Sühne- und Opfervorstellungen.

32 Ausführlich *Gary Anderson*, Sin. A History, New Haven 2009, mit vielen Hinweisen z.B. auf aram. *hôbâ* (Darlehen = Sünde). Zur Metaphorik der Sünde vgl. *Günter Röhser*, Metaphorik und Personifikation der Sünde. Antike Sündenvorstellungen und paulinische Hamarthia (WUNT II:25), Tübingen 1987, 19–102.

33 Theoretisch orientiere ich mich an dem linguistischen Modell von *Dirk Geeraerts*, The interaction of metaphor and metonymy in composite expressions, in: *Rene Dirven / Ralf Pörings* (Hg.), Metaphor and Metonymy in Comparison and Contrast (Cognitive Linguistics Research 20), Berlin / New York 2002, 435–465.

gen.[34] Sie ist ein Akt der Befreiung – eine Bedeutung, die im Substantiv ἄφεσις durchaus mitschwingt:[35]

»Der Geist des Herrn ist auf mir, weil er mich gesalbt hat, Armen gute Botschaft zu verkündigen; er hat mich gesandt, Gefangenen Befreiung auszurufen (κηρύξαι αἰχμαλώτοις ἄφεσιν) …« (Lk 4,18)

In diesem Sinne klärt Vergebung nicht vergangene Motive, sondern sie ermöglicht ein Zusammenleben, das sich, von den Störungen vergangener Schuld unbelastet, kreativ entfalten kann. Sie kann als bindendes Versprechen verstanden werden, künftig die eigene Haltung dem Nächsten gegenüber nicht mehr nach dem begangenen Unrecht auszurichten.

Eine letzte Beobachtung soll als Übergang zur Betrachtung der Matthäus-Texte dienen: Der Bereich der zwischenmenschlichen Störung bezieht nicht nur die Gemeinschaft mit ein, sondern auch den Bereich des Göttlichen. Dass Gott selbst vergibt, impliziert ja nach diesem Verständnis, dass er von einer menschlichen Fehlhandlung *betroffen* sein kann.[36] Er ist sogar bei *jeder* zwischenmenschlichen Störung betroffen bzw. »mitbetroffen«. Als Vater aller Menschen lassen ihn menschliche Kränkungen nicht unberührt. Dieser Einbezug des Göttlichen in das Zwischenmenschliche ist eine Besonderheit der jüdisch-christlichen Tradition. Sie macht die gängige Unterscheidung zwischen religiöser und

34 Da es um den Bereich des Interpersonalen geht, wird im neutestamentlichen Sprachgebrauch nicht direkt einer Person vergeben, sondern es wird jemandem *etwas* (τι: 2Kor 2,10) vergeben: »Erlass uns (Dativ: ἡμῖν) unsere Schulden (Akkusativ: τὰ ὀφειλήματα)« (Mt 6,12). Das zu vergebende »Etwas« erscheint sprachlich im Akkusativ als direktes Objekt von ἀφίημι oder als Genitiv von ἄφεσις. Als direktes Objekt von Vergebungsverben erscheinen die folgenden Wörter im Neuen Testament: 1. Sünde(n) / Verfehlung(en) (ἁμαρτία als AkkObj: Mt 9,2.5f. // Mk 2,5.7.9f. // Lk 5,20f.23f.; Mt 12,31; Lk 7,47–49; 11,4; Joh 20,23; Jak 5,15; 1Joh 1,9; 2,12; ἁμάρτημα als AkkObj: Mk 3,28; ἁμαρτία als Gen: Mt 26,28; Mk 1,4; Lk 1,77; 3,3; 24,47; Apg 2,38; 5,31; 10,43; 13,38; 26,18; Kol 1,14); 2. Lästerung (βλασφημία als AkkObj: Mt 12,31 Sg // Mk 3,28 Pl); 3. Schulden (ὀφειλή / ὀφείλημα als AkkObj: Mt 6,12 2x; 18,32; Lk 11,4); 4. Übertretung(en) / Vergehung (παράπτωμα als AkkObj: Mt 6,14f.; Eph 1,7) und 5. Gesetzlosigkeit (ἀνομία: Röm 4,7). Vgl. weiterhin konkrete Fälle in Mt 12,32; 18,21f.; Lk 7,47; 17,3f.

35 Die positive Konnotation einer Schuldentilgung spiegelt sich in der alttestamentlich-jüdischen Rechtstradition des Erlassjahrs (Dtn 15,1–11; Neh 10; Josephus, Ant. XI, 8,5; XII, 9,5; XIV, 10,6; XV, 1,2; 1Makk 6,49.53) oder des Jubeljahrs (Lev 25) wider. Diese Einschätzung ist allerdings in der Antike keineswegs überall anzutreffen: So lobt *Dion Chrysostom* in einer Rede an die Rhodier diese dafür, dass sie eine Schuldentilgung niemals in Anspruch genommen und dadurch ihre Ehre besonders unter Beweis gestellt haben (»An die Rhodier«, Rede 31,68–70). *Plutarch* beschäftigt sich in einer kleinen Schrift damit, warum man nichts leihen sollte (827D–832A: Περὶ τοῦ μὴ δεῖν δανείσθαι).

36 *Scheiber*, Vergebung, 25–35, geht dieser Frage nach (»Darf Gott vergeben?«) und fragt, ob Gott vergibt a) als Gesetzgeber (negativ), b) als Schöpfer (eher nicht) oder c) als liebender Vater (S. 32 zur Vatermetapher!).

menschlicher Vergebung obsolet. Es ist wichtig, diesen Aspekt im Auge zu behalten, denn die Trennung von Religion und Politik, Mystik und Weltbezug, Spiritualität und sozialer Verantwortung, kurzum: innen und außen, hat eine so starke Wirkungsgeschichte, dass ein besonderer Schwerpunkt der frühchristlichen Vergebungsanschauung (besonders im Matthäusevangelium) für uns dadurch schwer greifbar wird: In der menschlichen Vergebung verwirklicht sich die göttliche Vergebung und in der göttlichen Vergebung findet menschliche Vergebung ihr Maß – mit anderen Worte: Dort verliert Unversöhnlichkeit jeglichen Anspruch auf Gnade.[37]

4 Göttliche und menschliche Vergebung im Matthäusevangelium

4.1 Die Vollmacht der Menschen (Heilung des Gelähmten: Mt 9,2–8)

Ich möchte an einem Punkt starten, der m.E. für das Verständnis der Thematik im Matthäusevangelium wichtig ist: der Heilung des Gelähmten in Mt 9,1–8. Die Heilungsgeschichte ist in den beiden anderen Synoptikern belegt (Mk 2,1–12; Lk 5,17–26). Die matthäische Redaktion nimmt zunächst alle wesentlichen Elemente der Erzählung auf: Ein Gelähmter wird zu Jesus gebracht; dieser spricht ihm Sündervergebung zu, statt ihn zu heilen.[38] Jesus tut dies ohne Opfer, ohne Priester, sogar ohne Gebet. Die jüdischen Führer sehen darin eine Gotteslästerung, denn nach biblischer Auffassung kann nur Gott vergeben.[39] Daraufhin heilt Jesus den Gelähmten als Beweis dafür, dass er Sündervergebung aussprechen kann.[40] Natürlich geht es in dieser Geschichte im strengen Sinne nicht um zwischenmenschliche Vergebung. Der Gelähmte hat Jesus in keiner Weise persönlich verletzt. Doch schließt die Fassung des Matthäus mit einem Erzählerkommentar, der der Heilung eine besondere Bedeutung verleiht: »Als aber die Volksmengen es sahen, fürchteten sie sich und verherrlichten Gott, der solche Vollmacht *den Menschen* gegeben hat (τὸν δόντα ἐξουσίαν τοιαύτην τοῖς ἀνθρώποις).« (9,8)
Jesus ist nach der mt. Kindheitsgeschichte gekommen, um sein Volk von den Sünden zu erlösen (1,21: σώσει τὸν λαὸν αὐτοῦ ἀπὸ τῶν ἁμαρτιῶν αὐτῶν). Aber der Plural am Ende der Heilungsgeschichte bezieht sich

37 Ein Text wie Sir 28,2: »Vergib das Unrecht deinem Nächsten (ἄφες ἀδίκημα τῷ πλησίον σου), dann werden dir, wenn du darum bittest, auch deine Sünden vergeben werden (αἱ ἁμαρτίαι σου λυθήσονται)« (Übers. *Georg Sauer*, JSHRZ, 1981) ist vom Vergebungsethos des Matthäusevangeliums nicht weit entfernt.

38 Dass es gerade ein Gelähmter ist, verträgt im Hinblick auf die Vergebungsthematik eine symbolische Deutung, die den Text kaum überstrapaziert.

39 Das AT spricht nicht explizit von zwischenmenschlicher Vergebung; vgl. kritisch *Scheiber*, Vergebung, 19–24.

40 Heilung und Vergebung: Ps 41,5; 103; 107, 20; 2Chr 7,14; s.a. Lk 5,31f.

nicht ausschließlich auf ihn.[41] Hier ist nicht nur von der Vollmacht Jesu die Rede (ἐξουσία bezieht sich auf 9,6a zurück), sondern auch davon, dass Menschen, konkret: die Jüngergemeinschaft an dieser Vollmacht teilnehmen. Damit weist dieser Text auf die Binde- und Lösegewalt innerhalb der Gemeinschaft voraus (Mt 16,19; 18,18).[42] Indem der Auferstandene nach Mt 28,16–20 mit seiner Vollmacht (ἐξουσία) die Gemeinde begleitet, wird Vergebung den Menschen zugänglich gemacht.[43] Mt versteht somit die Gemeinde im Wesentlichen als den Ort, an dem göttliche Vergebung durch die Teilnahme an Jesu Vollmacht zwischen den Menschen frei zirkuliert.[44] Die Befähigung zu diesem Akt der Schuldtilgung leitet sich von der heilenden und vergebenden Tätigkeit Jesu ab.[45]

4.2 Die fünfte Bitte des Vaterunsers (Mt 6,12.14f)

Mt 6,12: »Und vergib uns unsere Schuld, wie auch wir vergeben unseren Schuldigern.«[46]
Wörtlich: »Und erlass uns unsere Schulden, so wie auch wir unseren Schuldnern erlassen haben.«
καὶ ἄφες ἡμῖν τὰ ὀφειλήματα ἡμῶν, ὡς καὶ ἡμεῖς ἀφήκαμεν τοῖς ὀφειλέταις ἡμῶν·

Lk 11,4: »Und vergib uns unsere Sünden, denn auch wir selbst vergeben jedem, der uns schuldig ist.«
καὶ ἄφες ἡμῖν τὰς ἁμαρτίας ἡμῶν, καὶ γὰρ αὐτοὶ ἀφίομεν παντὶ ὀφείλοντι ἡμῖν·

Didache 8,2: »und erlass uns unsere Schuld, wie auch wir erlassen (Präsens) unseren Schuldnern.«
καὶ ἄφες ἡμῖν τὴν ὀφειλὴν ἡμῶν, ὡς καὶ ἡμεῖς ἀφίεμεν τοῖς ὀφειλέταις ἡμῶν,

41 Eine solche christologische Einengung ist gleichwohl in der Auslegungsgeschichte belegt; vgl. dazu *Ulrich Luz*, Das Evangelium nach Matthäus, Bd. II: Mt 8–17 (EKK I/2), Zürich / Neukirchen-Vluyn 1990, 38 mit Anm. 18.
42 Innerhalb der Matthäus-Erzählung weist die Wendung ἐπὶ τῆς γῆς in 16,19 und 18,18 auf 9,6 zurück; vgl. *Hans-Josef Klauck*, Die Frage der Sündenvergebung in der Perikope von der Heilung des Gelähmten (Mk 2,1–12 parr), in: BZ 25 (1981), 223–248, 247.
43 Als besondere Orte der Vergebung gelten für die Gemeinschaft die Feier des Abendmahls (Mt 26,28) und das gemeinsame Gebet mit der Bitte um Vergebung (Mt 6,12.14); vgl. *Luz*, Mt II, 38.
44 *Matthias Konradt*, Das Evangelium nach Matthäus (NTD 1), Göttingen 2015, 148: »Sündenvergebung ist für Matthäus ein zentrales Kennzeichen der Gemeinde.«
45 In gewisser Weise entspricht diese Anschauung im MtEv der Aussage von *Hannah Arendt*, dass durch Jesus eine neue Qualität des Vergebens zur Sprache gekommen ist.
46 Diese im deutschsprachigen Raum gängige ökumenische Fassung des Textes ist philologisch nicht ganz präzise: Sie verwendet den Singular »Schuld«, die Gegenwartsform »vergeben« (die, notabene, dem byzantinischen Mehrheitstext entspricht) und das lutherdeutsche »Schuldiger«, das zu einem Bibelarchaismus geworden ist. Es ist übrigens nachvollziehbar, dass für Luther angesichts des Ablasshandels solche Metaphern eher problematisch waren.

Mit der 5. Bitte des Vaterunsers kommen wir schließlich zur dritten Frage von Hannah Arendt. Die Sprache dieser Bitte spiegelt die metaphorische Affinität der Finanzwelt zum Bereich interpersonaler Schuld deutlich wider.[47] Eine Bitte um göttliche Vergebung für konkrete Fehlhandlungen[48] war ein fester Bestandteil jüdischer Gebetspraxis[49]. Dass diese Vergebung nicht als »billige Gnade« jederzeit dem Menschen zur Verfügung steht, macht der Nachsatz deutlich (6,12b): »wie auch wir unseren Schuldnern erlassen haben.« Dieser kleine Nachsatz bringt theologische Gewissheiten ins Wanken.[50] Bei genauem Hinsehen lassen sich der Formulierung drei Annahmen entnehmen:

Erstens, die Wendung mit der Vergleichspartikel «so wie auch wir» (ὡς καὶ ἡμεῖς) setzt zwischenmenschliche und göttliche Vergebung in ein

47 Ähnlich in Mt 5,25f. und im wichtigen Gleichnis in 18,21–34. Vgl. zur Sprache der Bitte weiterhin *Eubank*, Wages, 53–54. Das Substantiv ὀφείλημα bedeutet im nicht-übertragenen Sinne finanzielle Schuld (Dtn 24,10; 1Makk 15,8; Röm 4,4). Die Wendung ἀφίημι ὀφείλημα erscheint nur in 1Makk 15,8 (König Antiochus erlässt dem jüdischen Volk alle Schulden). In einer gewissen Nähe dazu steht die LXX-Formulierung des Erlassjahrs aus Dtn 15,2 (nach LXX-Deutsch): »Du sollst jede private Schuld erlassen, die dir der Nächste schuldet« (*ἀφήσεις* πᾶν χρέος ἴδιον ὃ *ὀφείλει* σοι ὁ πλησίον). Entfernt damit verwandt ist die griech. Wendung τάς ἁμαρτάδας τάς ἐς ἐμὲ … μετίημι (»ich vergebe die Verfehlungen gegen mich«), mit der laut Herodot der persische Herrscher Mardonius den Athenern als Vergebung eine Waffenruhe anbietet (Hist. VIII,140,1). *Giovanni B. Bazzana*, Basileia and Debt Relief. The Forgiveness of Debts in the Lord's Prayer in the Light of Documentary Papyri, in: CBQ 73 (2011), 511–525 sieht eine besondere Nähe zu Dekreten aus dem ptolomäischen Herrscherhaus. Die sprachlichen Übereinstimmungen der wenigen, zeitlich weit auseinanderliegenden Texte zu Mt 6,12 sind allerdings sehr allgemeiner Art.

48 *William Davies / Dale C. Allison Jr.*, A Critical and Exegetical Commentary on the Gospel according to Saint Matthew (ICC), Edinburgh 1988, I, 612, deuten allzu einseitig im Hinblick auf die Vergebung im Endgericht. Kritisch zu dieser Deutung *Ulrich Luz*, Das Evangelium nach Matthäus, Bd. I: Mt 1–7 (EKK I/1), Zürich / Neukirchen-Vluyn [5]2002, 452 mit Anm. 119.

49 Etwa in der sechsten Bitte des Achtzehnbittengebets; vgl. *Klaus Wengst*, Das Regierungsprogramm des Himmelreichs. Eine Auslegung der Bergpredigt in ihrem jüdischen Kontext, Stuttgart 2010, 160.

50 Zur kontroverstheologischen Diskussion vgl. *Hans Dieter Betz*, The Sermon on the Mount. A Commentary on the Sermon on the Mount (Hermeneia), Minneapolis 1995, 404, und die Auseinandersetzung mit jüdischen Auslegern in *Charles F.D. Moule*, ›… As we forgive …‹ A note on the distinction between deserts and capacity in the understanding of forgiveness, in: *Ernst Bammel / Charles K. Barrett / William D. Davies* (Hg.), Donum Gentilicium (FS David Daube), Oxford 1978, 68–77, wieder abgedr. in: Ders., Essays in New Testament Interpretation, Cambridge 1982, 278–286. In finanzmetaphorischer Hinsicht ist die Rede von Schulden bei Gott die Kehrseite der Rede vom Lohn/Schatz im Himmel (Mt 6,1–18; 19,21.29; vgl. *Eubank*, Wages, 23). Diese Vorstellung spiegelt sich in unterschiedlichem Sprachgewand in vielen Texten wider (vgl. *Anderson*, Sin, 139–146): Spr 19,17; Tob 4,5–11; Sir 29,9–13; Dan 4,24 (LXX 4,27); 2Makk 6,13–16; 12,39–45; SapSal 2,22 (Auferstehung); PsSal 9,5; äthHen 61,1–5; slavHen 44,4f.; TestAbr 12–14; 4Esra 8,31–36; Did 4,5–7; OrSib 2,78–82.

Entsprechungsverhältnis. Die empirische Realität zwischenmenschlicher Vergebung, Schuldtilgung und Versöhnung bildet eine Analogie, um göttliche Vergebung zur Sprache zu bringen. Der Text denkt daher von »unten« nach »oben«.
Zweitens, die griechische Verbform im Aorist stellt zwischenmenschliche Vergebung als eine vollzogene Handlung dar.[51] Der Nachsatz lässt – rein grammatikalisch – menschliche Vergebung nicht als Konsequenz aus dem göttlichen Handeln erscheinen. Vielmehr setzt der Text aktive Vergebung ohne besondere Hervorhebung einfach voraus.
Drittens, die Betenden erscheinen in zwei entgegengesetzten Rollen: Sie sind als Bittsteller Schuldner vor Gott und als Handelnde Gläubiger anderen Menschen gegenüber. Damit tritt aber eine dritte Größe ins Blickfeld: die des Mitmenschen, der den Betenden gegenüber etwas schuldet. In der Vergebungsbitte bringen sich Menschen *als einander Vergebende* zur Sprache.[52] Damit gerät die theologisch-architektonische Ordnung von Ursache und Wirkung oder, theologisch gesprochen, von Gerechtigkeit aus Gnade und Gerechtigkeit aus Werken durcheinander. Die Bitte knüpft an Mt 5,21–26 an – ein Text, der deutlich macht, dass zwischenmenschliche Versöhnung vor Opfer geht. Im Kontext der Bergpredigt ergibt sich aus den Seligpreisungen (Mt 5,3–12) und den darin proklamierten Tugenden eine Haltung der Versöhnlichkeit und Vergebungsbereitschaft. Daher ist für Matthäus eine Bitte um Vergebung sinnlos, wenn sie nicht im Rahmen eigener Vergebungserfahrung formuliert wird.[53]
Der Nachtrag in Mt 6,14–15 betont nochmals in einer eindringlichen Mahnung das unauflösliche Wechselverhältnis von menschlicher und göttlicher Vergebung:[54]

51 Aus dem Gebrauch des Aorists ist nicht zwangsläufig Vergangenheit abzuleiten. Am wahrscheinlichsten ist jedoch der effektiv-resultative Aspekt der Verbalhandlung. Vgl. dazu die differenzierten, die aktuelle Diskussion über den Verbalaspekt aufnehmenden Überlegungen in *Hans-Ulrich Rüegger*, Sollen wir vergeben haben? Philologische Annäherung an eine theologische Bitte (Mt 6,12), in: *Andreas Dettwiler / Uta Poplutz* (Hg.), Studien zu Matthäus und Johannes (FS Jean Zumstein), Zürich 2009, 21–28.
52 Ganz im Sinne einer am Matthäusevangelium orientierten Gebetstheologie formuliert *Luz*, Mt I, 453: »Gebet ist ein Sprechen des *aktiven* Menschen mit Gott.« (Hervorhebung im Original). *Frettlöh*, Mensch, 210: »Wer so bittet, empfängt nicht nur im Bitten die göttliche Vergebung, sondern mit ihr die den an dem Beter / der Beterin schuldig gewordenen Mitmenschen gewährte eigene Vergebung selbst als Gabe Gottes.«
53 Die Fassung des Lukas drückt sich sprachlich etwas anders aus, sagt aber Ähnliches: Hier wird die Vergebungsbitte *begründet* (griech. γάρ) mit der gegenwärtigen Erfahrung (Präsens!) aktiver Vergebung.
54 Der Zusammenhang zwischen Gebet und zwischenmenschlichen Beziehungen wird in 1Petr 3,7 sichtbar: Die Männer sollen ihre Frauen gut behandeln, »damit eure Gebete nicht verhindert werden«.

14 Denn wenn ihr den Menschen ihre Vergehungen vergebt, so wird euer himmlischer Vater auch euch vergeben; 15 wenn ihr aber den Menschen ihre Vergehungen nicht vergebt, so wird euer Vater auch eure Vergehungen nicht vergeben.
14 Ἐὰν γὰρ ἀφῆτε τοῖς ἀνθρώποις τὰ παραπτώματα αὐτῶν, ἀφήσει καὶ ὑμῖν ὁ πατὴρ ὑμῶν ὁ οὐράνιος·
15 ἐὰν δὲ μὴ ἀφῆτε τοῖς ἀνθρώποις, οὐδὲ ὁ πατὴρ ὑμῶν ἀφήσει τὰ παραπτώματα ὑμῶν.

Nichts deutet darauf hin, dass der Text irgend etwas anderes damit meinen könnte als das, was da steht. Zwischenmenschliche Vergebung ist die Klammer, innerhalb derer Menschen zuversichtlich Gottes Vergebung erbitten dürfen. Außerhalb dieser Klammer ist Vergebung nicht möglich.[55] Das bereitet vielen Auslegern, die von der Bedingungslosigkeit göttlicher Vergebung ausgehen, Kopfzerbrechen, denn hier wird Gottes Handeln an eine menschliche Tat gebunden.[56] Der Zusammenhang wird durch ein Gleichnis deutlicher und vielleicht auch komplizierter:

4.3 Die Geschichte vom Vergeben (Mt 18,21–35)

Vergebung bedeutet im Kontext des Matthäusevangeliums Ablassen von den berechtigten Ansprüchen auf Vergeltung oder auf Wiederherstellung der verletzten Ehre. Petrus, der als Sprecher der Apostel auftritt, stellt die berechtigte Frage nach einer Obergrenze (Mt 18,21–22). Mit der vollkommenen Zahl Sieben macht er einen Vorschlag, der weit über das Übliche hinausgeht. Diese Zahl wird in der Antwort Jesu noch gesteigert: »bis zu siebenundsiebzigmal«. Damit wird in Form einer numerischen Anspielung Gen 4,24 ins Bewusstsein gerufen: »Wenn Kain siebenfach gerächt wird, so Lamech siebenundsiebzigfach.« Dem Gesetz der unverhältnismäßigen Vergeltung steht die maßlose Vergebung gegenüber. Die Vergebungsthematik entfaltet ihre besondere Bedeutung im gesellschaftlichen Kontext von Vergeltung und Gewalt. Jesus beleuchtet

55 Es geht also nicht einfach um den *Willen*, anderen zu vergeben (so *Davies/Allison*, Matthew, 610f.), sondern um einen tatsächlichen Akt des »Vergebenhabens«.
56 Für *Hans Weder*, Die «Rede der Reden»: Eine Auslegung der Bergpredigt heute, Zürich 1985, 189–190, bedeutet dies einen theologischen Absturz: »Die Vergebungsbereitschaft Gottes geht nicht weiter als die Vergebungsfähigkeit des Menschen. Dieser hat es in der Hand, sich Gottes Vergebung zu verwirken. Wenn diese beiden Verse als Bedingungsverhältnis zwischen Vergebung Gottes und Vergebung des Menschen zu verstehen sind – und der Text gibt leider keinen Anlass, daran zu zweifeln –, dann handelt es sich hier um einen theologischen Absturz der matthäischen Gemeinde oder des Matthäus. Um einen theologischen Absturz in die Gerechtigkeit, die zwar nicht zu verachten wäre, aber nicht an Gott herankommt, erst recht nicht an den *Vater* in den Himmeln. Welcher Vater oder welche Mutter würde denn ihre Vergebung davon abhängig machen, ob das Kind selbst Vergebung leistet? Dieser theologische Absturz stürzt den Vater und setzt einen Arbeitgeber an seine Stelle.«

die Maßlosigkeit des Vergebens durch eine Erzählung, die in drei knappen Szenen vom Tragischen ins Märchenhafte und von dort wieder ins Tragische wechselt.[57]
Szene 1 (Mt 18,23–27): Ein König stößt bei einer Bilanz auf einen Untergebenen, der ihm die astronomisch hohe Summe von umgerechnet ca. 3500 Millionen Euro schuldet.[58] In solchen Fällen ist der Verkauf in die Zwangssklaverei ein geläufiges Vorgehen. Das wäre korrekt aus der Perspektive des damals geltenden Rechts. Als der Knecht um Aufschub (nicht um Schuldaufhebung) bittet, erlässt ihm der König überraschenderweise die gesamte Schuldenlast. Der König lässt Gnade vor Recht gelten. Damit ist nicht zu rechnen.
Szene 2 (18,28–30): Die Handlung wiederholt sich, aber die Rollen werden neu verteilt. Ein Mitknecht schuldet dem ehemaligen Schuldner etwa 6000,– Euro. Der begnadete Schuldner reagiert als Gläubiger zunächst genauso wie der König in der Szene davor: Er pocht unter Anwendung von Gewalt auf sein Recht. Mit den gleichen Worten (18,26) bittet der Schuldner um Aufschub, was durchaus realistisch ist. Doch im Gegensatz zum König verweigert ihm der Gläubiger die Gnade. »Er aber *wollte nicht*, sondern ging hin und warf ihn ins Gefängnis, bis er die Schuld bezahlt habe.« (18,30) Er handelt damit nicht illegal, aber doch unmoralisch angesichts der vorher erfahrenen Schuldtilgung. Er lebt so – und das ist die Pointe der Geschichte –, als ob ihm nie vergeben worden wäre.
Szene 3 (18,31–34): Die Mitknechte reagieren empört und melden es dem König. »Böser Knecht! Jene ganze Schuld habe ich dir erlassen, weil du mich batest. Solltest nicht auch du dich deines Mitknechtes erbarmt haben, wie auch ich mich deiner erbarmt habe?« (18,32f.) Jetzt wendet der König das Gesetz in seiner ganzen Härte an und übergibt ihn den Peinigern. Für eine geringe Summe verliert ein Mensch alles, was ihm erlassen worden ist.
Jesus schließt mit einem Drohwort: »So wird auch mein himmlischer Vater euch tun, wenn ihr nicht ein jeder seinem Bruder von Herzen vergebt« (18,35). Der Ernst zwischenmenschlicher Vergebung steht unzwei-

57 Vgl. zum sozialgeschichtlichen Hintergrund und zur Auslegung des Gleichnisses *Martin Leutzsch*, Verschuldung und Überschuldung, Schuldenerlaß und Sündenvergebung. Zum Verständnis des Gleichnisses Mt 18,23–35, in: *Marlene Crüsemann / Willy Schottroff* (Hg.), Schuld und Schulden. Biblische Traditionen in gegenwärtigen Konflikten (KT 121), München 1992, 104–131; *Hanna Roose*, Das Aufleben der Schuld und das Aufheben des Schuldenerlasses (Vom unbarmherzigen Knecht). Mt 18,23–35, in: *Ruben Zimmermann* (Hg.), Kompendium der Gleichnisse Jesu, Gütersloh 2007, 445–460, bes. 450–453; *Luise Schottroff*, Die Gleichnisse Jesu, Gütersloh 2005, 258–261.

58 Es handelt sich um 10 000 Talente. 1 Talent entspricht 6000 Denaren, also in etwa 6000 Tageslohnsätzen. 10 000 Talente wären somit in etwa der Verdienst von 60 Millionen Arbeitstagen. Es handelt sich um eine übertrieben hohe Summe, die auf die Unmöglichkeit einer Rückzahlung hinweisen soll. Die Summe soll auch den Kontrast zur zweiten Szene hervorheben.

felhaft fest. Dennoch soll nicht die Drohung zur Vergebung motivieren, sondern der Gnadenerlass des Königs. Im Rahmen der Erzählung erscheint es schlicht undenkbar, dass jemand nach einer so überwältigenden Vergebungserfahrung selbst nicht zu vergeben bereit ist. Die theologische Frage lautet: Wird Gott mit einer solchen Aussage nicht auf eine Stufe mit den Menschen gestellt?[59] Bezeichnenderweise kommt eine solche Verquickung von göttlichem und menschlichem Verhalten im Matthäusevangelium nur im Zusammenhang mit Themen vor, die mit zwischenmenschlicher Versöhnung zu tun haben.[60] Hinter solchen Aussagen wird eine paradoxe Struktur sichtbar, die nicht angemessen beurteilt werden kann, wenn man mit Kategorien wie «Werkgerechtigkeit» operiert. Zwischenmenschliche Vergebung darf auf göttliche Vergebung hoffen, weil sie bereits Ausdruck von göttlicher Vergebung ist. In jedem Akt der Vergebung kommt etwas Göttliches, Gnadenhaftes, Unerwartetes zum Vorschein. In der Wiederherstellung von Beziehungen wird die *Basileia* Gottes erkennbar.

5 Abschluss und Ausblick

Ich möchte zum Abschluss thesenartig einige Aspekte bündeln und offene Fragen formulieren:

1. Ganz allgemein kennt das Neue Testament eine ganze Reihe von Begriffen, die im weitesten Sinne die friedfertige Wiederherstellung gestörter Beziehungen bezeichnen. Anders als in den modernen philosophischen Entwürfen ist eine ganz scharfe terminologische Trennung nicht möglich.
2. Ein im Neuen Testament zentrales Verständnis von Vergebung orientiert sich an der ökonomischen Metapher des Schuldenerlasses und sieht Vergebung als Ablassen/Loslassen von Ansprüchen, die durch die Schuld eines anderen mir zukommen.
3. Ein besonderer Sprechakt der Vergebung ist nicht zentral (nur in der Heilung Jesu). Allerdings wäre es m.E. interessant, über einen Sprechakt der Bitte um Vergebung nachzudenken. Das eigentliche »Wunder« ist nicht, dass Vergebung geschieht, sondern dass diese durch die Einsicht in persönliche Schuld und die Bitte um Vergebung überhaupt erst ermöglicht werden kann. Vergebung selbst vollzieht sich dann in der ungetrübten Akzeptanz des Anderen.[61]

59 *Schottroff*, Gleichnisse, 265f., versucht den König im Gleichnis nicht mit Gott zu identifizieren und plädiert für einen sehr sorgfältigen Umgang mit der Übertragung in 18,35.

60 Neben Mt 6,12.14–15 vgl. Mt 5,7: »Glückselig die Barmherzigen, denn ihnen wird Barmherzigkeit widerfahren.« Mt 7,1: »Richtet nicht, damit ihr nicht gerichtet werdet!« (vgl. Lk 6,37–38)

61 *Martin P. Golding*, Forgiveness and Regret, in: The Philosophical Forum 16 (1984–85), 121–137, 124.

4. Es gibt keine Grenzen der Vergebung (zumindest quantitativ), aber es gibt Unversöhnlichkeit und damit auch Grenzen der Gemeinschaft.
5. Wer seinem Mitmenschen die Vergebung verweigert, verliert den Anspruch auf Gottes Vergebung. Insofern Gott als Vater aller am Unrecht *mitleidet* und damit auch *mitgeschädigt* wird, verhindert Unversöhnlichkeit die freie Zirkulation göttlicher Vergebung als Zeugnis für die Welt. Unversöhnlichkeit stellt sich der Vollmacht des Auferstandenen in seiner Basileia entgegen.[62]
6. Ist Vergebung bedingungslos?[63] Eigentlich muss man diese Frage verneinen, denn zur Vergebung gehören Schuld, Betroffenheit und Schuldeinsicht. Vergeben kann nur der direkt Betroffene oder der mitbetroffene Gott.[64]
7. Für Matthäus in besonderer Weise ist zwischenmenschliche Vergebung die charakteristische Note einer christlichen Gemeinschaft. Was nach dem Matthäusevangelium dem Christentum unter keinem Umstand fehlen darf, ist die Bereitschaft zu vergeben. Jenseits davon hört christlicher Glaube im Sinne göttlicher Gerechtigkeit auf.

62 Mt 18,15–17 ist in diesem Sinne ein Lehrstück über die Bedrohung der Gemeinschaft durch Unversöhnlichkeit.

63 In diesem Sinne äußert sich z.B. *Meirlys Lewis*, On Forgiveness, Philosophical Quarterly 30 (1980), 236–245, bes. 243. *Scheiber*, Vergebung, 224f., ist zu Recht skeptisch.

64 Zur Tugend der Versöhnlichkeit vgl. *Scheiber*, Vergebung, 261–263.

Markus Dröge

Unterwegs zur Versöhnung

Grußwort und Gedanken zum Thema

Der lange Name – Berlin-Brandenburg-Schlesische Oberlausitz – bringt es zum Ausdruck: Unsere Kirche reicht weit über diese Stadt hinaus. Sie erstreckt sich von der Prignitz im Nordwesten bis nach Görlitz, wo man von der Frauenkirche hinüber nach Polen schauen kann. Es ist eine spannende und zugleich spannungsreiche Kirche. Ich sage manchmal, dass die drängenden Themen vieler Landeskirchen sich in dieser Kirche wie in einem Brennglas bündeln und damit oft schneller und schärfer hervortreten als anderswo.

1. Unsere Landeskirche war die erste, in der *Ost- und Westtraditionen* nach dem Fall der Mauer zusammenwachsen mussten und zusammengewachsen sind. Bereits im März 1990 tagten die Regionalsynoden Ost und West erstmals wieder ungehindert gemeinsam, freilich noch als formal getrennte Gremien. Sie folgten damit der 1959 erlassenen Notverordnung, wonach die beiden regionalen Synoden innerhalb von drei Monaten nach Wegfall der Behinderung wieder zusammenkommen sollten. Wir können heute sagen, dass dieser Prozess mit viel Kraft, Stringenz und Schmerzen angegangen und durchgeführt wurde. Wir sind tatsächlich *eine* Kirche geworden. Zugleich sind die unterschiedlichen Traditionen weiter lebendig und stellen uns gegenseitig immer wieder vor Herausforderungen.

2. Ein zweites Spanungsfeld in unserer Kirche ist der Gegensatz von *Stadt und Land*. Die Metropole Berlin und die Speckgürtelregionen auf der einen Seite stehen teilweise entvölkerten Gebieten auf der anderen Seite gegenüber. In europäischen Demographiekarten werden Teile Brandenburgs tatsächlich bereits heute als entvölkert bezeichnet. Wölfe haben sich neu angesiedelt. Was bedeutet pastorale Versorgung oder lebendige Gemeindearbeit einer Kirche in dieser Spannung?

3. Zudem tut sich bei uns die Schere zwischen *Arm und Reich* weit auf. Zum Teil hervorragend ausgestatteten Gemeinden stehen andere gegenüber, die stetigen Rückgang und Schrumpfung erleben. Und was für die Kirchengemeinden gilt, lässt sich auch in der Bevölkerung allgemein feststellen: Die sozialen Gegensätze drohen zu wachsen.

4. Und schließlich ist da noch Berlin selbst. Die *Hauptstadt*. Und damit ein Brennglas gesellschaftlicher Entwicklungen. Es ist kein Zufall, dass so viele Flüchtlinge den Weg nach Berlin suchen und hier öffentlich für ihre Rechte protestieren. Plötzlich kommt die Schuld von Lampedusa uns ganz nahe. Und es ist von zentraler Bedeutung, die Augen vor diesen menschlichen Schicksalen nicht aus Scham zu verschließen.
Die Bundes*hauptstadt* ist auch eine Hauptstadt des Erinnerns und Gedenkens. Egal, wo man sich in Berlins Mitte bewegt – jedes Gebäude, jeder Straßenzug erzählt eine Geschichte, und dabei vielfach eine Geschichte der Gewaltherrschaft, sei es des Nationalsozialismus oder – vornehmlich im Ostteil der Stadt – eine Geschichte des Unrechtssystems der DDR. Berlin war und ist Machtzentrum. Und so ist es nicht verwunderlich und kein Zufall, dass sich hier in Berlin die großen Erinnerungsorte befinden: das Denkmal für die ermordeten Juden Europas, die Topographie des Terrors, die Bernauer Straße mit der Mauergedenkstätte, oder, unweit, im Norden von Berlin, in Oranienburg das KZ Sachsenhausen, wo die zentralen Dienstbesprechungen aller KZ-Kommandanten stattfanden. Das sind nur einige wenige Beispiele. Es gibt eine Vielzahl von Gruppen und Initiativen, Opferverbänden und Volksgruppen, die in je ihrer eigenen Perspektive und an eigenen Orten an ihre Leidensgeschichte erinnern. Darunter sind auch viele kirchliche Gruppen mit ihren Erinnerungsorten.

Zunehmend beschäftigt uns die Frage, was unter diesen Voraussetzungen Erinnerungskultur eigentlich für eine Bedeutung haben soll. Theoretisch könnten wir wahrscheinlich täglich eines historischen Ereignisses gedenken, an dem wir, auch als Kirche, uns mit Schuld und Scham beladen haben. Schuld bekennen und Scham aushalten ist aber nur die eine Seite. Die andere ist, dennoch auf Zukunft hin zu handeln. Als Bischof dieser Landeskirche begegnet mir die Geschichte oft in bedrängender Wucht und Mächtigkeit. Nicht zuletzt, weil das Erinnern und Gedenken vielfach mit recht absolut vorgetragenen moralischen Ansprüchen und entsprechenden Deutungsansprüchen einhergeht. Wie kann ich in diesem Gewirr von Mächten und Gewalten das Evangelium des Gottes zur Geltung bringen, der Schuld vergibt und von bedrängenden Ansprüchen befreit, der hier und heute Leben ermöglichen will und uns nicht auf die Schuld unserer Geschichte festlegt? Diese Frage begleitet mich ständig.

In diesen Spannungsfeldern, die ich kurz skizziert habe, sind Fragen präsent: die Fragen nach Schuld und Scham, nach Erlösung und Versöhnung. Ja, Versöhnung ist für mich sogar das zentrale Thema. Und deshalb habe ich die Erfahrungen, die ich als ehemaliger Westler in den ersten Jahren meines Bischofsdienstes gemacht und in einem Interviewbuch zusammengefasst habe, unter diesen Titel gestellt. Allerdings bin ich im Umgang mit dem Begriff »Versöhnung« vorsichtig geworden. Deshalb der Titel: »Unterwegs zur Versöhnung«.

Vorsichtig bin ich mit der Verwendung des Begriffs »Versöhnung« besonders in der Auseinandersetzung mit den Schuldgeschichten aus der Zeit der DDR-Diktatur geworden. Als ich 2009 aus dem Rheinland in die EKBO gekommen bin, habe ich sehr schnell gespürt, wie sensibel diese Fragen sind. Kurz nach meiner Einführung hatte ich gleich eine Rede vor dem Potsdamer Landtag anlässlich des Jubiläums »20 Jahre Friedliche Revolution« zu halten. In dieser Rede habe ich auch an die Notwendigkeit erinnert, die Schuldgeschichten nicht zu verdrängen. Die Rede wurde von den anwesenden Politikern der damals frischen rot-roten Regierung als kritisch, aber angemessen bewertet, wie ich den Gesprächen beim anschließenden Empfang entnehmen konnte. Dann allerdings kam ein älterer Mann auf mich zu, der mir erbost vorwarf, die Leiden der Opfer zur Zeit der DDR-Diktatur mit meiner Rede verharmlost zu haben und die Gelegenheit versäumt zu haben, der neuen Regierung die notwendige Bußpredigt zu halten. Ich spürte schlagartig, wie stark die unterschiedlichen Lebenserfahrungen die Wertungen bis heute bestimmen. Um mich näher in diese Situation hineinzudenken, habe ich damals eine kleine Arbeitsgruppe gegründet, zu der ich auch Ulrike Poppe eingeladen hatte, eine ehemals kirchliche Mitarbeiterin zu DDR-Zeiten, die selbst Repressionen und Inhaftierung erduldet hat, die dann nach der Friedlichen Revolution Referentin der Evangelischen Akademie zu Berlin wurde und heute Beauftragte des Landes Brandenburg für die Aufarbeitung der Folgen der kommunistischen Diktatur ist.
In dieser Arbeitsgruppe haben wir die Frage gestellt: Was ist heute die Verantwortung der Evangelischen Kirche bei der Aufarbeitung der Folgen der DDR-Diktatur? Wir sind zu folgendem Ergebnis gekommen: Wir müssen uns dann öffentlich zu Wort melden, wenn die Schuldgeschichten verharmlost werden. Wir müssen Räume des Gespräches anbieten, in denen die unterschiedlichen Lebenserfahrungen zu Wort kommen können. Und wir dürfen die eigene Schuldgeschichte nicht übergehen. Versöhnung aber können wir nicht zielgerichtet planen. Ganz im Sinne der Worte des Paulus im fünften Kapitel des Zweiten Korintherbriefes ist Versöhnung, wenn sie geschieht, eine Neuschöpfung, die Gott schenken muss. Wir können lediglich die Rahmenbedingungen anbieten, damit eine solche Neuschöpfung des Geistes stattfinden kann, wo und wie Gott es will. Dass Versöhnung wirklich öffentlich erkennbar wird, ist ein sehr seltenes Geschenk. Erlebt habe ich allerdings auch dies: Ein Arzt aus Luckenwalde hat sich vor einiger Zeit in der Zeitung dazu bekannt, durch Bespitzelung eines Pfarrers zu dessen öffentlicher Diffamierung durch die Stasi und seiner Ausweisung beigetragen zu haben.
Auch das Thema Scham ist in der Aufarbeitung präsent. Immer wieder erlebe ich, dass Menschen sich scheuen, über die Erfahrungen aus der DDR-Zeit zu berichten. Nur unter vier Augen habe ich zum Beispiel eine abenteuerliche Fluchtgeschichte eines Westberliner Pfarrers erzählt bekommen, der als junger Theologiestudent, der das Regime der DDR prinzipiell ablehnte, die gefährliche Flucht gewagt hat. Dies heute öf-

fentlich zu erzählen, würde jedes Mal bedeuten, die alten Gräben wieder aufzureißen zwischen denen, die bewusst in der DDR geblieben sind und nur schwer akzeptieren konnten, wenn Pfarrerinnen und Pfarrer die DDR verlassen haben, und denen, die gegangen sind. Aber auch die Gräben würden wieder aufgerissen zwischen denen, die aus dem Osten kommend den romantischen Linksextremismus im West-Berlin der 1970er und 1980er Jahre kaum verstehen konnten, und denen, die sich damals als junge Theologiestudierende für den linken Vortrupp des Lebens hielten, die für die Freiheit in Südafrika kämpften, aber die Mauer eigentlich akzeptiert hatten. Geflohene Ex-DDR-Bürger fühlten sich in der West-Berliner Szene wie Außenseiter. Sie hatten keinen Anlass, den Kommunismus zu romantisieren, und erlebten sich selbst wieder, wie schon in der DDR, als political incorrect und behielten ihre politischen Auffassungen ein zweites Mal lieber für sich. Heute aber nun arbeiten Schwestern und Brüder mit Ost- und West- und Ost-West-Biographien neben- und miteinander in der Dienstgemeinschaft der EKBO und haben alle Hände voll zu tun, den aktuellen Herausforderungen zu begegnen. Der Bedarf, die alten Geschichten zu erzählen, ist in dieser Theologengeneration gering. Es gibt genug aktuelle Spannungsfelder, die ein Gebet um den Geist der Versöhnung dringend notwendig machen.

Marcin Hintz

Die evangelische Kirche in Polen im Dienst der Versöhnung

Einleitung

Im Jahre 2015 erleben wir – die Menschen in Ost-Europa – das 25. Jahr eines politischen, kulturellen und religiösen Lebens in Freiheit. Der Runde Tisch, der Fall des eisernen Vorhangs oder der Sturz der Berliner Mauer sind feste Symbole dieser neuen Öffnung, und sie spielen in sozialen wie auch theologischen Debatten bis heute eine inspirierende Rolle. Zur Sprache dieser Zeit gehört auch zweifellos der Begriff »Versöhnung«. Die Europäische Union ist für neue EU-Mitglieder unten vielen Aspekten ein Raum der Versöhnung. Beim Bau dieser europäischen Dimension spielen die Kirchen nach wie vor eine besondere Rolle.
Im polnischen Kontext hat die römisch-katholische Kirche eine prägende Rolle im Prozess der Befreiung gespielt, jedoch sehen auch die evangelischen Christen, die in diesem Land eine klare Minderheit sind, den Versöhnungsprozess als eine ihrer wichtigsten Aufgaben.
Dieser Aufsatz will den Dienst der Versöhnung aus evangelischer Perspektive skizzieren, weil ich persönlich als Vertreter des polnischen Protestantismus spreche.
Das Thema »deutsch-polnische Versöhnung« gehörte schon vor 50 Jahren zu den Hauptthemen des polnischen theologischen Nachdenkens. Das war ein komplizierter, in vielen Fällen schmerzhafter Dialog[1], von dem jedoch beide Seiten viel gelernt haben. Diese Problematik gehört heute nicht mehr zur Hauptdebatte im polnischen Protestantismus, doch brachte der EU-Betritt Polens im Jahre 2004 neue Impulse zur polnisch-deutschen Beziehung.
In den letzten 25 Jahren sind viele verschiedene kirchliche wie auch kommunale Partnerschaften von beiden Seiten der Grenze an der Oder geschlossen worden, die aus dieser Versöhnungsbewegung stammen. Auf Basis der Begegnungen deutscher und polnischer Christen wurden in den letzten Jahren viele Vorurteile zuerst geklärt und dann hoffentlich ausgelöscht. Ich will ein paar Worte zu dieser Tradition verlieren. Jedoch ist meine Aufgabe zuallererst, als Vertreter der jüngeren Generation

1 Die erste gemeinsame Veröffentlichung zum Thema ist: *Jürgen Moltmann / Martin Stöhr* (Hg.), Begegnung mit Polen: Evangelische Kirchen und die Herausforderung durch Geschichte und Politik. Mit Beiträgen von *Jan Anchimiuk* u.a., München 1974.

nicht nur über die Geschichte, sondern über die Gegenwart und die Zukunft zu sprechen. Die Hauptfrage heutiger Diskussion lautet: Welche Rolle kann und soll heute die evangelische Kirche im Versöhnungsprozess spielen?
Ich will meine Beobachtungen in 5 Punkten vorstellen: Zuerst möchte ich ein paar biographische Anmerkungen machen. Dann will ich über die Rolle der evangelischen Kirchen im Versöhnungsprozess sprechen – um eine gewisse geschichtliche Grundlage kommt man in diesem Bereich nicht herum. Weiter will ich eine kurze Diagnose des heutigen Zustandes der deutsch-polnischen Beziehungen aus der polnisch-evangelischen Perspektive darstellen und zum Schluss im 5. Punkt nach den Chancen für den zukünftigen Dienst der Versöhnung fragen.

1 Biographische Bemerkungen – Suche nach Orientierungspunkten

Ich bin im heißen, unruhigen Frühling des Jahres 1968 geboren. Wie fast alle polnischen Familien hatte auch meine Familie in den Kriegsjahren 1939–45 viele tiefgreifende Erfahrungen gemacht.
Meine Vorfahren zogen Anfang des 19. Jh. aus ostdeutschen Gebieten, vermutlich aus Thüringen, ins Zentrum Polens. Meine Großmutter väterlicherseits, die großen Einfluss auf meine Religiosität hatte, stammte aus einer deutsch-polnischen Familie aus der Stadt Łódź (Lodz). Łódź war von Anfang an ein Industriestadt-Projekt – eine Vision, gemeinsam von Polen und Deutschen – Protestanten und Katholiken[2] – wie auch von vielen Juden und russischen Verwaltungsleuten gebaut. Meine Großmutter war praktisch dreisprachig, weil Russisch als Schulsprache galt. Die Familie Hintz wurde jedoch schnell polonisiert. Kurz vor dem Zweiten Weltkrieg war mein Großvater ein kleiner Unternehmer in Warschau, der in der evangelischen Kirche sehr engagiert war.
Am Warschauer Aufstand 1944 hatten meine Tante und ihr Mann als polnische Soldaten teilgenommen. In Folge der Verletzungen ist mein Onkel im Oflag (Offizier-Lager) in der Nähe von Hamburg gestorben. Die Tante blieb bis zuletzt auf Abstand zu den Deutschen und zur deutschen Kultur. Für sie war die Versöhnung mit der ehemaligen Besatzungsnation kein Thema.
Der Großvater Hintz ist nach dem Kriege zum evangelischen Pastor ordiniert worden und wurde nach Masuren ins ehemalige Ostpreußen gesandt. Dort sprach man in der evangelischen Bevölkerung Deutsch. Der Großvater musste nach den staatlichen und kirchlichen Gesetzen die Gottesdienste nur in polnischer Sprache halten. Die masurischen Jahre meiner Großeltern waren schon eine kleine Schule der deutsch-polni-

2 Vgl. *Eduard Kneifel*, Geschichte der Evangelisch-Augsburgischen Kirche in Polen, Niedermarschacht über Winsen 1962. Der Verfasser dieses Buches (1896–1993) war Pastor im Lodzer Bezirk bis 1945.

schen Versöhnung. Dort in Omas Pfarrhaus in Ukta habe ich als Kind das erste Mal Deutsche getroffen. Dort liegen viele meiner zukünftigen Kontakte mit deutschen Familien begründet.
Meine Familie mütterlicherseits stammt aus dem polnischem Kleinadel in Litauen. Als Folge des Krieges musste sie den Hof verlassen. Sie hatte ein gewisses Ressentiment gegen Russen; mit Deutschen machte sie während des Krieges praktisch keine Erfahrungen.
In der Schule hatte ich die Deutschen natürlich als Gegner, Faschisten und Mörder kennengelernt. Das offizielle Schulprogramm lehrte, dass Polen praktisch immer vom Westen her bedroht war. Als Beispiel dienten die deutschen Orden in Ostpreußen, die Preußen, Bismarck und dann Hitler. Ich konnte als Kind und Jugendlicher nie verstehen, wie etwas so Unvorstellbares wie das KZ Auschwitz hatte passieren können. Die große Frage meiner Jugend war auch, wie ein Volk mit so großer Kultur so etwas wie den Vernichtungsplan der Juden erfinden konnte. Den Holocaust mit seiner Hassideologie und der Massenvernichtung kann ich bis heute nicht begreifen.[3]
Dann kam meine Begegnung mit den Deutschen im Pfarrhaus in Masuren, bei Oma, wie auch die ersten Besuche von deutschen Bekannten in der Wohnung meiner Eltern. In den Jahren der wirtschaftlichen Krise haben wir als Zeichen der Solidarität Pakete aus Deutschland bekommen. Dann kamen die ersten Reisen nach Deutschland. Jedoch muss ich betonen, dass ich erst im Theologiestudium richtig angefangen habe, die deutsche Sprache gründlich zu lernen. Aus der Studienzeit will ich von einem Erlebnis erzählen: Es war im Mai 1989 in Basel im Rahmen der ersten Europäischen Ökumenischen Versammlung. In meiner tiefen Erinnerung bleibt der Marsch durch drei Länder: Ohne Kontrolle sind wir von Basel über Deutschland nach Frankreich gegangen. Das war für mich und für uns alle aus dem Ostblock etwas Unmögliches. Danach träumten wir von einem Europa ohne Grenzen.
Vier Jahre später habe ich in meiner Doktorandenzeit ein Stipendienjahr an der evangelischen Fakultät der Bonner Universität absolviert. Das war auch eine ganz neue Erfahrung, ein Jahr in Deutschland zu wohnen, zu studieren, zu leben. Später bin ich mehrmals als Wissenschaftler, privat und kirchlich von Polen aus nach Deutschland gefahren. Die Grenzkontrollen habe ich immer als etwas Schlechtes erlebt. Die deutsch-polnische Grenze habe ich als die Grenze zwischen einer besseren und schlechteren Welt erfahren. Erst am 1. Mai 2004, am Tag des EU-Beitritts Polens, als ich mit meiner Frau zum 70. Geburtstag meines Bonner Professors Martin Honecker gefahren bin, habe ich erfahren, dass die Grenze wirklich Geschichte ist.

3 Vgl. *Witold Benedyktowicz*, Reflexion zum Thema »Opfer« im deutsch-polnischen Dialog, in: *Jürgen Moltmann / Martin Stöhr* (Hg.), Begegnung mit Polen: evangelische Kirchen und die Herausforderung durch Geschichte und Politik, München 1974, 93–98.

Aus der Erfahrung meiner Familie und meiner eigenen Erfahrung habe ich viel über deutsch-polnische Versöhnung gelernt und – wenn ich so sagen darf – wir haben auch etwas dazu beigetragen.

2 Historische Bemerkungen

Zuerst muss ich ein paar historische Fakten anführen. Nach der Teilung Polens im Jahre 1795 zwischen den drei Nachbarländern wuchs die Zahl der Protestanten in den ehemaligen polnischen Gebieten, die sich nach der Teilung in Preußen, Österreich und Russland befanden. Die Nachfrage nach Spezialisten in verschiedenen Wirtschaftsgebieten war im wachsenden Kapitalismus sehr hoch. Nach Zentral- und Ostpolen kamen viele Deutsche, die eigene Dörfer gründeten oder in Städten ein neues Zuhause fanden.[4] Sie kamen sehr oft mit einem eigenen Pfarrer. Schon im Jahr 1830 wurden in vielen Städten evangelische Kirchen gebaut.

Die meisten dieser Siedler assimilierten sich in kurzer Zeit. Dieser Prozess war besonders in den Großstädten im Zentrum Polens (besonders in Warschau) zu beobachten, das heißt in den Gebieten, die damals zu Russland gehörten.

Nach dem Ersten Weltkrieg sah der damalige Superintendent der lutherischen Kirche, Dr. Juliusz Bursche, die Integration der evangelischen Christen in die polnische Gesellschaft als das Hauptziel seiner Tätigkeit.[5] Die lutherischen Kirchen in den 20er und 30er Jahren des letzten Jahrhunderts hatten ca. 830.000 Mitglieder. Der Vertrag zwischen Staat und Kirche von 1936 gab erst den rechtlichen Rahmen für die weitere Entwicklung der Kirche. In dieser Zeit gab es in der Kirche viele Spannungen zwischen polnischen und deutschen Strömungen. Für Bischof Bursche war die Polonisierung ein wichtiger Punkt seiner Kirchenpolitik.[6] Bursche wurde deswegen schon im Oktober 1939 verhaftet und starb im Februar 1942 während seiner Gestapo-Haft in Berlin. Viele andere Pfarrer (u.a. W. Preiss, W. Lucer, A. Hauptmann und W. Gastpary) verbrachten die gesamten Kriegsjahre im KZ. Von den ca. 200 Pfarrern, die die lutherische Kirche im Jahre 1939 hatte, bekannten sich mehr als die Hälfte zum Polentum. Meistens mussten sie deshalb schon 1939 ihr Amt aufgeben.

Anderseits war die Mehrheit der Lutheraner deutscher Abstammung und wurde deswegen (freiwillig oder auch nicht) in eine sogenannte Volks-

4 Vgl. *Jarosław Kłaczkow / Andrzej Radzimiński / Stanisław Roszak*, The History of Poland. A Nation and State between West and East, Toruń 2012.

5 *Woldemar Gastpary*, Biskup Bursche i sprawa polska, Warszawa 1972; *Bernd Krebs*, Państwo, Naród, Kościół. Biskup Juliusz Bursche a spory o protestantyzm w Polsce w latach 1917–1939, Bielsko-Biała 1998.

6 Zur Kritik an Bursches nationaler Tätigkeit vgl. *Eduard Kneifel*, Bischof Dr. Julius Bursche. Sein Leben und seine Tätigkeit 1862–1942, Vierkirchen über München 1980.

liste eingetragen. Für viele Menschen war die Unterzeichnung der Volksliste eine Rettung vor dem KZ, weil die Nazi-Beamten eine evangelische Identität als ein Zeichen der Zugehörigkeit zur deutschen Nation betrachteten.

Nach dem Krieg wurden alle, deren Namen auf der Volksliste standen, als Verräter des polnischen Staates angesehen. Sie mussten deshalb nach Deutschland flüchten oder wurden verhaftet und zu Zwangsarbeit verurteilt; sie verloren damit auch ihre Güter.[7]

Alle diese nationalen Faktoren führten dazu, dass die Gemeinden, die bis 1939 mehrere Tausend Mitglieder hatten (besonders die Diözese Lodz), nach dem Kriege nicht mehr existierten oder nur noch 30–40 alte Leute zu ihren Mitgliedern zählten. Die Rechtslage vieler Minderheitskirchen war in der kommunistischen Zeit unklar. Nur Lutheraner und Orthodoxe hatten Verträge mit dem Staat. Die kommunistische Regierung nutzte diese undemokratischen Rechtsakte als Mittel ihrer antikirchlichen Politik. Mit diesem Gesetz konnten die Behörden die Situation in den Kirchen kontrollieren. Die Staatssicherheit versuchte auch oft, die konfessionellen Kirchen gegeneinander auszuspielen. Viele der evangelischen Christen mit deutscher Abstammung in Masuren und Westpolen mussten ihren Besitz aus verschiedenen Gründen aufgeben und als Spätaussiedler nach Deutschland ziehen.[8] In vielen Gebieten hält sich immer noch (!) das Vorurteil: polnisch heißt katholisch und evangelisch deutsch. Die ökumenische Bewegung hat schon viel an dieser Lage geändert, aber wir brauchen eine tiefe Verbesserung der kirchlichen Beziehungen in Polen.

Die Evangelisch-Lutherische Kirche in Polen hat heute, Anfang des 21. Jahrhunderts, ca. 70 000 Mitglieder, 133 Gemeinden und ca. 145 Pfarrer im Dienst.[9] Die Evangelisch-Reformierte Kirche ist wesentlich kleiner: sie zählt ca. 3000 Mitglieder und 5 Pfarrer. Die Evangelisch-Methodistische Kirche in Polen hat ca. 5000 Mitglieder und 20 Geistliche. Zu den fünf größten freikirchlich-evangelikalen Gemeinschaften gehören, je nach Quelle, zwischen 20 000 und 50 000 Mitglieder. Also leben heute insgesamt ca. 120 000 Protestanten in Polen, was 0.3 % der Bevölkerung entspricht. Zum Vergleich: Die zweitgrößte Kirche in Polen, das heißt die autokephale Orthodoxe Kirche, hat ca. 500 000 Mitglieder, also fast 2 % der Bevölkerung. Die Mehrheitskirche ist nach wie vor die Römisch-katholische Kirche, der ca. 92 % der polnischen Bürger angehören. Die Auswirkungen der Säkularisierung sind in Polen immer noch geringer als in anderen Länder der EU.

7 Vgl. *Bernd Faulenbach*, Die Vertreibung der Deutschen aus den Gebieten jenseits von Oder und Neiße. Zur wissenschaftlichen und öffentlichen Diskussion in Deutschland, in: Aus Politik und Zeitgeschichte B 51–52 (2002), 44–54.

8 Vgl. *Kłaczkow*, The Evangelical Church of the Augsburg Confession in Poland in the years 1945–1989, Toruń 2014.

9 Vgl. Kalendarz Ewangelicki 2015, Bielsko-Biała 2014.

3 Die evangelischen Kirchen im Versöhnungsprozess

Erst in den 60er Jahren kam es zu offiziellen Kontakten zwischen polnischen und deutschen evangelischen Kirchen. Die größte Rolle in dieser Zusammenarbeit spielte der Polnische Ökumenische Rat. Jedoch können wir auf frühere persönliche Kontakte hinweisen: Der Dekan der evangelischen Fakultät in Warschau, Pfr. Prof. Wiktor Niemczyk, pflegte eine persönliche Korrespondenz mit dem Bonner Theologen Hans Joachim Iwand.
Eine bedeutende Rolle im Versöhnungsprozess zwischen evangelischen Christen in Polen und Deutschland spielte die EKD-Denkschrift *Die Lage der Vertriebenen und das Verhältnis des deutschen Volkes zu seinen östlichen Nachbarn* aus dem Jahre 1965.[10] Die Reaktionen in Polen, auch bei evangelischen Christen, waren nicht immer positiv. Großer Schmerz war 20 Jahre nach Kriegsende immer noch präsent und auch verständlich.
Ab diesem Zeitpunkt können wir jedoch von einer Normalisierung des Verhältnisses zwischen unseren beiden evangelischen Kirchen sprechen. Eine wichtige Rolle in diesem Versöhnungsprozess spielten später verschiedene Partnerschaften sowie die karitative Hilfe von deutscher Seite in den unmittelbaren Nachkriegsjahren und darüber hinaus.
Erwähnenswert ist außerdem die Partnerschaft zwischen der christlich-theologischen Akademie in Warschau und der Bonner evangelisch-theologischen Fakultät von 1979. Fast alle unsere jungen Professoren und Dozenten haben in Bonn deutsche Theologie vor Ort studiert. Diese Partnerschaft ist auch zu einer Schule der Versöhnung geworden.
Eine sehr wichtige Rolle in Versöhnungsprozess spielten die großen Persönlichkeiten des deutschen und polnischen Protestantismus. Viele gemeinsame Konferenzen, Symposien und die Herausgabe von Büchern sind nicht zu unterschätzen. Ich will nur paar Namen ins Gedächtnis rufen: Witold Benedyktowicz, Jerzy Gryniakow, Hans Joachim Iwand, Helmut Hild, Gerhard Sauter, Wolfgang Huber – die drei zuletzt Genannten sind *doctori honoris causa* der christlich-theologischen Akademie in Warschau. Diese Persönlichkeiten strahlten mit ihrem eigenen Weltverständnis auf die jüngeren Generationen und haben die Dimension der Versöhnung als die Hauptaufgabe ihrer eigenen Theologie und Lebenspraxis verstanden.
Man muss an dieser Stelle auch an die deutsch-evangelische »Aktion Sühnezeichen« erinnern, die zum Versöhnungsprozess zwischen jungen Deutschen und jungen Polen aller Konfessionen einen großen Beitrag geleistet hat. Für uns junge Erwachsene in Polen ist diese Aktion junger Deutscher, die schon 30 Jahre nach dem Kriegsende geboren sind, ein

10 Vgl. Vertreibung und Versöhnung. Die Synode der EKD zur Denkschrift »Die Lage der Vertriebenen und das Verhältnis des deutschen Volkes zu seinen östlichen Nachbarn«, Stuttgart 1966.

Beweis dafür, wie tief und kompliziert diese Kriegserfahrung für das deutsche Volk ist, und wie wichtig es ist, dafür zu sorgen, dass sich Auschwitz in Europa nicht wiederholen kann.
Zusammenfassend will ich betonen, dass es die Kirchen waren, die seit den 40er Jahren die Hauptfiguren des deutsch-polnischen Versöhnungsprozesses darstellten. Auch meine kleine Diaspora-Kirche leistete einen wichtigen Beitrag in diesem Prozess.

4 Der heutige Stand der deutsch-polnischen Beziehungen

Der 1. Mai 2004 hat den Alltag in Polen fast nicht beeinflusst. Keine Zollkontrollen an den Grenzen (seit 2007 auch im Rahmen des Schengener Abkommens allgemein freie Bewegung zwischen den Ländern), neue EU-Dokumente, finanzielle Unterstützung der Infrastruktur und der Bauern, polnische Abgeordnete im Europaparlament, farblose europäische Parlamentsdebatten – so sieht der normale polnische Bürger die EU *anno domini* 2015. Europa als gemeinsames »Haus« befindet sich jetzt in einer Krise: Das sieht man am besten am Verhältnis der einfachen Bürger zur griechischen Finanzkrise.
Die Leute in den Fabriken, Werkstätten, Schulen und Kirchen sehen andere Faktoren als Politiker oder Theologen. In der alltäglichen Diskussion in Polen betont man: Die wirtschaftliche Lage Polens ist nicht besser als vor 10 Jahren, es gibt die gleiche, hohe Arbeitslosenquote, wachsende Armut, ein beständig hohes Korruptionsniveau, die gleichen Probleme der Justiz, noch tiefere Zerrissenheit und Chaos in der politische Szene, und noch tiefere Unterschiede zwischen Reichen und Armen. Diese Liste von Enttäuschungen kann man noch lange erweitern, und diese Beobachtungen haben nichts zu tun mit Europa-Skeptizismus. Die normalen Menschen, zum Beispiel auch meine Gemeindemitglieder, sehen wirklich noch keine Änderungen. Und das muss ich leider nicht nur zu Hause erleben, sondern auch hier vor Ihnen feststellen.
Die Erwartungen, die mit dem Beitritt Polens zur EU verbunden waren, waren sehr hoch. Die Politiker haben viel – zu viel – versprochen, aber die Realität des Alltags hat sich nicht erwähnenswert geändert. Natürlich ist dem nüchternen Analysten klar, dass Veränderungen dieser Größenordnung ihre Zeit brauchen.
Doch polnische Arbeiter fahren nicht als Touristen nach Deutschland, in die Niederlande, nach Großbritannien oder anderswohin – ihnen geht es darum, Arbeit zu finden. Wenn es um den Kampf um Arbeitsplätze geht, spricht niemand über Versöhnung und ein gemeinsames Europa.
Die Politiker haben viele Hoffnungen geweckt und Versprechungen gemacht: »Es wird alles besser, wir müssen in die EU, das ist unsere einzige und letzte Chance, alle sollen davon profitieren.« Unsere Gesellschaft denkt (wie fast alle heutzutage in Europa) an ökonomische und materielle Werte, geistliche und alternative Werte stehen hintenan. Die

Freiheit bedeutet also für den Arbeitslosen eine Chance auf eine Arbeitsstelle – die Hoffnung, dass in Deutschland oder England eine Möglichkeit auf eine legale Arbeit mit vollen Arbeitsrechten existiert.
Die Leute in Schlesien, Masuren, Pommern oder auch anderen Gebieten, die vor dem Zweiten Weltkrieg zu Deutschland gehörten, haben in den letzten Jahren noch zusätzliche neue Ängste. Es geht nach wie vor um die Rückgabe ehemaliger deutscher Besitztümer und Immobilien. Wegen des kommunistischen Tohuwabohu gibt es in vielen Orten keine offiziellen Dokumente, die alle diese Probleme offiziell klären könnten. Die Leute, die seit den 60er Jahren in Westpolen wohnen und leben, brauchen eine endgültige Lösung dieser unruhigen Situation. Das ist auch ein Bestandteil des Versöhnungsprozesses.
Eine weitere Situation soll hier Erwähnung finden: das 70. Befreiungsjubiläum von Auschwitz, an dem auch Vertreter der evangelischen Kirchen teilgenommen haben. Die polnische Gesellschaft wurde unruhig in Bezug auf zwei Veröffentlichungen: die Formulierung des EU-Dokuments zu Auschwitz und die Artikel in westeuropäischen Zeitungen. Denn dort konnte man lesen von dem »*polnischen* Konzentrationslager«. Diese Formulierung ist für die polnische Seite immer noch ein Schock, waren es doch *deutsche* Konzentrationslager in polnischen Gebieten. Viele politische Beobachter erhofften sich von deutscher Seite (auch im kirchlichen Bereich) eine starke, kritische Äußerung dazu – doch diese blieb aus.
Leider muss man feststellen, dass die Europäische Union in der polnischen Gesellschaft anders als in Westeuropa vorrangig als wirtschaftliches Projekt verstanden wird. Natürlich argumentieren die Theologen, Philosophen, Historiker oder sogar Politiker, dass Europa eine Seele braucht,[11] dass die europäische Gemeinschaft ursprünglich eine christliche Idee war und dass diese Idee nur im Rahmen von Versöhnungsprozessen weiterleben kann. Aber wir müssen zuerst auf die einfachen Menschen hören.
Ich habe das Privileg, meine theologisch-wissenschaftliche Tätigkeit mit der Gemeindearbeit im Großraum Gdańsk-Gdynia-Sopot verbinden und mich als Bischof der Diözese Pommern-Großpolen mit nicht-akademischen Problemen auseinandersetzen zu können. Das bringt eine sehr große zeitliche Belastung mit sich, aber gleichzeitig bringt mich die Gemeinde dazu, die Einsichten meiner theoretischen Tätigkeit immer wieder zu prüfen. In Rahmen von verschiedenen Gemeindegremien, mit Jugendlichen, mit Senioren und in den Bibelstunden diskutieren wir nicht nur über theologische und biblische Themen, sondern das größte Interesse meiner Gemeindemitglieder liegt im sozialethischen Bereich. Menschen brauchen eine Stellungnahme der Kirche zur sozialen Realität, auch zur Europa-Problematik, speziell zur Ukraine und zu Osteuropa.

11 Vgl. Verantwortung für ein soziales Europa. Eine Denkschrift der EKD, Gütersloh 1991.

Dieses Bedürfnis ist nicht nur typisch für meine städtische Gemeinde, sondern auch für kleinere Ortsgemeinden.
Die Menschen brauchen eine Orientierungshilfe. Den evangelischen Christen geht es nicht um eine fixierte Soziallehre der Kirche, sondern um eine Hilfestellung zur eigenen Orientierung. Das ist auch unsere theologische Tradition. Die heutige Situation bei unseren östlichen Nachbarn – der Ukraine – zeigt, wie rücksichtsvoll wir miteinander umgehen müssen und wie zerbrechlich und instabil die politische Situation sein kann. Das sollte uns, die evangelischen Christen, zu weiterem, auch ökumenischen Engagement im Dienst der Versöhnung motivieren.
Unsere polnische Präsenz in den europäischen Strukturen sehen wir nach wie vor als eine historische Chance und als die Möglichkeit für eine weitergehende Zusammenarbeit aller Christen auf dem Kontinent. Unser kirchliches Dokument aus dem Jahre 2000 betont,[12] dass wir auch Verantwortung für unsere Nachbarn im Osten tragen und die Erweiterung der EU fortgesetzt werden muss. Für uns bedeutet das konkret, dass wir Verantwortung übernehmen für die Lage in der Ukraine.

5 Chancen für die Zukunft: Kirche als Botschafter der Versöhnung

Vorausgehend habe ich die aktuelle Lage der Diskussion über die Problematik der Versöhnung in der polnisch-evangelischen Kirche vorgestellt. Wir leben als Deutsche und als Polen im *einen* Europa. Das ist für mich der wichtigste Gedanke für die Zukunft. Niemals in den letzten 300 Jahren waren sich unsere Nachbarländer so nah wie in der heutigen Situation, in der EU. Die Europäische Union gibt den jungen Menschen – Deutschen, Polen, Tschechen, Slowaken und Ungarn – Möglichkeiten wie nie zuvor, sich gegenseitig kennenzulernen. Aber diese Möglichkeit dürfen wir nicht nur als ökonomische Chance verstehen.
Oben habe ich viele geschichtliche Ereignisse angesprochen. Für uns in Polen ist die Geschichte eine sehr wichtige Größe. Wir glauben, dass man ohne ein Verständnis der Vergangenheit, ohne Geschichte, nicht die Gegenwart verstehen und an der Zukunft bauen kann. Nur auf der Basis einer aufgearbeiteten und versöhnten Geschichte kann man eine gute Zukunft bauen.
Ein wichtiges Arbeitsfeld, in dem die Kirchen gemeinsam viel tun können, ist die mediale Präsenz und der Beitrag zur öffentlichen Debatte. Es geht mir hier u.a. um gemeinsame, ökumenische Äußerungen der evangelischen, orthodoxen und katholischen Kirchen in Polen in ethischen

12 Zum Plädoyer der lutherischen Kirche in Polen für den EU-Beitritt vgl. Oświadczenie Rady Synodalnej Kościoła Ewangelicko-Augsburskiego w RP w sprawie rozszerzenia Unii Europejskiej, 2000, www.luteranie.pl/materialy/rozne_pisma/oswiadczenie_rady_synodalnej_kosciola_ewangelicko_augsburskiego_w_rp_2000,457.html (Stand 12.05.2015).

Fragen. Im deutschen Kontext wurde eine gute Form für solche Äußerungen gefunden, nämlich *gemeinsame Texte*.
Nach wie vor sind Begegnungen wie Konferenzen, Symposien und Podiumsdiskussionen die beste Möglichkeit, durch Fragen und Meinungsaustausch zur Klärung von Vorurteilen oder sogar zur Heilung von tief liegenden Verletzungen beizutragen. Solche Debatten sollten auch auf Gemeindeebene weitergeführt werden. Wir leben so nah beieinander, wir leben in einem gemeinsamen Europa – deswegen ist meine große Hoffnung, dass unsere Arbeit als Botschafter der Versöhnung in naher Zukunft auch für die Christen im östlichen Europa Früchte trägt.

Sándor Fazakas

Schuld und Scham in gesellschaftlichen Transformationsprozessen Mittel-Osteuropas

Bericht aus der Arbeitsgruppe

Die Erfahrungen von Schuld und Scham aus mittel-osteuropäischer Perspektive sind von Ambivalenz und Ambiguität gekennzeichnet – das stellte sich in einer der Arbeitsgruppen während der Jahrestagung »Verstrickt in Schuld, gefangen von Scham?« heraus. Die Reflexionen und Wortmeldungen bewegten sich auf zwei eng ineinander verschränkten Erfahrungshorizonten: einerseits im Bereich der Aufarbeitung der eigenen (mit historischer bzw. gesellschaftlich-politischer Schuld) belasteten Vergangenheit der totalitären und posttotalitären Gesellschaften, andererseits im Kontext der Herausforderungen der Modernisierung dieser Gesellschaften.

Auch wenn die von den Teilnehmerinnen und Teilnehmern vertretenen Gesellschaften und Kirchen in der Auseinandersetzung mit den dunklen Seiten der Vergangenheit unterschiedlichen Wegen gefolgt sind (von einem radikalen politischen Systemwechsel bis zu einem selektiven, von aktuellen politischen Interessen gesteuerten Umgang mit der eigenen Vergangenheit), lässt sich die Ambivalenz nicht vermeiden. Keine befriedigende Antwort gibt es auf die Frage, ob das Bewusstsein der Schuld und die Scham miteinander konkurrieren oder eher komplementär zu verstehenden sind in der Erinnerungskultur bzw. Erinnerungspolitik der jeweiligen Länder.
Während die von *Theodor Heuss* geprägte Wendung »Kollektivscham statt Kollektivschuld« dafür gesorgt hat, dass in der deutschen Gesellschaft die Frage nach den Ursachen des Nationalsozialismus und nach Mitverantwortung für schuldhafte Verstrickungen immer wieder gestellt wurde und eine schonungslose Auseinandersetzungen mit der Vergangenheit auch heute der Fall ist – so die Einschätzung osteuropäischer Gesprächspartner –, scheint in Ungarn und in weiteren osteuropäischen Ländern die These der ungarischen Philosophin *Ágnes Heller* bestätigt zu werden, dass die Aufarbeitung des kollektiv erlebten historischen Traumas durch Scham eher behindert als befördert wird. In der Tat: Auf die Zeit des systemischen Wegschauens in einer sozialistischen Gesellschaft in den osteuropäischen Staaten – wo *Imre Kertész* nach Möglichkeiten gesucht hat, »wie man als Überlebende das Überleben überlebt« –, folgte nach der Wende 1989/90 die Unterlassung einer umfassenden Vergangenheitsaufarbeitung. Eine politische und rechtliche Aufarbeitung stand von vornherein unter dem Diktat der Bewahrung der

nationalen Einheit, des gesellschaftlichen Friedens und nicht zuletzt der Gewährleistung eines kontinuierlichen Funktionierens des Staatsapparates und des öffentlichen Lebens, all dies im Blick auf die weitere Entwicklung des jeweiligen Landes. Aber auch die aus Scham ergehenden Selbstentlastungsmechanismen, Probleme der Dauerrepräsentanz der Schande und Scham (der schuldlos-schuldigwerden-Eindruck) oder die sprachlichen Vermittlungsschwierigkeiten dieser Emotionen weisen auf die Grenzen einer moralisch gebotenen (oder moralisierenden?) Erinnerungskultur hin. Doch literarische Zugänge, künstlerische Darstellungen, einzelne Forschungsprojekte sowie die gezogene Lehre aus der »Aufarbeitung der Aufarbeitung« oder eben verfehlte Praktiken der Beschämung (sei es in den politischen Debatten oder in kirchlichen Disziplinarmaßnahmen) belegen vielerorts die Ambiguität dieser negativen Emotion: Das Leben unter der Macht der Sünde – sei es die Schuld der Täter oder das Leiden der Opfer – macht das menschliche Leben verletzlich und bewirkt Scham. Diese Realität der von Schuld und Sünde getriebenen oder gerade von Leidenserfahrungen erweckten Scham sollte aber die Schamsensibilität sowohl bei den Individuen als auch in der Gemeinschaft, zwischen Einzelnen und Kollektiven (Gruppen, kulturellen Gemeinschaften) weiter bewirken, um mehr Verständnis füreinander fördern zu können angesichts der heutigen politischen, gesellschaftlichen und wirtschaftlichen Herausforderungen.

Es scheint, dass die Reste eines von den Diktaturen bewirkten Zwangskollektivismus oder die relevante Rolle der Tradition in ethnisch-kulturellen Gemeinschaften trotz des voranschreitenden Individualismus eine Gleichzeitigkeit von Aspekten der »Schamkultur« und »Schuldkultur« zulässt.

Doch die hinter uns liegenden Jahrzehnten haben gezeigt – und diese Beobachtungen wurden von Erfahrungen aus der Gruppe im Einklang mit diesbezüglichen sozialpsychologischen und soziologischen Untersuchungen belegt –, dass der Mensch der Spätmoderne nicht von dem Schuldbewusstsein der eigenen bzw. der kollektiv geteilten Vergangenheit erdrückt wird, sondern vielmehr dazu strebt, sich Schamsituationen zu entziehen. Schuldgefühle werden auf Verletzung von eindeutigen und unbestreitbaren Normen, Regeln und Gesetzen zurückgeführt. Demgegenüber zeigen Schamgefühle einen Menschen, der in einer Gesellschaft ohne eindeutige Normen und Erwartungen darauf angewiesen ist, sich selbst zu bewerten, für das eigene Tun und Lassen nach Orientierungshilfen zu suchen, und der dabei überfordert ist. Scham ergibt sich nicht unbedingt aus Normverletzung oder Grenzüberschreitung, sondern aus dem Eindruck eigener Untauglichkeit bzw. aus der Krise der Selbstbewertung. Eine solche identitätserodierende Scham und die Unerträglichkeit der »Grenz-losigkeit« des eigenen »Ich«s scheint eine viel tiefer bohrende negative Macht zu sein als das Schuldbewusstsein. Verstärkt wird dieser Eindruck in postsozialistischen Ländern durch die Einführung marktwirtschaftlicher Verhältnisse, die bei nicht wenigen Bürgern die Hoffnung auf Verbesserung ihrer eigenen materiellen Situation und des sozialen Ansehens geweckt hat. Innerhalb weniger Jahre erwiesen sich aber diese Erwartungen als unhaltbar. Die Begleiterscheinungen wirtschaftlicher Umwälzungen (wie Arbeitslosigkeit, Kostenexplosion, Inflation, Korruption), das andauernde Wirtschaftsgefälle zwischen den östlichen und westlichen Teilen Europas, das neu entstandene massenhafte soziale Elend und die neue Migrationswelle in Richtung wohlhabender Gesellschaften haben zu bitteren Enttäuschungen, zum Verlust der eigenen Wertschätzung oder oft auch zu Nostalgie und Sehnsucht nach der alten sozialen Sicherheit aus der Zeit des Sozialismus geführt. Dieses von konkreter Schulderkenntnis abgekoppelte, von Ohnmachtsgefühlen getriebene Schamempfinden (wo die Zuweisung von Schuld gar keine Frage ist) führt zu latenten und andauernden Frustrationen, Depression und Untauglichkeitsgefühlen, die im Endeffekt eine Massenneurose verursachen können. Sozialpsychologische und klinisch-soziologische Untersuchungen belegen die Relevanz dieser Beobachtung. Von diesem Moment an geht Scham über das Moralische hinaus und wird zu einem gesellschaftlichen Problem.

Der Ertrag der Diskussion aus der Arbeitsgruppe könnte folgendermaßen auf dem Punkt gebracht werden: Wenn Scham zu einem Indikator dafür wird, dass das Selbstwertgefühl der Menschen von äußeren Faktoren abhängig ist und dass das bewertende Selbstverhältnis nicht mehr in den eigenen Händen liegt, dann wird die Frage nach dem spezifisch theologisch-kirchlichen Beitrag zur Erforschung des Scham-Schuld-Zusammenhanges und die Suche nach Therapiemöglichkeiten besonders relevant.
Die christliche Rede von Scham soll der Gefährdung des Menschen, dem Zuspruch der Freiheit und der Aussicht auf eine Kultur der Barmherzigkeit Rechnung tragen. Angesichts der eigenen und fremden Missbilligung des Menschen sollte die Botschaft des »von-Gott-angenommen-und-bejaht-Werdens« glaubwürdig verkündigt und strukturell – in Kirchengemeinden und kirchlichen Gemeinschaften – verankert werden.

Elisabeth Raiser

Schuld und Scham in gesellschaftlichen Versöhnungsprozessen

Gedanken zu Aktion Sühnezeichen Friedensdienste

Vor einigen Tagen hatte Aktion Sühnezeichen Friedensdienste (ASF) seine Jahresversammlung, und wir diskutierten in einer Arbeitsgruppe das Thema Schuld, Sühne und Versöhnung. Die jüngeren Teilnehmenden, die vor 5–10 Jahren ihren Freiwilligendienst bei ASF gemacht hatten, sprachen bewegend davon, wie sehr sie sich der Schuldgeschichte Deutschlands verhaftet fühlen, die im Nationalsozialismus, der Vernichtung der Juden und anderer Menschengruppen und des Zweiten Weltkriegs ihren Ursprung hat. Selbst wenn sie sich nicht selbst die Schuld zuschreiben, so empfinden sie stark die Bedeutung der Nachwirkung dieser Schuld, die durch ein Sühnezeichen, als das sie ihren Dienst verstehen, nicht aufgehoben werden, aber vielleicht insofern gemildert werden kann, als neue menschliche und herzliche Beziehungen zwischen den damaligen Opfern und ihnen als Nachkommen der Täter entstanden sind. Das Wort Scham für dieses Gefühl der vererbten Schuld fiel ebenfalls, aber eher aus dem Mund meiner Generation, also der sog. 2. Generation oder der Generation der Kriegs- bzw. Nachkriegskinder. Die Jungen sprachen dagegen eher von Schuld, die sie empfänden.
In einem Gespräch beim Kirchentag in Hamburg zwischen Überlebenden der Shoa und einem jungen Historiker, der über seinen Großvater und dessen Beteiligung am Krieg an der Ostfront geforscht und diese Forschung mit dem Familiennarrativ verglichen hatte, sagten die Überlebenden sehr klar und deutlich: »Euch Junge betrifft die Schuld nicht, legt dies Gefühl ab, belastet eure Zukunft nicht damit. Aber bitte vergesst die Taten eurer Vorfahren nicht und sorgt dafür, dass die Gräueltaten der NS-Zeit nie wieder passieren können. Das ist euer Part in diesem Drama. Und denkt daran, wir fühlen uns nicht als Opfer – wie hätten wir sonst ein erfülltes Leben haben können? Wir sprechen hier nicht als Opfer, sondern als Überlebende.« Ihr Wunsch war sehr deutlich, mit den Jungen im Gespräch zu bleiben, ihnen ihre Geschichte zu erzählen, aber die Jungen nicht zu belasten mit Gefühlen der Schuld. »Verantwortung« sollten die Jungen übernehmen gegen das Vergessen und für eine Zukunft, in der Ausgrenzung und Diskriminierung keinen Platz haben, sondern die Vielfalt wertgeschätzt wird.
Schließlich ein drittes Erlebnis. Vor einiger Zeit musste ich wegen unerwarteter Zugausfälle mit dem Taxi von Neumünster nach Kiel fahren, um noch rechtzeitig zu einem Kirchenleitungsgespräch zu kommen. Mit mir fuhr ein junger Rechtsanwalt, der zu einem Gerichtstermin musste.

Wir kamen ins Gespräch, und als er erfuhr, dass ich für ASF unterwegs war, sagte er: »Aktion Sühnezeichen, ja das ist eine wichtige Arbeit. Wissen Sie, wir haben eine große Verantwortung.« Und nach einer Pause »Mein Großvater war auch ein Täter, ich habe das erst jetzt erfahren, und seit ich das weiß, empfinde deshalb eine große Scham. Ich weiß nicht, wie ich damit umgehen kann – aber auf jeden Fall haben wir eine große politische und menschliche Verantwortung gegenüber den Juden und den von Deutschland überfallenen Völkern.«

Schuld und Scham sind Begriffe, die im Umfeld von ASF sehr viel vorkommen, aber sie sind meist nicht deutlich voneinander abgegrenzt. Schuld lädt man auf sich durch eine schuldhafte Tat – das trifft auf die Nachgeborenen sicher nicht in dem historischen Sinn der Schuld für die Verbrechen des NS zu. Aber das Gefühl von ererbter Schuld trägt doch zu einem sehr geschärften Bewusstsein der Verantwortung dafür bei, dass diese Verbrechen nicht vergessen werden dürfen, dass sie nicht wieder geschehen dürfen, dass von Deutschland aus nie wieder in Krieg ausgehen darf, ja, dass überhaupt Krieg als Institution überwunden werden muss. Die Freiwilligen empfinden Scham für die Taten der Vorfahren, genauso wie meine oder die Zwischen-Generation, aber sie nennen es oft Schuld. Dieses Gefühl motiviert sie, die Überlebenden oder deren Nachkommen zu besuchen, ihnen zuzuhören und ihnen zu helfen, wo immer es notwendig ist. Das bedeutet für sie das Sühnezeichen, es ist kein Sühne in dem Sinn, dass damit das Unrecht für immer gesühnt und vergeben ist, sondern es ist ein konkretes Zeichen für das Gefühl, Sühne leisten zu wollen. Oft habe ich erlebt, dass die daraus entstehenden Begegnungen zu langjährigen Freundschaften und tiefen menschlichen Bindungen geführt hat. Damit konnte sogar ein Schritt zur Versöhnung gegangen werden.

Dabei scheint mir immer wichtig, die unterschiedlichen Ebenen der Versöhnung zu unterscheiden: die politische Ebene, die den Rahmen schafft, in dem Begegnungen möglich sind. Ein Beispiel ist die nun 50-jährige diplomatische Beziehung zwischen Israel und der Bundesrepublik, aber natürlich auch die Aussöhnung zwischen Deutschland und Polen oder zwischen Deutschland und Frankreich u.a.m. Dafür bedarf es des politischen Willens. Auf der zivilgesellschaftlichen zweiten Ebene können Organisationen wie ASF persönliche Begegnungen organisieren und begleiten. Die eigentliche menschliche Versöhnung geschieht auf der zwischenmenschlichen Ebene bei diesen Begegnungen. Das Bewusstsein von Schuld und Scham wird (dabei) immer auf allen drei Ebenen eine Rolle spielen. Daher wird in Organisationen wie ASF über diese Begriffe sehr viel nachgedacht. Dies trägt zu einer differenzierten und nachdenklichen gesellschaftlichen und politischen Kultur und zu einem großen gesellschaftspolitischen Engagement der Beteiligten bei. Sühne als Zeichen der Reue im Gefolge des Gefühls von Scham ist auch bei der jungen Generation nicht nur verständlich, sondern der Begriff wird auch in Debatten gerade von vielen jungen Frauen und Männern lebhaft verteidigt.

Ulrike Bundschuh

Zwangsarbeit – Schuld und Scham

Eine Führung durch das Dokumentationszentrum NS-Zwangsarbeit in Berlin-Niederschönweide

Das Dokumentationszentrum »NS-Zwangsarbeit« befindet sich inmitten eines Wohngebietes im Berliner Ortsteil Niederschöneweide im Bezirk Treptow-Köpenick und wird von der Stiftung »Topographie des Terrors« betreut. Das Zentrum nutzt Baracken der letzten erhaltenen Anlage einer Zwangsarbeiterunterkunft, die Ende 1943 unter der Leitung von Albert Speer errichtet wurde. Insgesamt mussten in Deutschland etwa 26 Millionen Menschen Zwangsarbeit leisten, 8,4 Millionen von ihnen waren aus den besetzten Gebieten ins Reich verschleppte Zivilpersonen: Männer, Frauen und Kinder. Insgesamt gab es in Deutschland während des Krieges wohl etwa 30 000 Unterkünfte für diese Arbeitskräfte, in Berlin allein wohl etwa 3000.

Das Lager in Niederschöneweide war ursprünglich auf über 2000 Zwangsarbeiter und Zwangsarbeiterinnen ausgelegt, wurde aber nie voll ausgebaut. Die größte Gruppe stellten über 400 italienische Menschen, unter ihnen auch Militärinternierte; dazu kamen zivile Zwangsarbeiter und Zwangsarbeiterinnen aus verschiedenen Ländern.

Das Thema »Schuld und Scham« begegnet in der Ausstellung auf unterschiedlichen Ebenen und unter verschiedenen Perspektiven, die die deutsche Mehrheitsbevölkerung wie auch die Zwangsarbeiterinnen und Zwangsarbeiter betreffen.

1

»Zwangsarbeit war während des Nationalsozialismus allgegenwärtig. Alle Deutschen wussten davon – zumindest als Zuschauer.«[1] Die Dokumentation zeigt, dass es kaum landwirtschaftliche oder industrielle Betriebe, aber auch Kommunen, Handwerksbetriebe oder kirchliche Einrichtungen gab, in denen keine Zwangsarbeiterinnen und Zwangsarbeiter beschäftigt waren.

Für die Stammbelegschaften waren sie Kolleginnen und Kollegen, die die gleiche Arbeit verrichten mussten, häufig aber länger, mit kürzeren Pausen und schlechterer Ernährung. Wie sollte man sich zu ihnen verhalten? Die Muster waren bereits vor dem Krieg eingeübt worden, als

1 Nicht gekennzeichnete Belege und weitere Informationen siehe: www.dz-ns-zwangsarbeit.de (16. Mai 2015).

»von Sozialleistungen abhängige deutsche Juden, Sinti und Roma und sogenannte Asoziale« zur Arbeit in Firmen oder auch in Kommunen gezwungen wurden. Zwangsarbeit wurde damit als Erziehungs- und Disziplinierungsmaßnahme gegen Menschen gerechtfertigt, die als sozial nicht integriert galten.
Firmen sollten Annäherungen zwischen Zwangsarbeiterinnen und Zwangsarbeitern und ihren Kolleginnen und Kollegen denunzieren und taten das auch, so wie sie »auffällige« Personen meldeten. In Privathaushalten waren Kontakte der Zwangsarbeiterinnen oder Zwangsarbeiter zu Familienangehörigen streng untersagt. Wer als Einheimischer diese Ausgrenzung durchbrach, musste damit rechnen, selbst ausgegrenzt und beschämt zu werden, da er die strikt sanktionierte Ordnung der sozialen Zugehörigkeit verletzt hatte. Deshalb wurden etwa Liebesbeziehungen zwischen deutschen Frauen und Zwangsarbeitern massiv verfolgt und die Betroffenen öffentlich gedemütigt, beschämt und schwer bestraft.
Sogenannte »Sondergerichte« sollten in Schnellverfahren »kurzen Prozess« machen und verhängten häufig die Todesstrafe. »Vergehen von Osteuropäern und Polen ahndete die Gestapo im Rahmen der ›Sonderbehandlung‹ (Hinrichtung ohne Urteil) selbst.«

2

Eine zentrale Strategie im Umgang mit den Menschen im Lager war die interne Differenzierung, die Jean Améry als »soziale Realität«[2] für das Lager Auschwitz-Monowitz beschrieben hat: »Es gab da im Lager selbst, aber auch unter den sogenannten freien Arbeitern auf der Arbeitsstätte eine strikte ethische Hierarchie, von den Nazis über uns alle verhängt. Ein Reichsdeutscher galt mehr als ein Volksdeutscher. Ein flämischer Belgier war mehr wert als ein wallonischer. Ein Ukrainer aus dem Generalgouvernement rangierte besser als sein polnischer Landmann. Ein Ostarbeiter war schlechter angesehen als ein Italiener. Tief unten auf den ersten Leitersprossen befanden sich die KZ-Häftlinge, und unter ihnen wieder hatten die Juden niedrigsten Rang. Es gab keinen noch so verkommenen nichtjüdischen Berufsverbrecher, der nicht hoch über uns gestanden hätte.«[3]
Für die Behandlung der Zwangsarbeiterinnen und Zwangsarbeiter stellt das Dokumentationszentrum fest: »Westeuropäer galten als der deutschen ›Herrenrasse‹ verwandt und wurden besser behandelt als Osteuro-

2 *Jean Amery*, Jenseits von Schuld und Sünde. Bewältigungsversuche eines Überwältigten, Stuttgart ^{8}2014, 153.
3 Ebd., 153f.: »Noch höre ich einen freien französischen Arbeiter diskutieren mit einem jüdisch-französischen KZ-Häftling. ›Je suis Français‹, sagte der Häftling. ›Français, toi? Mais, tu es juif, mon ami‹, gab ihm sein Landsmann sachlich und ohne Feindseligkeit zurück, denn er hatte in seiner Mischung aus Furcht und Indifferenz die Lektion der deutschen Herren Europas gelernt.«

päer [...]«, am schlechtesten die Menschen aus der Sowjetunion, aber auch aus Polen.
Letztere wurden durch Abzeichen kenntlich gemacht. Sie wurden schlechter bezahlt als die deutsche Belegschaft, aber auch als die westeuropäischen »Arbeitskräfte«. Sie erhielten keinen Urlaub, für sie galten keine Arbeitsschutzrichtlinien. Erfüllten sie nicht die Erwartungen an ihre Arbeit, waren sie von Diskriminierungen, Willkür und körperlicher Gewalt bedroht. Auch außerhalb der Arbeit: bei der Art der Unterbringung, dem Grad der Bewegungsfreiheit oder der Größe der Essensrationen standen sie am Ende der Kette.
Die rassistische Abstufung band die Belegschaft, die unterschiedlichen Gruppen der Zwangsarbeiterinnen und Zwangsarbeiter und die zuschauende Gesellschaft in ein System ein, in dem einzelne Gruppen sich gegenüber anderen als überlegen wahrnehmen konnten und damit von der Gesamtstruktur zu profitieren schienen. Zugleich wurden sie damit in den Schuldzusammenhang und eine systematische Kultur der Beschämung eingebunden. Immer wieder wurden öffentlich Bestrafungen und Abwertungen inszeniert und dadurch die internen Differenzierungen verfestigt und mit Scham besetzt.
Dies zeigt sich gerade an der Situation von Frauen, die in einer besonderen Weise diskriminiert, ausgebeutet und bedroht wurden. Häufig wurden sie Opfer sexueller Gewalt. »Arbeitsämter und Ärzte nötigten schwangere Frauen aus Osteuropa zu Abtreibungen, da ihr Nachwuchs als ›rassisch nicht erwünscht‹ galt. Konnten Schwangere ihre Kinder bekommen [...], nahm man [sie] ihnen dann häufig weg. In sogenannten ›Ausländerkinderpflegestätten‹ mussten diese verhungern oder an Krankheiten sterben.«

3

Das autoritäre System des Nationalsozialismus war mit einer systematischen Kultur der Beschämung verbunden. Die Menschen wurden über rassistische Unterscheidungen auseinanderdividiert; durch ihre Einordnung in die »absteigende« Wertigkeit zugleich eingebunden in die herrschende Schuld und die damit verbundenen Schamgefühle.
Einer der Begründer der Theorie der Sozialen Identität, Henri Tajfel, hat in seinen Untersuchungen u.a. seine eigene Erfahrung verarbeitet. Als polnischer Jude hatte er in der französischen Armee gekämpft. Als er von den Deutschen gefangengenommen wurde, hielten sie ihn für einen Franzosen: »That he was thought to be a French and not a Polish Jew enabled his survival.«[4]

4 *Philip F. Esler*, An Outline of Social Identity Theory, in: *J. Brain Tucker / Coleman A. Baker* (Hg.), T&T Clark Handbook to Social Identity in the New Testament, London u.a. 2014, 13–39, 13.

Taifel's Theorie der Sozialen Identität zeigt, dass »inclusion in groups led to striking expressions of behaviour that were determined not by personal relationships and individual characteristics but by membership of particular groups.«[5] Diese Zugehörigkeiten gründen in Prozessen der Unterscheidung, die sich auf unterschiedliche Merkmale beziehen (Geschlecht, Nationalität, Religion usw.). Diese können selbst gewählt sein; im Nationalsozialismus aber ging es um massive Zuschreibungen, die sich in der Gesellschaft, aber eben auch in den Lagern durchsetzten und den Mitgliedern der inferioren Gruppen keinen Ausweg ließ. Seinen deutlichsten Ausdruck findet diese Diskriminierung im Prozess der »Depersonalisierung«, in dem sich die Betroffenen selbst nur noch als »interchangeable exemplars of a social category«[6] wahrnehmen und entsprechend auch andere nicht als Personen, sondern als Vertreter einer spezifischen sozialen Gruppe betrachten.
Für die Zwangsarbeiterinnen und Zwangsarbeiter war mit dem Ende des Krieges ihre Diskriminierung noch nicht zu Ende. Häufig stießen sie zu Hause auf Skepsis, ob sie nicht kollaboriert hatten. Viele konnten über ihre leidvollen Erfahrungen nicht sprechen und schämten sich für die Erniedrigung, die ihnen widerfahren war.
Der deutsche Staat und die deutsche Wirtschaft verweigerten zunächst jede Entschädigung; erst 55 Jahre nach Kriegsende erhielten ehemalige Zwangsarbeiterinnen und Zwangsarbeiter individuelle Entschädigungsleistungen

4

Die geschilderten Kategorisierungen und Zuschreibungen begleiten und prägen unsere Kultur bis heute. In der aktuellen Debatte um die Menschen, die in Europa Zuflucht suchen, wird erneut zwischen mehr und weniger akzeptierten Flüchtlingen differenziert, und wieder kommen die, die man noch weniger aufnehmen möchte, aus dem Osten, vom Balkan oder sind Sinti und Roma. Erneut verbinden sich diese Zuschreibungen von Identität zuweilen mit direkter, vor allem aber mit struktureller Gewalt. Die Betroffenen haben kaum Möglichkeiten, diesen Zuordnungen und Konstruktionen ihrer Wirklichkeit zu entfliehen; sie bestimmen über die Anerkennungsquote ihre Zukunft.
Wie lässt sich in einer solchen Konstellation Würde wiedergewinnen? Wie lässt sich eine systematische Beschämung theologisch unterbrechen? Kann eine christologische Konzentration helfen, solche Identitätszuschreibungen zu durchbrechen, und im Sinne des Galaterbriefes in die Freiheit führen?

5 Ebd., 17.
6 Ebd., 33.

Freiheit betont die Einzigkeit, die einen Menschen von allen anderen unterscheidet. Die Person wird, wie das Taufbekenntnis in Galater 3,26–28 zeigt, frei von allen biologischen, sozio-ökonomischen oder ethnischen Zuschreibungen. Zugleich gerät sie in eine besondere Zugehörigkeit zum Leib Christi, einer im Sinne Tajfels übergeordneten Gemeinschaft, die ihre Identität jedoch selbst nicht durch Abgrenzung gewinnt.

Werner Schwartz

Die Schuld aller vor Gott

Andacht zu Römer 3,9–20

Getreu der Übung in meinem Tätigkeitsfeld im Diakonissenmutterhaus in Speyer, Tag für Tag die fortlaufende Bibellese auszulegen, sei im Folgenden ein Abschnitt aus dem Römerbrief des Apostels Paulus bedacht – heute an diesem Tag, wo halb Deutschland Karneval, Fastnacht, Fasnet feiert.

Römer 3,9–20 – Die Schuld aller vor Gott[1]:

9 Was sagen wir denn nun? Haben wir Juden einen Vorzug? Gar keinen. Denn wir haben soeben bewiesen, dass alle, Juden wie Griechen, unter der Sünde sind,
10 wie geschrieben steht:
»Da ist keiner, der gerecht ist, auch nicht einer.
11 Da ist keiner, der verständig ist;
da ist keiner, der nach Gott fragt.
12 Sie sind alle abgewichen und allesamt verdorben.
Da ist keiner, der Gutes tut, auch nicht einer (Psalm 14,1–3).
13 Ihr Rachen ist ein offenes Grab;
mit ihren Zungen betrügen sie (Psalm 5,10),
Otterngift ist unter ihren Lippen (Psalm 140,4);
14 ihr Mund ist voll Fluch und Bitterkeit (Psalm 10,7).
15 Ihre Füße eilen, Blut zu vergießen;
16 auf ihren Wegen ist lauter Schaden und Jammer,
17 und den Weg des Friedens kennen sie nicht (Jesaja 59,7–8).
18 Es ist keine Gottesfurcht bei ihnen (Psalm 36,2).«
19 Wir wissen aber: Was das Gesetz sagt, das sagt es denen, die unter dem Gesetz sind, damit allen der Mund gestopft werde und alle Welt vor Gott schuldig sei,
20 weil kein Mensch durch die Werke des Gesetzes vor ihm gerecht sein kann. Denn durch das Gesetz kommt Erkenntnis der Sünde.

Die Schuld aller vor Gott – so ist dieser Abschnitt in den neueren Lutherbibeln überschrieben.

1 Die Auslegung greift Analysen auf, die sich bei *Eduard Lohse*, Der Brief an die Römer, Göttingen [15]2003, 119–127, und bei *Michael Wolter*, Der Brief an die Römer, Teilband 1, Neukirchen-Vluyn/Ostfildern 2014, 41–56.68–72.224–241, finden.

Im Aufriss des Römerbriefes steht dieser Abschnitt an einer Scharnierstelle im ersten Hauptteil. Dort beschreibt Paulus (1,18–3,20) die menschliche Unheilssituation – als Abschluss eben dieser Text –, dann (3,21–5,21) das Heil Gottes, das in Jesus Christus begründet liegt und denen zuteilwird, die an ihn glauben. Das ist hier schon festzuhalten: Paulus hat die Rettung, das Heil im Blick, wenn er die Situation des Unheils beschreibt.
Der zweite Hauptteil (6,1–8,39) entwirft »eine Anthropologie des Christenmenschen ... in Abgrenzung von seiner vorchristlichen Vergangenheit und im Blick auf seine Zukunft«[2] im Leben Gottes. Er entfaltet damit den Schlussvers des unserem Text vorangehenden Abschnitts: »[...] damit, wie die Sünde geherrscht hat zum Tode, so auch die Gnade herrsche durch die Gerechtigkeit zum ewigen Leben durch Jesus Christus, unsern Herrn« (3,8).
Der dritte Hauptteil (9,1–11,36) wendet sich dann der Frage zu, wie sich die alte Erwählungszusage Gottes an Israel und das auch von Heiden neu erfahrene Heil in Christus zueinander verhalten, bevor der vierte Hauptteil (12,1–15,13) sich der Paränese, dem konkreten, alltäglichen Leben von Christenmenschen in dieser Welt, widmet.
Hier geht es um die Erkenntnis der Schuld aller vor Gott als der Situation, die der Erlösung in Jesus Christus vorausgeht und in die diese Erlösung eingreift. Der Mensch ist schuldig, und Gott erlöst ihn in Christus, und die Erlösung in Christus macht das Schuldigsein des Menschen erst vollends sichtbar.
Der unserem Abschnitt folgende Abschnitt fasst dies prägnant zusammen:

»Ich rede ... von der Gerechtigkeit vor Gott, die da kommt durch den Glauben an Jesus Christus zu allen, die glauben. Denn es ist hier kein Unterschied: Sie sind allesamt Sünder und ermangeln des Ruhmes, den sie bei Gott haben sollten, und werden ohne Verdienst gerecht aus seiner Gnade durch die Erlösung, die durch Christus Jesus geschehen ist« (3,22–24).

2

Dies ist der Kontext der Sätze, die hier über das Unheil, die Verderbnis der Menschen gesagt sind. Alle Menschen sind aufgrund ihres gottlosen Wesens und Tuns dem Zorn Gottes verfallen, Juden wie Heiden. Das wird hier entfaltet. Karl Barth schreibt in seinem Römerbrief zum Text:

»Es bleibt bei der Feststellung, dass die Menschen: Juden und Griechen, Gotteskinder und Weltkinder von Natur, als Menschen Kinder des Zorns sind, ohne Ausnahme noch Ausweg hingegeben an die Fremdherrschaft der Sünde. Unbekannt ist und bleibt uns Gott. Heimatlos sind und bleiben wir in dieser Welt. Sünder sind wir, und Sünder bleiben wir. Wer Menschheit sagt, der sagt unerlöste Menschheit. Wer Geschichte sagt, der sagt Beschränktheit und Vergänglichkeit. Wer Ich sagt, der sagt Gericht. In dem Engpass dieser Lage gibt es kein Ausweichen weder nach vorwärts

2 *Wolter*, ebd., 71

noch nach rückwärts. Unter dieser Anklage können wir schlechterdings nur verharren.«[3]

3.
Paulus geht als gottesfürchtiger Jude, der er war, gewissenhaft der Frage nach, ob nicht in der Auserwählung des Volkes Israel doch ein Unterschied manifest wird, der eben dieses Volk von der Verdammnis, vom Unheil ausschließt.
Er stellt fest: Alle stehen sie ausnahmslos unter der Herrschaft, der Macht der Sünde. So begreift er die Sünde als eine machtvolle Gewalt, die über die Menschen herrscht. Seit es Menschen gibt, herrscht sie über sie – das meint die Aussage, dass die Sünde mit Adam in die Welt gekommen ist (5,12). Alle Menschen sind ihr ohnmächtig verfallen, alle empfangen den Tod als verdienten Sold (6,23).
Auch das Gesetz hat die Sünde nicht eindämmen, ihr keine Schranken setzen können. Oft genug hat sich das Gesetz mit der Sünde verbunden; die Gebote rufen das sündhafte Begehren des Menschen hervor und ziehen den Menschen in sein Verhängnis hinein (7,7–25). Längst ist bei Paulus die Sünde nicht mehr die einzelne Tat, sondern eben eine kosmische Macht, die die Menschheit versklavt.

4.
Dem steht die andere Erfahrung des Glaubens gegenüber: Gott ist in Christus Mensch geworden und damit in den Herrschaftsbereich der Sünde eingetreten. Jesus blieb Gott gehorsam, bis zum Tod am Kreuz, und hat damit der Sünde die Macht streitig gemacht. Vom Kreuz Christi her wird daher klar, was die Sünde wirklich ist: Sie ist Feindschaft gegen Gott (8,7). Menschen stehen immer schon in dieser Feindschaft, sie zeigt sich kollektiv und individuell in der Auflehnung gegen Gott, in dem Beharren auf der Selbstmächtigkeit des Menschen. Das Gebot Gottes macht dies sichtbar. Calvin schreibt zur Stelle:

»Paulus klagt die Menschen der Unverständlichkeit an, weil sie nicht nach Gott fragen. Denn mag ein Mensch auch sonst sehr viel Bildung haben, so ist er doch hohl, wenn dahinter keine Erkenntnis Gottes steckt. Ja, alle Wissenschaften und Künste, die an sich gut sind, verfallen der Eitelkeit, wenn ihnen dies Fundament abgeht. Weiter: *Da ist nicht, der Gutes tut* – alle haben jegliches Empfinden für Menschlichkeit verloren. Denn unser aller Vater ist Gott, und er bringt uns miteinander in Eintracht, während außer ihm lauter Entzweiung herrscht. Daher liegt das wichtigste Band unserer gegenseitigen Beziehungen in der Gotteserkenntnis, und wo sie nicht besteht, da folgt dann gar leicht die Unmenschlichkeit, indem dann jeder unter Missachtung der anderen sich selber liebt und sucht.«[4]

3 *Karl Barth*, Der Römerbrief, 1922, neue Bearb., 6. Abdruck, München 1933, 59.
4 *Johannes Calvin*, Auslegung des Römerbriefes und der beiden Korintherbriefe, übersetzt und bearbeitet von Gertrud Graffmann, Hans Jakob Haarbeck und Otto Weber, Neukirchen-Vluyn 1960 (16. Bd. der Gesamtausgabe von Calvins Auslegung der Heiligen Schrift, Neue Reihe), 68.

5.
Die Rede vom *Fleisch* bei Paulus macht das deutlich. *Fleisch* meint den Menschen, der allein aus seinen eigenen Möglichkeiten und Fähigkeiten den Sinn seines Lebens finden und gestalten will, den Menschen in seiner Hinfälligkeit und zugleich in seiner Eigenmächtigkeit. Dies meint sowohl die Gottlosen, die Böses tun, als auch die Frommen, die sich selbst rechtfertigen und ihre eigene Gerechtigkeit aufrichten wollen.
Wer sein Vertrauen auf das Gesetz setzt, baut auf das Fleisch. Aber der Mensch kann sich niemals aus eigenen Kräften aus der Gefangenschaft der Sünde und des Gesetzes befreien, sondern kann das neue Leben allein aus Gottes Barmherzigkeit empfangen.
Die Werke des Gesetzes führen also nicht zum Heil. Der Mensch kann zwar gute Taten vollbringen, er erfährt jedoch immer wieder sein Ungenügen (7,7–25). So führt das Gesetz lediglich zur Erkenntnis der Sünde. Die Christusbotschaft macht deutlich, dass nicht der Weg über die Werke des Gesetzes zum Heil führt, sondern allein die Gerechtigkeit Gottes, die Gott in Christus offenbart hat und die im Glauben empfangen und gelebt werden kann.

6.
Die Fülle der Schriftstellen aus der Hebräischen Bibel, die Paulus heranzieht, will diesen Zusammenhang untermauern. Vor Gott sind alle schuldig. Auch die Juden, die dem Gesetz verpflichtet sind, denn das Gesetz führt nicht zur Rechtfertigung, sondern nur zur tieferen Erkenntnis der Sünde.
Die Argumentation des Paulus ist ganz darauf gerichtet, das Verhältnis von Heiden (Heidenchristen), denen das Evangelium der Liebe und Gerechtigkeit Gottes in Christus begegnet ist, und Juden, die um ihre Erwählung im Weg des Gesetzes wissen, differenziert zu beschreiben. Er setzt sich mit der jüdischen Erwählungstheologie auf dem Hintergrund der in Christus gewonnenen Vergebung und Befreiung auseinander.
Er schreibt im Vorfeld eines geplanten Besuchs an die Christen in Rom, um ihnen sein Evangelium vorzustellen und zu erklären, und er führt zugleich einen Dialog mit dem jüdischen Glauben, mit sich selbst als dem Juden Paulus. Er unterstreicht, dass es zwischen Juden und Nichtjuden keinen Unterschied gibt, weil alle vor Gott als Sünder dastehen, und stellt damit die jüdische Gewissheit infrage, dass die Thora Juden und Heiden voneinander unterscheidet und als Bestandteil von Israels Erwählung die Sonderstellung der Juden vor Gott kenntlich macht.
Im Glauben an Christus sind die Unterschiede zwischen jüdischen und nichtjüdischen Christen theologisch bedeutungslos geworden. Paulus erhebt den Anspruch, dies müsse auch für nichtchristliche Juden nachvollziehbar sein. Dazu beschreibt er die Situation der Menschheit, wie sie sich darstellt, wenn man ihre Situation vor Gott in den Blick nimmt.
Den Christen in Rom will er verdeutlichen, dass das Evangelium von Jesus Christus, das er verkündigt, eine Macht Gottes ist. In diesem

Evangelium offenbart sich Gottes Gerechtigkeit, die allen Menschen, Juden wie Nichtjuden, das Heil aufgrund ihres Glaubens zuteilwerden lässt.
So beschreibt Paulus die Sündhaftigkeit und Erlösungsbedürftigkeit der Welt auf dem Hintergrund dessen, dass er weiß, wie sich Gottes Heil für alle Menschen gezeigt hat. Darum geht es dann im zweiten Abschnitt des ersten Hauptteils, 3,21–5,21: um die Offenbarung der Gerechtigkeit Gottes durch Jesus Christus und die Erlösung der Glaubenden durch Jesu Tod, der die Menschen aus dem Machtbereich der Sünde herausholt, weil in Tod und Auferstehung Jesu die Sünde besiegt ist.

7. *Die Schuld aller vor Gott* und Gottes Reaktion, Gottes Handeln.
Gott wird Mensch, Gott kommt in Jesus Christus in die Welt, predigt, heilt – und leidet, geht ans Kreuz – und wird auferweckt. Alle Menschen sind verstrickt in die Sünde, unterliegen ihrer Macht. Und Gott kommt in diese Welt, unterwirft sich der Existenz als Mensch. Jesus Christus leidet als Mensch unter der Unmenschlichkeit der Menschen, wird im Kräftespiel dieser Welt, im Zusammenspiel von Macht und Religion um sein irdisches Leben gebracht. Und Gott bestätigt in Jesu Auferweckung diesen Weg, den Weg der Demut und Liebe, der Sorge für die Menschen und der »freiwilligen schöpferischen Selbstzurücknahme zugunsten anderer« (Michael Welker).
Alle sind schuldig vor Gott, und Gott handelt. Gott ermöglicht einen neuen Anfang. Gott setzt neue Maßstäbe, die von nun an gelten. Gott lässt durchaus die Sünde erkennen, aber er gibt auch eine neue Perspektive, über die Sünde hinaus. Eben für Juden und Heiden, für alle Menschen.
Wenn sie so bleiben wollen, wie sie sind, die Menschen, dann bleibt alles, wie es ist. Aber wenn sie sich auf die neue Perspektive einlassen wollen, dann kann sich ändern, was ist – ändern in Gottes Sinn, nach Gottes Plan. Dann erfüllt Gottes Geist die Welt, und die Menschen werden erlöst aus ihrer Selbstbezogenheit und Gottesferne, aus der Sünde. Sie finden Gottes Weg in der Dankbarkeit für Gottes Gerechtigkeit und in der Nachfolge Jesu Christi.
So bleibt der Blick auf die Unfähigkeit des Menschen, sich selbst zu erlösen, auf die gnädige Rechtfertigung des Menschen durch Gott in Jesus Christus und auf die Aufgabe, als so Erlöste zu leben. Damit wären wir auch beim Heidelberger Katechismus mit seiner Aufteilung *Von des Menschen Elend, Von des Menschen Erlösung, Von der Dankbarkeit.* Die Welt so zu sehen – eine gute Perspektive.

Autorinnen und Autoren

Christina-Maria Bammel, Pfarrerin in der Berliner Sophiengemeinde, wurde mit einer theologischen Arbeit über die interdisziplinäre Forschungen zur Scham promoviert. 1998–2004 war Christina-Maria Bammel Wissenschaftliche Mitarbeiterin an der Berliner Humboldt-Universität.

Michael Beintker, Prof. em. für Systematische Theologie und ehemaliger Direktor des Seminars für Reformierte Theologie an der Universität Münster. Er ist stellvertretender Vorsitzender der EKD-Kammer für Theologie und war von 2001 bis 2012 Vize-Präsident der Gemeinschaft Evangelischer Kirchen in Europa (GEKE). Beintker erhielt 2004 die Ehrendoktorwürde der Reformierten Theologischen Universität Debrecen, Ungarn. Wichtige Publikationen: Rechtfertigung in der neuzeitlichen Lebenswelt, 1998; Herausgabe mehrerer Tagungsbände über Karl Barth sowie Mitarbeit an dem Band »Heil für alle? Ökumenische Reflexionen«, für den Ökumenischen Arbeitskreis evangelischer und katholischer Theologen hrsg. von Dorothea Sattler, 2012.

Ulrike Bundschuh, Pfarrerin der Evangelischen Landeskirche in Baden, unterrichtet als Religionslehrerin an zwei Schulen in Karlsruhe. Sie ist Mitglied des Vorstandes der Gesellschaft für Evangelische Theologie.

Markus Dröge, seit 2009 Bischof der Evangelischen Kirche in Berlin-Brandenburg-schlesische Oberlausitz mit Sitz in Berlin. Von 2010 bis 2012 war er Vorsitzender des Aufsichtsrates des Evangelischen Entwicklungsdienstes (eed). Er ist Mitglied des Rates der EKD, der EKD-Kammer für soziale Ordnung und des gemeinsamen Ausschusses Kirche und Judentum der EKD, UEK und VELKD. Markus Dröge wurde mit der Arbeit »Kirche in der Vielfalt des Geistes. Die christologische und pneumatologische Begründung der Kirche bei Jürgen Moltmann« promoviert.

Julia Enxing, Wissenschaftliche Mitarbeiterin im Exzellenzcluster »Religion und Politik« der Universität Münster im Projekt »Kritik von innen. Modelle sozialen Wandels in der katholischen Kirche« am Institut für Christliche Sozialwissenschaften. 2012 wurde sie mit einer systematisch-theologischen Arbeit über Charles Hartshorne an der Katholisch-Theologischen Fakultät der Universität Münster promoviert. Julia Enxing erhielt den Dissertationspreis der Theologischen Fakultäten der Universität Münster 2012. Sie arbeitet an einem Habilitationsprojekt über Schuld und Kirche und hat einen Sammelband zum Thema »Schuld – Theologische Erkundigungen eines unbequemen Phänomens« veröffentlicht, der 2015 in zweiter Auflage erschienen ist.

Sándor Fazakas, Professor für Systematische Theologie an der Reformierten Theologischen Universität Debrecen, Ungarn; geb. 1965 in Tirgu Mures/Marosvásárhely, Rumänien. 2011–2013 forschte Fazakas als Stipendiat der Humboldt-Gesellschaft an der Evangelisch-Theologischen Fakultät in Münster zu Fragen politischer Versöhnung. Zusammen mit Michael Beintker gab er die Sonderhefte der Theologischen Zeitschrift der Reformierten Theologischen Universität Debrecen »Öffentliche Relevanz der reformierten Theologie« (2008) und »Die öffentliche Relevanz von Schuld und Vergebung« (2012) heraus. Sándor Fazakas ist Mitglied des Vorstandes der Gesellschaft für Evangelische Theologie.

Dominik Gautier, seit 2012 Wissenschaftlicher Mitarbeiter in der Systematischen Theologie am Institut für Evangelische Theologie an der Universität Oldenburg. Er absolvierte 2011 ein Auslandsstudium am Union Theological Seminary in New York und versah 2014 an der Freien Universität Amsterdam im Fachbereich Friedensethik eine Gastdozentur. In seinem Dissertationsprojekt beschäftigt er sich mit der theologischen Ethik Reinhold Niebuhrs.

Marcin Hintz, Professor für Systematische Theologie an der Christlich-Theologischen Akademie in Warschau, ist seit 2011 Bischof der Evangelisch-Augsburgischen Kirche, Diözese Pommern-Großpolen. Seine Dissertation beschäftigte sich mit der Rolle des Protestantismus in der politischen Wende von 1989 und seine Habilitationsschrift mit den ekklesiologischen Dimensionen protestantischer Ethik. Von 2000 bis 2010 wirkte Hintz als evangelischer Pfarrer in Tschenstochau, von 2004–2013 war er Vorsitzender des Polnischen Nationalkomitees des Lutherischen Weltbundes, 2008 Mitglied der Bioethikkommission des Ministerpräsidenten von Polen, und seit 2011 ist er Mitglied des Theologischen Komitees der Polnischen Akademie der Wissenschaften. Bischof Hintz ist Hauptredakteur der Zeitschrift »Gdański Rocznik Ewangelicki« und Verfasser zahlreicher wissenschaftlicher Artikel aus dem Bereich Theologie und Ökumene.

Ulrike Link-Wieczorek, Professorin für Systematische Theologie am Institut für Evangelische Theologie der Universität Oldenburg, Arbeitsgebiete: Ökumene, Theologie der Versöhnung, Theologie der Gabe. Mitglied der Kommission für »Faith and Order« des ÖRK, des Deutschen Ökumenischen Studienausschusses (DÖSTA) sowie der EKD-

Kammer für weltweite Ökumene. Seit 2013 Vorsitzende der Gesellschaft für Evangelische Theologie.

Stephan Marks studierte Politikwissenschaft, Psychologie und Neue Geschichte und promovierte in Sozialwissenschaft über C. G. Jung und Politik. Von 1993 bis 1998 war er Geschäftsführer des Zentrums für Weiterbildung und Hochschuldidaktik der PH Freiburg. 1998–2004 leitete er das Forschungsprojekt *Geschichte und Erinnerung*, war Gründungsmitglied und langjähriger Vorstandsvorsitzender von »Erinnern und Lernen e. V.« und von 2007 bis 2013 Sprecher des Freiburger *Instituts für Menschenrechtspädagogik*. Marks organisiert und leitet seit vielen Jahren vorwiegend im deutschsprachigen Raum und in Lateinamerika Fortbildungen zum Thema »Menschenwürde und Scham« für Berufstätige, die mit Menschen arbeiten. Er ist Mitglied des Beirats des internationalen Netzwerks »Human Dignity und Humiliation Studies« an der Columbia University in New York und Autor zahlreicher Bücher und Aufsätze zum Thema Scham und Menschenwürde.

Moisés Mayordomo, Professor für Neues Testament an der Theologischen Fakultät in Basel. Der 1966 geborene Mennonit ist in Mannheim aufgewachsen. Er publizierte u.a.: Den Anfang hören. Leserorientierte Evangelienexegese am Beispiel von Matthäus 1–2, 1998; Argumentiert Paulus logisch? Ein Antwortversuch vor dem Hintergrund antiker Logik, 2005 sowie 2013 ein Aufsatz über Gewalt in der Johannesoffenbarung als theologisches Problem.

Katharina Peetz, Wissenschaftliche Assistentin am Institut für Katholische Theologie der Universität des Saarlandes in Saarbrücken, promoviert mit einer systematisch-theologischen Arbeit über Richard Dawkins und den Neuen Atheismus. Sie arbeitet zur Zeit an einem Habilitationsprojekt über den Völkermord in Ruanda und die Rolle der Theologie.

Ruth Poser, wissenschaftliche Mitarbeiterin an der Theologischen Fakultät der Universität Marburg, Fachgebiet für Altes Testament. Für ihre Dissertation »Es stand dort geschrieben: Tiefstes Wehklagen, Ach und Weh (Ezechiel 2,10b). Das Ezechielbuch als Trauma-Literatur« erhielt sie 2012 den Hanna-Jursch-Preis der EKD.

Elisabeth Raiser, promovierte Historikerin, war 2001 bis 2007 Mitglied im Vorstand des Präsidiums des Deutschen Evangelischen Kirchentages und 2003 evangelische Präsidentin des ersten ökumenischen Kirchentages in Berlin. Seit 2010 ist sie Vorsitzende der Aktion Sühnezeichen Friedensdienste. 1986 gab sie den Band »Brücken der Verständigung: für ein neues Verhältnis zur Sowjetunion« heraus.

Werner Schwartz, Pfarrer der Pfälzischen Kirche, promoviert mit der Arbeit »Analytische Ethik und christliche Theologie. Zur metaethischen Klärung der Grundlagen christlicher Ethik«. Werner Schwartz war 2001–2015 Leitender Direktor bzw. Vorsteher (theologisches Mitglied im Vorstand, Sprecher des Vorstands) der Evangelischen Diakonissenanstalt Speyer-Mannheim. Werner Schwartz ist Mitglied des Vorstandes der Gesellschaft für Evangelische Theologie.

Theo Sundermeier, Prof. em. für Religionswissenschaft und Missionswissenschaft an der Theologischen Fakultät der Universität Heidelberg. Von 1964 bis 1975 wirkte er als Dozent an theologischen Ausbildungsstätten in Namibia und Südafrika. Wichtige Schriften: Die Mbanderu. Studien zu ihrer Kultur und Geschichte, 1977; Nur gemeinsam können wir leben. Das Menschenbild schwarzafrikanischer Religionen, 1988; Den Fremden verstehen. Eine praktische Hermeneutik, 1996; Religion – was ist das? Religionswissenschaft im theologischen Kontext. Ein Studienbuch. 2. erweiterte Auflage 2007; Christliche Kunst in Japan und Korea, 2010.

Dagmar Zobel, seit 2011 Prälatin für Südbaden in der Evangelischen Landeskirche in Baden. Von 1999 bis 2011 war sie für die seelsorgliche Ausbildung angehender Pfarrer am Predigerseminar in Heidelberg zuständig. Weiterhin wirkte sie im landeskirchlichen Zentrum für Seelsorge in der Notfallseelsorge mit.